I'm OK— You're OK

我好，你好

了解自我、改变人生的人际沟通分析（TA）

[美] 托马斯·A. 哈里斯（Thomas A. Harris）● 著
林丹华 周司丽 ● 译

机械工业出版社
China Machine Press

图书在版编目（CIP）数据

我好，你好：了解自我、改变人生的人际沟通分析（TA）/（美）托马斯·A.哈里斯（Thomas A. Harris）著；林丹华，周司丽译. —北京：机械工业出版社，2019.1（2025.4 重印）

书名原文：I'm OK—You're OK

ISBN 978-7-111-61528-6

I. 我… II. ① 托… ② 林… ③ 周… III. 人际关系 - 研究 IV. C912.11

中国版本图书馆 CIP 数据核字（2018）第 270392 号

北京市版权局著作权合同登记　图字：01-2017-2737 号。

Thomas A. Harris. I'm OK—You're OK.

Copyright © 1967,1968,1969 by Thomas A. Harris.

Simplified Chinese Translation Copyright © 2019 by China Machine Press.

Simplified Chinese translation rights arranged with HarperCollins Publishers through Bardon-Chinese Media Agency. This edition is authorized for sale in the Chinese mainland (excluding Hong Kong SAR, Macao SAR and Taiwan).

No part of this book may be reproduced or transmitted in any form or by any means, electronic or mechanical, including photocopying, recording or any information storage and retrieval system, without permission, in writing, from the publisher.

All rights reserved.

本书中文简体字版由 HarperCollins Publishers 通过 Bardon-Chinese Media Agency 授权机械工业出版社在中国大陆地区（不包括香港、澳门特别行政区及台湾地区）独家出版发行。未经出版者书面许可，不得以任何方式抄袭、复制或节录本书中的任何部分。

我好，你好
了解自我、改变人生的人际沟通分析（TA）

出版发行：机械工业出版社（北京市西城区百万庄大街 22 号　邮政编码：100037）
责任编辑：陈　慧　王　戬　　　　　　　责任校对：李秋荣
印　　刷：北京联兴盛业印刷股份有限公司　版　　次：2025 年 4 月第 1 版第 9 次印刷
开　　本：170mm×242mm　1/16　　　　 印　　张：16.75
书　　号：ISBN 978-7-111-61528-6　　　　定　　价：59.00 元

客服电话：（010）88361066　68362294

版权所有·侵权必究
封底无防伪标均为盗版

赞誉

哈里斯抛弃了精神分析晦涩难懂的技术性语言，用浅显易懂和颇具逻辑性的方式向我们展示了自我理解和自我改变的过程。

——《洛杉矶时报》

当一种理论在恰当的时机以恰当的语言表达出来时，这种理论将产生巨大的影响力。我们发现，这种理论就是人际沟通分析，恰当的时机就是现在，《我好，你好》一书就是传递该理论的最佳声音。幸运的是，人们正努力让自己变得越来越明智。《我好，你好》一书的畅销程度将不亚于《圣经》和《温馨的家庭与花园烹调书》（*The Better Homes and Gardens Cookbook*）。

——《生活杂志》

即使对那些没有受过多少教育的人而言，这本书仍然既容易理解又有趣。专业的治疗师也可以从书中获益颇多，尤其当其治疗取向为家庭或团体治疗时。

——《选择杂志》

我们可以很容易地理解《我好，你好》一书的内容，读者可以在书中一次次地发现自己所面临的困境，并读到这样的信息："如果你不喜欢游戏的陷阱，就改变它们。"

——克莱兰德出版社

（读者）可以自由地遨游在这些充满乐观主义的内容中，尽情地与弗洛伊德、韦尔德·潘菲尔德、艾尔顿·特伯拉德、艾瑞克·伯恩、派克主教、德日进漫谈并讨论，这些大师以及其他著名的专家将使本书成为最畅销的书籍之一。

——《自由杂志》

我非常感谢哈里斯博士所做的这份意义非凡的工作。在本书中，他用深入浅出并且无可辩驳的例子对人际沟通分析理论做了深刻的诠释，并富有创造性地将这些理论置于道德价值观等更宽广的视野下加以考察。

——艾瑞克·伯恩

目录

赞誉
推荐序
译者序
前言
作者的说明

第1章
弗洛伊德、潘菲尔德和伯恩 1
5 ｜ 脑外科医生的探索
12 ｜ 一个基本的科学单位：相互作用

第2章
"父母""成人"和"儿童" 16
19 ｜ "父母"
23 ｜ "儿童"
26 ｜ "成人"

第3章
四种心理地位 34

- 40 | 我不好—你好
- 42 | 我不好—你不好
- 44 | 我好—你不好
- 46 | 我好—你好

第4章
我们能改变 49

- 53 | 解放了的"成人"
- 55 | 什么促使人们改变
- 56 | 人是否具有自由意志

第5章
人际沟通分析过程 59

- 71 | "父母"对"儿童"的沟通
- 72 | "儿童"对"成人"的沟通
- 73 | "成人"对"父母"的沟通
- 73 | 非互补或交错式沟通
- 84 | 如何保持"成人"

第6章
我们之间有何不同 89

- 90 | 污染
- 92 | 排斥
- 93 | 不会玩的人
- 94 | 缺乏道德感的人
- 96 | 失效的"成人"

| 98 | 总是很沉闷乏味的人 |
| 99 | P-A-C内容的差异 |

第7章
我们如何使用时间 101

第8章
P-A-C模式和婚姻 114

| 126 | 目标的建立 |

第9章
P-A-C模式和儿童 130

135	从何处开始
143	学龄儿童
146	青春前期少年的治疗
149	被领养的孩子
151	被殴打的孩子
153	向弱智儿童教授P-A-C模式

第10章
P-A-C模式和青少年 160

第11章
何时需要治疗 181

| 184 | 诊断 |
| 187 | 为什么需要团体治疗 |

VII

第12章

P-A-C模式和道德价值观　197

200	什么是理性的道德准则
201	是否可能有一致的道德价值观
204	人的价值
206	我很重要，你也很重要
207	这行不通
209	最初的游戏即原罪
210	P-A-C模式和宗教
214	宗教体验是什么
220	对人类的回顾
221	什么是现实疗法

第13章

P-A-C模式的社会含义　224

228	我们能够变得多么没有理性
232	年轻一代有什么不一样
235	国际关系的沟通分析
244	胜利者和失败者

推荐序

人际沟通分析（Transactional Analysis，TA）是一种心理人格理论，同时也是促使人格改变和成长的一种方法。本书是使得TA在20世纪60年代得以流行的两本著作之一。另一本是由艾瑞克·伯恩本人撰写的《人间游戏》。伯恩是TA的创始者，美国精神病学家。《人间游戏》一书描述了人与人之间是如何通过互相争吵以及玩刻板的、可预期的"心理游戏"而为自己制造痛苦的。有很多读者都从这本书中看到了自己类似的破坏性倾向。《人间游戏》在1964年成为国际最流行的著作之一。

三年后，也就是1967年，美国精神病学家托马斯A.哈里斯向世界宣告每个人都是可以改变的，并且无论对自己还是对他人，都可以实现一种真正的"我好—你好"的态度。从那时开始，哈里斯的《我好，你好》一书在世界范围内以不同的语言版本被销售和阅读，数量高达上千万册。如今这本书能够在中国被很好地翻译，真是件让人高兴的事。《人间游戏》也是如此，在2006年被翻译成了中文。中国读者有机会仔细研读这两本极具影响力且极其成功的著作实在是十分幸运。

TA已经发展了五十多年，在20世纪六七十年代，人们把它作为美国的一种流行心理学而狂热崇拜，现在它已经摆脱了一些那样的形象。并且TA逐渐获得了国际上越来越多的认可，认可其为一种关于个人成长和改变的专业理论和方法，并在四个单独的领域中得以应用：心理治疗、咨询、教育及组织发展。TA在全世界范围内运用，对那些愿意成为获得资格认证的沟通分析师或者更高水平的沟通分析教师与督导师的人，国际沟通分析协会（ITAA）已经建立了完善的培训和考试系统。关于TA培训的信息可以通过国际沟通分析协会获得，网址为：http://www.itaa-world.org/。

如今TA仍像20世纪60年代那样，是一个非常优秀的自我了解与自我成长的工具。当很多人通过阅读TA书籍或参加TA培训接触TA时，他们确实感到TA触动了他们的生活。不久前，中国的一位学员描述了她的体验："只是突然感觉自己居然可以是主动的了，可以'决定'自己的命运了！这种'发现'，让本已经'绝望'的我又想笑，又想哭泣……"

从个人角度来说，我与这位学员也有相似的体验。从专业角度来说，我是一个临床心理学家和持有执照的心理治疗师。我为来访者进行心理治疗，为其他工作于人类关怀领域的工作者进行督导，我也教学。我获得人际沟通分析师的资格已经有30年的时间了，这些年我运用TA与成千上万的欧洲人、亚洲人进行沟通。现在，我仍旧使用TA。因为我觉得对我来说，TA是行之有效的工具。当我与很多来访者或学生进行沟通时，当他们的眼中或者脸上突然闪现出领悟与理解的光芒时，我真的分享了那宝贵、快乐的一刻。我已经有足够的个人经历，可以使我知道：TA是一种宝贵且有效的理论与方法。现在我感到很荣幸也很高兴能够在中国教授TA，并且帮助中国的专业及非专业人员接触到TA。

TA概念当中最重要的就是印在本书封面上的"我好—你好"。它表达了TA的基本哲学假设。它是对人性的一种信念，即相信人类本性的善良与尊严。"我好"意思是说仅仅因为我出生于这个世界，我就有权利拥有我的生命及我可能在生活中获得的幸福。"你好"的意思是我知道其他任何人都与我一样拥有同样的权利。因此我好，同时，你也好。人类自然的倾向就是彼此依赖、彼此亲近且彼此信任。我们终生都需要彼此，都需要从彼此获得认可和安抚。这样，我们才能在和平与爱中生存。

孟子在两千多年前就曾说过人类的本性倾向于善，这种倾向就如水有向下流的倾向——每个人都有善的倾向。我想孟子在很久前所阐明的也是TA的核心假设。

然而，哈里斯在本书中所持有的不同观点却有些讽刺的意味。哈里斯认为新生儿或年幼的孩子总是感到他们比父母卑微，因此最初必定会形成"我不好—你好"的心理地位。这与伯恩最初的观点是背道而驰的，伯恩认为"我好—你好"的心理地位是最初的也是健康的心理地位。如果幼儿的生长环境是支持性的，那么他会很自然地以这种心理地位成长。如果生长环境不是支持性的，那么幼儿更可能会通过其情绪体验，形成消极的心理地位。无论对伯恩还是对现代大多数TA教师来说，坚持人类好的本质以及有信任的能力是十分必要的。每一个人天生都是准备与父母和照顾者进入充满爱的关系的，他们与父母和照顾者以"我好—你好"的心理地位互动。哈里斯不同意幼儿有能力感受到"好"，但是哈里斯和伯恩都同意在生命的过程中，个人永远是有可能改变的。无论何种原因，如果一个人对自己或他人持有"不好"的态度，那么他永远有可能改变到相信"我好—你好"。哈里斯的书名仍旧如实地展示出伯恩以及TA的基本观点。

自哈里斯写了本书后，TA在理论与实务方面都有了很大的发展。现在可能有更好、更全面的介绍TA的书，但是过去上千万的读者是没错的：本书是一本鼓舞人心且开阔视野的著作，它向我们展示了"父母""成人"和"儿童"三个自我状态的知识是如何改善我们与周围人的关系的，如何通过使用全部的自我状态来保持我们与他人以"我好—你好"的态度互动！本书不仅是TA的经典之作，也是世界上最有影响力的心理书籍之一。它为世界任何地方的读者都打开了一扇门，帮助读者与朋友、家人和谐地相处，过上更快乐、更满意的生活。

托马斯·欧家瑞博士（Thomas Ohlsson, Ph. D.）
国际沟通分析协会沟通分析教师及督导师
首都师范大学金鹰文化首席外籍主讲教师

译者序

《我好，你好》一书是美国精神病学家托马斯·A. 哈里斯撰写的有关沟通分析理论的经典之作。本书自诞生之日起，就以其独到的见解、对人性的深刻认识以及通俗的语言吸引了全世界各地的读者，也使本书成为继人际沟通分析流派创始人艾瑞克·伯恩的《人间游戏》之后的又一本介绍沟通分析的畅销书。

全书共包括13章，对"父母""儿童"和"成人"自我状态以及四种心理地位等内容作了深入的介绍，具体阐述了"父母""儿童"和"成人"自我状态在婚姻中的作用，以及如何运用人际沟通分析对儿童和青少年进行治疗工作。最后，作者还特别针对人际沟通分析中的道德价值观问题进行了论述。由于本书所使用的词语（如"父母"）的特定含义，读者最好要遵循从前往后的顺序阅读本书，才能真正领悟本书的深刻内涵。

正如本书的书名一样，人际沟通分析的基本人性观和哲学假设是"我好—你好"，由此使个体能充分意识到"我很重要，你也很重要"，并最终达成改变。为了帮助读者更好地认识和理解这一点，本书运用了大量翔实、有趣的例子，深入介绍了三种自我状态、心理地位等人际沟通分析中的核心概念，全书流畅的语言、生动的描述可以使读者跟随本书的脉络细细品味人际沟通分析的核心理念和治疗策略，更好地剖析并认识自我和他人，提高妥善处理与自我关系、与他人关系的能力。本书非常适合心理咨询师、教师以及其他有志于心理教育工作和自我成长的读者阅读。

本书第1、2、3、4、8、9、12和13章由林丹华翻译，第5、6、7、10和11章由周司丽翻译，全书由林丹华审校。

林丹华

北京师范大学发展心理研究所

I'm
OK
You're
OK

前言

近年来，越来越多的人对精神治疗失去耐性，因为这种方法看起来永无止境、花费很高、疗效不确定，并且治疗师们在治疗中会使用模糊、深奥的专业术语。对于很多人来说，精神治疗就如同在一间黑屋子里寻找一只根本不存在的黑猫。尽管很多杂志和精神健康学会都认为精神治疗很好，但是，究竟什么是精神治疗、它能够实现什么，至今仍是一个很模糊的问题。每年，人们都阅读无数的有关精神治疗的书籍，但几乎没有任何令人信服的数据可以帮助一个需要治疗的人摆脱一幅卡通画上对精神治疗的描述——精神医生和他神秘的沙发。

不仅患者和普通大众表达了他们对精神治疗的不以为然，很多精神医生也表达了同样的态度。我就是其中的一员。很多人都在寻找以下这些问题的答案：我们的心灵如何运作，我们为什么会做我们正在做的这些事，如果我希望停止做这些事我该如何停下来等，事实上，本书正是寻找这些问题答案的产物。答案就是，在精神治疗领域，人际沟通分析技术是一个很有希望的突破点。它给了那些对传统、模糊的心理治疗方法气馁的人以希望，也给了那些想改变而不想再被动适应、想面对而不想再逃避的人以新的启示。它是一种很现实的方法，因为它用这样的事实来面质患者：无论过去发生了什么，他都可以对未来所发生的事情负起责任。另外，它使人能够改变，能够发展出自我控制和自我指引，并且能够发现他们拥有选择的自由。

这种方法的发展归功于艾瑞克·伯恩博士的杰出贡献。他发展了人际沟通分析的概念，并创造了关于个体和社会精神病学的统一体系，使我们不仅可以很容易地在理论层面上理解人际沟通分析的概念，而且在实践应用层面也非常有效。在过去的十年中，我有幸与伯恩一起学习，并在他主持的旧金山高级研讨会中不断探讨这些问题。

我最初了解这种新方法是在1957年洛杉矶美国团体心理治疗协会西部地区的会议上，当时我读到了一篇《人际沟通分析：一种全新且有效的团体治疗方法》（*Transactional Analysis: A New and Effective Method of Group Therapy*）的论文。通过这篇文章，我确信它不仅仅只是"又一篇研究报告"而已，而是从全新的角度描绘了人类心灵的蓝图，它的每一个部分都包含意义精确的词汇，任何人都能理解。这些词汇使得两个人谈论他们的行为并理解行为的意义成为可能。

精神分析语言的一个不便之处是它们对于不同的人来说有不同的含义。以"自我"为例，弗洛伊德曾详细地阐述了它的定义，在他之后，每个精神分析师几乎都对之下过定义，但是这些冗长、复杂的概念对一个试图理解自己为什么总是找不到工作的患者来说没有什么实质性的帮助，尤其是当他的问题在于缺乏足够的阅读能力以听从指示之时。甚至整个理论界对自我这个概念都没有一致的定义，模糊的含义和复杂的理论只会对治疗过程起阻碍而非帮助作用。赫尔曼·梅尔维尔（Herman Melville）曾说："一个真正的科学工作者很少使用晦涩的词汇，只有在其他简单的词汇都无法达到他想要表达的目的时才会使用；然而对科学一知半解的人……会认为说一些难懂的词汇才能表达他们对深奥知识的了解。"人际沟通分析语言是非常精确的治疗工具，因为任何人都能听得懂这种语言，同时，它能识别出真实存在的东西，它所揭示的正是人们在现实生活中的真实体验。

这种方法对于团体治疗来说也十分适合，它直接解决了需要治疗的人与有资格提供治疗的人在人数上差异悬殊的问题。随着第二次世界大战（简称二战）结束后精神病学的快速密集型发展，在过去的25年间，精神病学的受欢迎程度远远超过我们的预期。每年都有大量的心理学文献不断发表，一些发表在精神病学专业期刊上，另一些发表在《读者文摘》（*Reader's Digest*）上，人们对精神医学的需求也逐年增加，但是需求与治疗之间的差距也随之变得更大。所以，问题一直在于，如何让弗洛伊德离开他的沙发，真正服务于大众并为更多的人所接受。

美国国家预防精神疾病委员会行政董事麦克·高曼（Mike Gorman）在1965年5月召开的美国精神病学学会年会中，就精神病学所面临的这一挑战表达了这样的看法：

> 从1945年一个由3000名精神医生组成的小组织，成长为1965年拥有14 000会员的专业大机构，你们越来越多地参与到时代发展的一些重大问题中来。你们不能再躲在那并不令人舒服的办公室中，在挂着弗洛伊德1909年访问马萨诸塞州伍斯特时的照片、安放着加有软垫沙发的房间里自我欣赏。
>
> **我建议精神病学必须发展出一种"公用的"语言，它不是专业术语，而是适合于对社会普遍问题的讨论。** 我知道这是一个非常困难的任务，意味着我们要告别曾经使用的那些让专业工作者感到舒服、安全、有保障的用语，取而代之的是更适合大众使用的更轻松、愉快的语言。如果精神病学想得到国家市政厅的重视，那么即使这个任务再困难，我们也要完成。
>
> 最近，我被几个年轻的精神病学者的著作所鼓舞。他们展示了如何用积极的方法来反对治疗师终其一生每年只能治疗一二十个患者的问题。

精神病学家梅尔文·萨布兴（Melvin Sabshin）博士的评论非常具有代表性："一个很简单的问题是传统的精神治疗技术、常规方法以及目前的事务性工作，是否能够实现精神病学所需要的新功能或新角色？我个人的答案是否定的，我认为它们不足以成为新功能及新工作框架的基础。"

精神病学家必须要面对这样一个事实，即传统精神治疗无法满足穷人、学校中的学业不良者、受挫的蓝领工人、生活在拥挤城市中的幽闭恐怖症患者的需要，我们无法解决他们的心理及社会问题。

很多善于思考的领导者已经越来越多地考虑到，在接下来的几十年中精神病学需要扮演什么样的角色，它不仅要在本领域内得到拓展，更要与其他行为学科平等地相互融合。只有这样，我们才能更好地设计培训项目来培训成千上万的精神健康工作者，我们也才能实现肯尼迪总统在1963年关于精神健康演说词中设定的目标。[1]

今天，我们用"公共的"人际沟通分析语言培训数以万计的精神健康工作者，使得消除使用专业术语带来的负面影响，以及更好地讨论社会普遍问题成为可能。在加利福尼亚已经有1000多位专业工作者接受了这种方法的培训，培训还迅速扩展到了美国国内的其他地区以及其他国家。这些受训者中有一半是精神病学家，另外一半包括其他专业领域的医生（如产科、儿科、内科、全科等）、心理学家、社会工作者、缓刑监督官、护士、教师、人事经理、牧师以及法官等。同时，人际沟通分析也以团体治疗的形式在加利福尼亚的很多州立医院、监狱以及青少年委员会中使用。在婚姻咨询、青少年及青春前期治疗、牧师咨询和产妇家庭护理中，越来越多的治疗师开始使用此方法。除此之外，它还在至少一个智力迟滞培训机构中使用，这就是萨克拉门托市的劳雷尔·希尔机构。

---

[1] M. Gorman, "Psychiatry and Public Policy," *The American Fournal of Psychiatry*, Vol. 122, No. 1（July 1965）.

人际沟通分析之所以能填补治疗需求和供应之间的差距，最主要的原因在于它可以更好地应用在团体中。它是一个教与学的过程，不是忏悔，也不是在心理问题的地窖中考古。就我自己的精神治疗实践来看，这种方法使得我治疗的患者人数至少增加到从前的四倍。在我过去25年的精神治疗工作中（包括治疗患者和管理大型机构项目），没有一件事比目前我的工作中正在发生的这件事更让我激动。人际沟通分析最重大的贡献之一就是它给患者提供了可以自己使用的一个工具，本书的目的就是定义这个工具，而且，任何人都可以使用该工具，不仅仅是"有病"的人才可以从中受益。

看见人们从第一次治疗开始不断发生改变、逐渐好转、成长并摆脱过去的阴影，这是一种多么棒的满足感。当这种改变多次发生时，我们产生了更大的希望。如果两个人的关系可以转变为富有创造性、让人满足并且毫无恐惧的，相信接下来的三个人、四个人或100个人的关系也可以发生改变，整个社会群体，甚至整个国家都会随之受到影响。世界的问题——通常都是以暴力、绝望这样的词记录下来，其实从本质而言是个人的问题。如果每个个体发生改变，整个世界也就随之变化。这是一个值得长久拥有的希望。

在这里，我非常感谢为本书的写作提供支持、做出贡献的人们。本书的问世，我最应该感谢的是我的妻子艾米，她的写作技巧以及敏锐的思考使本书最终得以出版。书中融合了我的演讲、研究、过去的写作、观察以及提出的一些公式，很多内容都是我们一起研究得来的。她的哲学观及文献研究论证在全书中随处可见，道德价值观一章的内容也是她颇有创意的贡献。另外，我想向我的秘书贝弗莉·弗兰芒、康妮·朱瑞表示感谢，他们帮我准备了打字稿，并帮我仔细研究了手稿。感谢艾丽斯·比灵斯、美林·黑迪格、马杰里·马歇尔和詹·鲁特宝贵的帮助；感谢我的孩子为本书做出的让人快乐的贡献。

感谢和我一起建立人际沟通分析机构的同事：戈登·海格尔博士、布鲁斯·马歇尔博士、J.韦弗·赫斯以及约翰·R.沙丁。感谢机构管理委员会扩大时加入到我们队伍中的各位董事：戴维·艾博盖特博士、拉维恩·科瑞茨、丹尼斯·艾科霍恩博士、罗纳德·弗恩博士、阿里恩·弗力特博士、戴维·希尔、丹尼斯·马克斯博士、拉里·马特、约翰·米切尔博士、理查德·尼科尔森、瑞弗·拉塞尔·奥森里斯、沃伦·普伦提斯、伯顿·鲁特、巴里·路伯里斯、弗兰克·苏墨斯、瑞弗·艾拉·坦纳、勒路里·沃特尔和 Z. O. 扬博士。

感谢已故的罗伯特·R. 费格森博士，他是萨克拉门托市弗里蒙特长老会的高级牧师以及普林斯顿科技神学院教育领域的顾问。感谢约翰·M. 坎贝尔博士，他是新墨西哥大学人类学系的主席；感谢萨克拉门托俱乐部的詹姆斯·J. 布朗；感谢埃瑞克·比约克的智慧以及慷慨的解说；感谢福特·路易斯博士，他是萨克拉门托独立神论协会的牧师，他对真理的热情与贡献极大地激励了我。

感谢厄尔汉姆学院的哲学教授艾尔顿·特伯拉德博士，他为我提供了非常重要的最新信息。感谢詹姆斯·派克主教，他是圣巴巴拉民主制度研究中心的常驻神学家，感谢他具有感染力的热情以及慷慨的帮助。感谢另外两个特别的人，他们为我提供了长期的培训和鼓励，他们是弗瑞达·弗洛姆·瑞茨曼博士和哈里·斯塔克·沙利文博士，正是在接受他们辅导的过程中我才听说了"人际沟通"这个术语。

最后感谢我的父母，他们的创造性思维大大丰富了本书的内容。正是遵循他们的希望，最终我才写成了这本书。

托马斯·A. 哈里斯

加利福尼亚，萨克拉门托

1968 年 6 月

作者的说明

从前往后阅读本书十分重要。前面的章节对人际沟通分析的方法和词汇都做了定义，因此如果先读后面的章节，再读前面的章节，读者不仅会错过完整理解后面章节含义的机会，而且必定会得出错误的结论。

第2章和第3章对于了解后面的全部内容来说十分重要，对于那些很难克制自己从后往前读的冲动的读者，我想告诉他们：全书用到的五个词语有着特定的含义，与日常的含义完全不同，它们是"父母""成人""儿童""好"和"游戏"。

第 1 章

弗洛伊德、潘菲尔德和伯恩

> 我矛盾，我豁达，我包容众多。
> ——沃尔特·惠特曼（Walt Whitman）

在人类发展的历史长河中，对人性的认识有一点始终一致：即人具有多面性。多数情况下，人类的本性被描述成具有两面性，这种两面性常常以神学、哲学和宗教学的形式表达出来。通常人性被视为一种矛盾和冲突：即善良与邪恶的冲突、高尚与卑鄙的冲突以及内在和外在的冲突等。萨莫塞特·毛姆（Somerset Maugham）说："很多次，当我仔细观察自己性格的各个部分时感到非常困惑，我认识到我由好几个人组成，有时其中一个占了上风，但马上其位置又被另一个所取代。但真正的我到底是哪一个？全是，抑或全不是？"

很显然，一个人一生都在渴望和追求美德，但这种美德是由他自己来理解和解释的。例如，摩西将美德比作崇高的正义，柏拉图将美德看作智慧，耶稣则将美德的核心视为爱。但不管怎么理解，他们一致公认，美德一直被人类本性中的某种特性所破坏，而这种特性又与其他特性处于斗争的状态。那么，这些特性都是什么呢？

20世纪初，当西格蒙德·弗洛伊德在历史舞台上露面后，这个谜才通过全新的科学调查方法得以揭晓。弗洛伊德最重要的贡献在于提出"相互冲突的成分存在于无意识中"的理论，他把这些成分命名为本我、自我和超我，超我被视为具有约束力且位于本我（本能驱动力）之上的控制力量，而自我则充当协调者的角色，它要摆脱欲望冲动并协调超我与本我的关系。

我们应该深深感谢弗洛伊德艰苦且具有开创性的努力，正是在他所创立的理论基础之上，我们今天才能提出自己的学说。多年来，尽管学者们和临床实践者一直对他的理论进行详细阐述、系统化和补充，然而，那个"内在的人"仍然模糊不清，似乎上百本布满灰尘的著作和心理分析师的解释并没有对这个他们所描述的人给予充足的说明。

当一部名为《谁害怕弗吉尼亚·沃尔夫》（*Who's Afraid of Virginia Woolf？*）的电影快放映结束时，我来到电影院的大厅，耳边听到众多刚看过此片的观众的看法："我快累死了""要不是想逃离开家，我才不会来看电影""为什么给我们看这样的片子?""我无法理解这个片子,大概只有心理学家才懂"。我得到的印象是许多观众离开电影院时,对电影中真正讲述的内容感到非常困惑,他们肯定知道这部电影在传递某种信息,但他们无法发现任何与他们的生活有关的内容,也无法将自己从生活中的各种负担中解放出来。

我们今天还对精神分析理论中的一些阐述印象深刻,例如,弗洛伊德将精神分析定义为"一种将心理活动简化为内驱力与抑制力相互作用的心理动力分析",这样的定义和数不清的解释可能对专业精神分析师有用,但对那些心理受到伤害的人而言,这样的定义对他们有多大作用?乔治和马赛在爱德华·阿尔比(Edwad Albee)的剧中运用了炽热、奔放的短句,这些句子描述到位且切中要害。问题在于,作为一个治疗师,我们能否在与乔治和马赛交谈时做到准确且切中要害,询问他们为什么要这样做,以及他们怎么会受伤?我们能否做到说一些既真实又对他们有帮助的话,并让他们理解?"说英语!我根本听不懂你所说的",人们对心理学界所谓的专家持有上述态度并不稀奇,反复使用深奥的术语解释晦涩难懂的心理分析术语更让人无法理解。结果,人们对那些冗长的概念只好望洋兴叹,对心理学只能做出肤浅的评论:"好了,不就是老一套吗?"人们始终无法理解其中的差异。

从某种意义上说,今天人们与心理学疏远的一个原因在于专业化和大众沟通之间存在差距,由此拉大了专业人员和非专业人员之间的鸿沟。如果太空属于宇航员,对人类行为的理解属于心理学家和精神病学家,立法属于议员,那么,我们是否该让一个孩子专门从事神学呢?尽管这种发展的差距可以理解,但失去公众的理解和不沟通的问题如此严重,以至于我们必须设计一些方法促使语言交流跟上科学研究发展的步伐。

在数学领域,对此两难问题的解决方案在于发展"新型数学"。今天,在美国的小学中已开始教授这种数学。在进行数学思想的交流时,新型数学并没有提供新的计算方式，但它不仅回答了"是什么"的问题，还对"为什么"的问题进行了解答。这样，令人兴奋的登月和使用计算机不再只是科学家的权力，而成为学生们能够接受的一种综合知识形式。数学并不是什么新的学科，但这种讲授的方式则令人耳目一新。如果我们仍沿袭古巴比伦人、玛雅人、古埃及人或古罗马人的数学体系，我们就是固步自封。为满足使用数学的渴望，我们创造性地提出使数学概念更系统化的方法，今天这种新型数学仍在创造性地发展之中。我们认同并感谢早期数学理论体系中所蕴含的创造性思想，但不能让那些已经落伍的方法阻碍今天的发展。

这就是我对人际沟通分析理论所持的立场，我尊重早期精神分析理论家所付出的努力，但我希望在本书中以全新的方式阐述那些旧观点，并清楚地表达新观点，我并非敌视或恶意攻击以前精神分析理论家所做的工作，而是试图以无可辩驳的事实说明旧的方法已不再那么适用。

从前，一个老农夫在乡村小道上修补一把生锈的耙子，一个热情的年轻人向他走来。小伙子在大学修理部工作，正在周围农村推销一本有关土壤保护和新型耕种技术的书。一番寒暄之后，小伙子问农夫是否会买书，农夫回答："孩子，我种庄稼所用的知识不到我所知道的一半"。

本书的目的不仅在于介绍新的理论和观点，而且会回答这样的问题：为什么人们无法生活得像他们所知道的那样好。人们可能知道专家在讲到人类行为时会滔滔不绝，但这些知识不见得会对他们的宿醉问题、破裂的婚姻和任性的孩子有所帮助。他们可能会转向寻求"亲爱的艾比"的帮助，或者心甘情愿地扮演听任摆布的"小人物"。难道没有一种事物与人类的行为动力有着深远又简单的关系，从而帮助人们为老问题找到新答案吗？我们能否找到与此相关的可靠又有益的知识呢？

由于我们仍对大脑如何储存记忆知之甚少，也不了解过去的记忆如何得到唤起并产生出今天生活中的暴虐和财富，因此时至今日，我们对上述问题的答案仍局限在一定的范围内。

脑外科医生的探索

任何假设都必须受到观察结果的验证，直到今日，我们对大脑认知过程的功能仍知之甚少，大脑中的上百亿个细胞如何储存信息、哪些负责储存信息？记忆的容量是多少？它们会消失吗？记忆是普遍性的还是特殊性的？为什么有些记忆相对于其他记忆而言更容易被唤起？

韦尔德·潘菲尔德博士是这个领域著名的拓荒者，他是蒙特利尔麦吉尔大学的神经外科医生，从1951年起他开始提出一些令人振奋的证据，对以上问题所涉及的理论概念进行检验和修改。[1]在病灶性癫痫症的脑外科手术中，潘菲尔德进行了一系列试验。他用带有微量电源的电针碰触病人大脑的颞叶皮质，观察患者的反应，并将多年观察得到的资料积累起来。在局部麻醉的情况下，每个患者都能保持意识的完全清醒，在电针刺激大脑颞叶皮质时仍能与潘菲尔德交谈。在试验过程中，潘菲尔德听到许多令人惊奇的事。

（尽管本书是人际沟通分析理论的实用指南，而不是一篇科学论文，但我要说明的一点是，作为第一章的一部分，以下内容来自潘菲尔德的研究成果，这也是本书中唯一技术性强的部分。我之所以引用潘菲尔德的研究，是因为相信这些科学基础对理解后面各章的内容有所帮助。潘菲尔德的研究结果表明，意识清醒状态下所发生的每一件事都被详细地记录下来，储存在大脑中，并能够在现实中得以重现。以下的材料不仅值得一读，而且能帮助我们充分了解潘菲尔德的科研成果的深远意义。）

潘菲尔德发现，电针刺激可以清晰地唤起患者的记忆，他报告说："某些心理经历能随着电针的多次插入和拔出而反复出现或消失"。他举了以下的例子：

---

[1] W. Penfield, "Memory Mechanisms," *A.M.A.Archives of Neurology and Psychia-try* 67(1952): 178-198, with discussion by L.S. Kubie et al. Quotations from Penfield and Kubie later in this chapter are from the same source.

第一个患者 S.B.，在对右颞叶第一脑回的点 19 进行电针刺激时，他说："那里有一架钢琴，有人在弹琴，我可以听到歌声"。在没有告诉他的情况下再度刺激该点，他又说："有两个人在谈话"，他提到说话者的名字，不过我听不清楚……真像一场梦。同样在未告知他的情况下，我们再度刺激该点，他几乎同时开始说话："是的，这是《啊，玛丽》（Oh, Marie, Oh Marie!）这首歌，我听到有人在唱这首歌"。当第四次刺激该点时，他仍旧听到了同一首歌，并解释说这是某电台节目的主题曲。

当我们刺激点 16 时，他说："我想起一件事，我看到七喜汽水公司，……还有哈里森面包店"。这时我们悄悄将电针拿开，但告诉他仍在进行刺激，而他的回答是："什么都没有了"。

另一个患者 D.F.，我们对她右颞叶外侧脑裂沟的表层进行电针刺激，患者报告听到一首流行歌曲，好像还有交响乐团伴奏。多次重复刺激，患者听到的是同一首歌。当电针保持在这个位置时，病人随着歌曲的调子和节拍哼唱起来，好像在给歌曲伴奏一样。

患者 L.G.，报告刺激使他重新经历往事。对他颞叶的另一个点进行刺激，他报告看见一个男人和一只狗从他农村的家门口的一条小路上走过。在对另一个女病人的颞叶脑回进行刺激后，她报告听到一个模糊的声音，当电针再度放在几乎同一个点上时，她清晰地听到一个声音在叫："吉米，吉米"——吉米是她不久前新婚的丈夫的昵称。

潘菲尔德重要的科研发现之一是：**电针刺激仅能唤起单一的记忆，而不是混合的记忆或普遍性的记忆。**

他的另一个结论在于发现电针刺激反应是身不由己的：

在电针的强迫刺激下，无论患者是否集中注意力，一种熟悉的体验都会出现在患者的意识中。在患者的脑海中会出现一首歌，可能他在其他某个情境中曾经听过。他发现自己又进入了当初那个特定的情境，这种情境在发展与演变，对他而言仿佛是一个熟悉剧目中的一幕，他既是演员又是观众。

可能潘菲尔德最重要的发现是：**不仅过去发生的事件被详细地记录下来，同时记录的还有与事件相关的各种情绪。由于事件和情感在大脑中纠结在一起，因此唤起其中之一必然唤起另一半**。潘菲尔德报告说：

被试会再度感受到最初情境所引发的情绪，能清楚地意识到那时对该体验的解释，无论对错与否。这样，被唤起的记忆不是像照相机或留声机般重复过去的景象和事件，而是患者对自己所见、所听、所感和所理解的事物的再现。

日常经历中所唤起的回忆，与潘菲尔德电针刺激所唤起的回忆完全相同。在这两种情境下被唤起的回忆，与其称之为"回忆"，不如称为"再体验"更准确。在电针刺激的反应中，个体暂时回到过去，"我在那里"。这种感觉可能只持续不到一秒，或者几天。但跟随这种感觉，他能有意识地"记起"他曾经在那里。这种身不由己的回忆通常呈现以下的顺序：（1）**再体验**（自发的、身不由己地产生情感）；（2）**记起**（有意识地、主动地回想过去的事情）。但大多数再体验的内容，我们通常记不起来。

下面两个患者的例子揭示了今天的刺激如何引发过去的情感：

一个40岁的女患者报告说，一天早上她在街上走路看到一家乐器店，她听到店里传出的一首乐曲，这支曲子引发了她排山倒海的忧郁。她感到自己出现一种她也说不清楚的悲伤，悲伤如此强烈以至她"几乎无法忍受"，从意识层面她找不到任何线索解释这种感受。在她向我描述这种感受后，我问她这首曲子是否勾起了她对早年时某些事情的记忆，她说她无法将歌曲和悲伤联系起来。一周后,她打电话给我,告诉我说她在一遍遍地哼唱歌曲后,突然回忆起她"看见妈妈坐在钢琴前面弹这首曲子"。她的妈妈在她5岁时去世了,当时妈妈的死使她悲痛万分,尽管家人做了很大的努力,帮助她将情感转移到充当妈妈角色的姨妈身上,但她的悲痛仍然持续了很长时间。在她的记忆中,在那天路过乐器店之前,她好像从未听过这首曲子,也从不记得母亲曾弹过它。我问她回忆起早期的事情是否让她的抑郁情绪有所缓解?她说这改变了情绪的本质,虽然回忆起母亲的死仍使她忧郁,但已不再是当初感受到的排山倒海般的绝望。看来,她现在已能有意识地记起再体验这段往事时的感受了。在第二阶段,她可以记起自己的感受是如何产生的。而在第一阶段,她的感受与妈妈去世时所记录的感受一样,那是5岁时产生的感受。

愉快情感的唤起方式与此一样。我们都有这样的感受:一种味道、一个声音,甚至快速的一瞥,都能产生难以形容的快乐,这些快乐有时短暂得我们都来不及注意。除非我们特别留心,否则我们一般记不起以前在何处曾体验过这种味道、声音或景象。但感受却是真实的。

另一个患者讲述了这样一件事:他沿着L大街走路,在经过萨克拉门托市国会大厦公园时,他闻到一股石灰和硫磺的味道,这味道很难闻,通常是喷洒在树上的农药,但他却感觉到一种无忧无虑的愉悦感。由于这种情感非常积极愉悦,我们不难发现他的快乐的最初原因。那是一种初春时父亲的果园里喷洒的农药的味道,当时患者还只是一个小孩子,这种味道与春天同步来临,树木长出嫩芽,漫长的冬天后,这种味道意味着孩子可以尽情地投入大自然的怀抱体验所有的快乐。同第一个患者一样,由意识记起的情感,与最初亲身经历中所感受的情感略有不同。在有意识的回忆中,他不能感受到以往经历中的全部情感,现在他只能感受到昔日的情感带来的感觉,而不是情感本身。

这个例子解释了潘菲尔德的另一个结论:即使患者丧失了回忆的能力,大脑始终保持着完整的记忆。

刺激大脑颞叶皮质所引发的回忆，仍然保留了最初经验的所有特点。当它进入患者的意识层面时，似乎变成了一种目前的经验，有一种抓住患者注意力的不可抗拒的力量。只有当这一切结束时，患者才能意识到，这仅仅是过去的生动回忆。

从这些发现中我们可以得出另一个结论：**大脑的功能犹如一部高保真录音机，磁带上记录的是个体出生以来，甚至是出生之前的所有经验。**（大脑信息的储存无疑是一个化学过程，包括信息的简化和编码，这一过程的机理尚未完全弄清。这种录音磁带式的比喻可能过于简单，但它无疑可以有效地解释记忆加工的过程。重要的是，记录的内容在回放时具有高保真性。）

当一个正常人对某些事集中注意力时，（潘菲尔德说）大脑两半球的颞叶皮质同时进行记录。

这些记录有先后顺序，还可以连续播放。

电极碰触记忆皮质可以产生图像，但图像通常不是静止的，它处于变化之中，随着被试注视方向的改变而变化，也随着时间的延续而变化。例如，由皮质刺激而唤起的歌曲缓慢地播放着，从一个乐章进入下一个乐章，从独唱变为合唱。

潘菲尔德进一步断言，在唤起的记忆中时间保持了思想的连贯性，最初的模式按照时间顺序被记录到记忆中。

带有时间顺序的思路将这些被唤起的记忆要素连接在一起。同时，只有那些个体注意到的感觉要素才会被记录下来，而不是所有的感觉冲动都能冲击大脑神经系统。

记忆的排列顺序非常复杂，对此类记忆的唤起方式告诉我们，所有能回忆起来的记忆都有单独的神经通道。

尤其重要的是，在理解过去如何对现在产生影响时，我们观察到颞叶皮质显然与当前经验的解释有关。

> 错觉……可能源于颞叶皮质的刺激……干扰了对现实经历的判断——判断这种经历是熟悉、陌生抑或荒唐。对距离或外表大小的判断也发生了变化，甚至产生的场景是令人恐惧的。
>
> 这些都是知觉中的错觉，只要稍加思考，我们就会发现新的体验可以马上与以前的相似性体验归为一类，这样就使差异和相似的判断成为可能。例如，一段时间后，人们很难对一个老友几年前的样貌做准确、详尽的描述，但当我们突然碰见这个朋友时，我们马上就能感觉到时间使老友产生的变化。因为我们对一切了如指掌——他脸上的新皱纹、头发的变化以及背部的伛偻等。

潘菲尔德认为：

> 正如图书馆中藏有众多藏书一样，大脑皮质"模式"也保存了大量的细节性现实经历，证实这种模式的存在是向心理生理学迈出了第一步。这种模式的本质、形成机制和使用机制，以及构成意识的综合过程等，总有一天都能由生理学知识进行解释。

巴尔的摩市的劳伦斯·S.库比（Lawrence S. Kubie）博士是美国著名的心理分析师，他参加了潘菲尔德论文讨论会，在演讲最后他说：

> 我深深地感谢大家给我机会参加潘菲尔德博士的论文讨论会……因为论文启迪了我的想象力。事实上，在过去的两周中，我一直处于心潮澎湃之中，潘菲尔德的论文就像拼图玩具，随着一块块拼图连接到位，一幅完整的图像随之出现，它为我过去几年的研究工作带来了希望之光。在这个不断延长的心理分析学和

现代神经外科学会议上，通过潘菲尔德博士的实验工作，我能感觉到哈维·库欣（Harvey Cushing）和西格蒙德·弗洛伊德握手时的痕迹。

总之，我们可以得出以下的结论：

1. 大脑的功能就像一部高保真录音机。
2. 与过去经历有关的情感也被大脑记录下来，并与那些经历紧紧地锁在一起。
3. 一个人可以同时存在两种状态。患者知道自己正躺在手术台上与潘菲尔德说话，同时也知道自己看见了"七喜汽水公司……和哈里森面包店"。他不仅置身于自己的经历中，同时又在经历之外进行观察。在同一时刻，他具有两面性。
4. 这些记录下来的经历和与之相关的情感，能生动地在今天得以"重放"，并提供了大量的信息决定了今天的交往特点。这些经历不仅可称为回忆，而且更是再体验。我不仅记得我当时的感受，现在我仍然能体验这一感受。

潘菲尔德的实验证明记忆功能不仅是心理学的专业术语，同时也是生物学的专业术语。现在，我们还无法回答精神是如何依附于身体这一古老的问题，但是，我们可以说基因研究已经取得了突飞猛进的进展，包括核糖核酸分子如何编排遗传等问题。瑞典的霍尔加·海登（Holgar Hyden）认为：

> 回忆过去的能力存在于人的生物能力的基本机制中。与遗传基因密切联系的结构非常重要，尤其是核糖核酸分子，具有多种可能性，因此也能满足多种需求。[⊖]

⊖ H. Hyden, "The Biochemical Aspects of Brain Activity," in S.M.Farber and R. Wilson, eds., *Control of the Mind* (New York: McGraw-Hill, 1961), p. 33.

生物研究领域的发现支持并帮助我们解释人类的行为，我们该如何运用科学方法研究人类的行为，从而建立一套与潘菲尔德的结论一样准确、有效的知识体系呢？

一个基本的科学单位：相互作用

批评心理治疗缺乏科学性以及该领域存在许多明显分歧的原因在于，该学科至今缺乏研究和观察的基本单元，这与分子理论诞生前物理学家面临的困难和细菌发现前医生遇到的问题是一样的。

艾瑞克·伯恩是人际沟通分析理论的创始者，他将这个基本的科学单元分离出来并进行了界定：

> 社会性的交往单元称为沟通，如果两个或两个以上的人相互碰面……，迟早其中一人会开口说话，或给出其他的暗示承认对方的存在，这个过程称为**沟通刺激**。然后另一个人会开口回应，或以某种方式做一些与该刺激有关的事情，这就是**沟通反应**。[1]

人际沟通分析理论是一种考察"我为你做一些事情，然后你做出回应"这种沟通方式的方法，同时，该理论还能确定在个体多面的本性中哪个部分会表现出来。在下一个章节中，我们会对多面本性中的"父母、成人和儿童"这三个部分进行界定和描述。

人际沟通分析理论还是一种将人们沟通过程中所获得的信息进行系统化的方法，通过定义信息，每个使用这些信息的人在言语表达时都代表相同的意义。很明显，语言是该系统最重要的发展之一。对词意理解和考察对象认识的一致性，是打开"人们为什么会如此作为"之谜大门的两把钥

---

[1] E. Berne, *Games People Play* (New York: Grove Press, 1964), p. 29.

匙，因此这些成就意义重大。

1960年2月，我有机会听到蒂莫西·利里（Timothy Leary）博士精彩的长达一天的学术演讲，利里博士当时刚刚到哈佛大学社会关系学系工作，他的演讲对象是加利福尼亚州奥本市德威特州立医院的员工，那时我是该医院职业教育部的主任。尽管他致力于使用毒品产生迷幻感的研究在今天引起很多争议，但我却想在这里引用一些他的观点，这些观点鲜明地揭示了一些问题，并解释了他自己称为"有顺序地消除错觉的之字形过程"。他认为，作为一名心理治疗师，他最大的挫折在于无力发现一种标准化的语言对人类的行为进行观察：[⊖]

> 我想与你们分享我作为一名心理学家的背景。当我回顾过去时，我发现我的无知分成三个阶段：第一阶段，也是迄今为止最幸福的阶段，你可以称之为天真性的无知。当时我抱有一种观点，即认为人类的本性具有某些神秘感、某种法规和规则，以及某种因果关系。同时，我相信，通过研究、体验和阅读，总有一天我可以与他人分享这些神秘，并能运用人类行为规则的知识来帮助别人。
>
> 第二个阶段，我们可以称之为非无知的错觉阶段。此时我发现一个令人烦恼的事实：一方面我不知道所谓的神秘到底是什么，但另一方面，我发现人们都看着我，好像我知道神秘到底为何物，或者我比他们更接近这些神秘……我所做的研究没有一个有用，我的所有活动均无法提供有关神秘的信息，但我总是给自己找借口："好啦，我们只是没有足够多的个案"，或者"我们必须改进研究方法"，我还说了许多你们一定很熟悉的托词。一个人可以推迟痛苦到来的时间，但最终这个令人不悦的事实仍会

[⊖] T. Leary, address, Dewitt State Hospital, Auburn, California, Feb. 23, 1960. Quotations from Leary later in the chapter are from the same address.

> 变得越来越真切：许多人看着你并听你演讲，你有许多患者和学生，你去参加精神治疗协会大会，他们全都渴望你讲有关神秘的问题，但最终你可能痛苦地认为，你根本不知道你讲的是什么。

事实上，许多心理学家都感受到这种困惑，但很少有人敢于表达出来，利里把它揭露出来，然后继续描述他和同事检验过、分类过和系统化过的各种研究。但他们的努力遇到了一些困难，即缺乏统一的语言和统一的观察结果衡量单位：

> 我们所遇见的各种事件中，什么才是我们所追求的永恒的东西？我一直致力于发展一种可用于分析人际沟通的标准语言，而不是仅研究本能的自由行为。我们所使用的所有充满诗意和韵律的抒情语言，如"进步""帮助"和"改进"等词汇都不切实际。生活中，我们对自己和他人的信息知之甚少。我没有提出心理学的任何新理论、新变量、新词汇和新语言，我只是试图发展一种新的"反馈"方式，让人们对自己的行为和心声有所了解。现在，整个世界最令我兴奋的事莫过于发现人类在交往时的差异。因为一旦你了解了这种差异，你就会进一步去探索：差异从何而来？

利里博士感叹人类行为缺乏标准化的语言，而股票经纪人、汽车销售商和棒球运动员则有自己的语言，他说：

> 甚至汽车销售商都有自己的专业蓝皮书，在行为科学方面，他们确实比我们这些所谓的专家做得更好。在体育运动中，每个棒球运动员的常规性动作都以文字的形式记录下来，如"跑动击打"或"主动得分的平均分"等。要理解棒球并对球赛结果做出预测，你需要掌握大量的棒球动作和术语，例如，如果运动员要欺骗一垒手，他们会让左撇子当投手。他们不会使用充满诗意的

语言，如："他像飞鹿一般追赶棒球"或"他是一个对棒球着迷的防守队员"，他们通常采用行为来表达。

我一直在追求奇迹以发现这个秘密，我曾希望成长为一名聪明的治疗师和诊断师，这些希望都建立在这样的假设之上：人类行为具有某种原理、规则、秘密以及可供应用的技术，通过不懈地研究和探索我们能够揭开秘密。

人际沟通分析学家宣称已经发现一些规则。现在，我们已经发现利里博士强调的新的心理学语言，我们比任何时候都更靠近于人类行为的秘密。

在本章中，我已经提出一些基本的信息，这些信息对我治疗的大多数患者都非常有效，即利用人际沟通分析方法作为了解人类行为和情感的工具。如果我们对这个工具是如何发展的以及它的特殊性有所了解，该工具将会发挥更大的作用。这个工具来源于可靠的数据还是仅仅只是又一种理论？伯恩的《人间游戏》的畅销只是昙花一现，抑或是揭示了人们的过去对今天生活的影响，从而为人们提供了易于理解又翔实可靠的见解？在下一章中，我们会通过定义"父母""成人"和"儿童"来介绍这个工具。由于这三个词完全不同于它们的原意，具有特殊和综合性的含义，因此整本书中"父母""成人"和"儿童"都会使用引号以示区别。在下一章中你会发现，"父母"不同于我们日常所说的母亲或父亲，"成人"与成年人的意义不同，"儿童"也不是指小孩子。

第 2 章

"父母""成人"和"儿童"

在至高无上的权威的重压下,追求真理的热情随之消逝。

——保罗·田立克(Paul Tillich)

第2章 "父母""成人"和"儿童"

在伯恩发展人际沟通分析理论的早期研究中,他观察到当你看着对方并倾听他们说话时,你能看到他们在你的眼前发生改变,这种改变是全方位的。你会看到对方在面部表情、语言、手势、姿势和身体功能上同时发生变化,这些变化会导致脸色发红、心脏跳动加剧或呼吸加快。

我们可以在每个人身上发现这种骤然的变化:当一个小男孩无法让玩具动起来时,他会嚎啕大哭;一个青春期的少女终于听到电话铃响起时,伤心的脸上顿时洋溢起兴奋之情;一个男人听到破产的消息时,脸色变得煞白并开始发抖;被孩子反驳,父亲立刻板起脸来。以这种方式变化的个体在骨骼结构、皮肤和衣着上没有发生任何变化,那么,他的内在到底发生了什么?他由什么变成什么了呢?

在人际沟通分析理论发展的早期,这个问题深深地吸引着伯恩。一位35岁的律师在治疗时对伯恩说:"我实际上并不是一个律师,我只不过是一个小男孩"。事实上,离开精神病学家的办公室后,他就是一位成功的律师。但在治疗中,他的感觉和表现就像个小男孩。有时治疗中他会问伯恩:"你是在与一个律师还是在与一个小男孩交谈?"伯恩和他的患者均对这两个真实的人的出现和存在感到好奇,他们开始称呼这两个人为"成人"状态和"儿童"状态,治疗的核心任务在于将这两个状态区分开。之后,另一种有别于"成人"和"儿童"的状态开始变得越来越明显,这就是"父母"状态,伯恩将这种状态定义为患者对其孩童时代父母所做、所说的一种复制,它可以通过行为来确认。

一种状态到另一种状态的改变表现在态度、外表、语言和姿势上的显著变化。一个34岁的妇女找我寻求失眠问题的帮助,她总在担忧:"看我对我的孩子做了什么",然后她开始变得越来越神经质。在治疗的第一个小时中,她突然开始哭泣并对我说:"你让我感觉自己像个三岁的孩童"。她的声音和态度确实像一个孩子,我问她:"是什么使你觉得自己像个孩子?"她回答"我不知道",然后补充说:"我突然感觉自己很失败。我说:"好吧,我们来谈谈这个孩子和你的家庭,也许我们能在你的内心深处发现是什么使你产生了这些失败和绝望的感觉"。不久，她又变得刻薄且武断："不管怎么说，父母都有一定的权利，孩子必须要听话"。在一个小时之内，这个母亲变换了三种截然不同且各具特点的人格：情绪化的儿童、自以为是的父母、理性并且有逻辑头脑的成熟女性或三个孩子的母亲。

持续的观察证实所有人都存在上述三种状态，似乎每个人的内在都有一个与他三岁时相同的一个小孩，同时还存在一个他自己的父母。这些状态是大脑对内外事件真实体验的记录，个体生命最初五年里所发生的事件对他的影响尤为重要。除此之外，还有一个有别于前两种的第三种状态，前两种状态分别称为"父母"和"儿童"，第三种状态称为"成人"（见图1）。

○ "父母"

○ "成人"

○ "儿童"

图1　人格

这些状态并不是角色，而是一种真实的心态。伯恩说："'父母''成人'和'儿童'并不是像本我、自我和超我属于概念……它们是真实的现象"。[1]这些状态产生于对所记录的往事的重现，涉及真实的人、真实的时间、真实的地方、真实的决定和真实的感觉。

---

[1] E. Berne, *Transactional Analysis in Psychotherapy* (New York: Grove Press, 1961), p. 24.

"父母"

"父母"是记录在头脑中的早期经验，即在一个人的生命早期，通常指最初的 5 年，所发生的所有无可置疑或强迫性的外在事件。在这段期间，个体还未社会化，尚未按照社会的要求离家上学。孩子将自己的亲生父母或代父母的榜样示范和言谈举止录在"父母"这一意义重大的"磁带"上，把所见、所闻的父母的一言一行都记录在"父母"中（见图 2）。在最初的 5 年里，由于每个人都体验到了外界刺激，因此每个人都有一个"父母"。但每个人对早期经验的记录各有不同，因此每个人的"父母"也具有特定性。

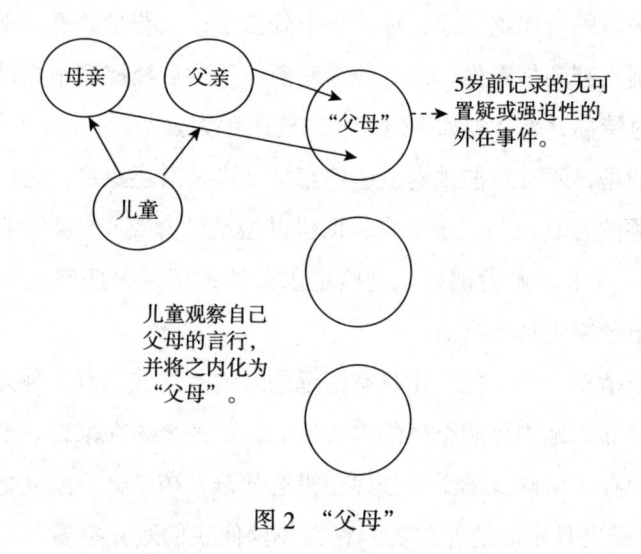

图 2 "父母"

记录在"父母"中的信息是未经编辑直接记录下来的，孩子总处于依赖的状态中，无法用语言表达自己的意思，因此无力改变、纠正或解释所发生的事情。如此一来，如果父母相互敌视并经常争吵不休，一个恐怖的场面就记录在孩子的脑海中——两个自己赖以生存的人互相诋毁对方。事实上，孩子不明白争吵的理由是父亲因为事业失败而借酒浇愁，或母亲因为发现又怀孕而不知所措。

"父母"里记录着孩子从双亲处听来的或从生活中看到的所有的忠告、规则和规范。包括最初父母与孩子的感情交流，孩子通过父母的声调、表情以及拥抱与否进行的非言语的解释，也包括当孩子开始说话后父母告诫的语言上的规则和规定。这套记录包含上千个"不"字和重复的连珠炮式的"不准这样，不准那样"，还记录着当孩子笨拙地打破埃塞尔姑妈的古董花瓶时，妈妈脸上痛苦又可怕的表情。

同样地，"父母"中还记录着幸福的妈妈的柔情细语和自豪的父亲的快乐面容。当我们知道这部录音机时刻都开着时，我们开始明白"父母"中记录的信息量有多么巨大。之后，录音机中记录的是更复杂的说教：孩子，记住，永远不要说谎；要自食其力；别人会根据你所交的朋友来评价你；把盘子里的食物吃干净，你就是个好孩子；浪费是罪恶；不管你做还是不做，别人都会指责你；勤劳使人幸福；不要从楼梯底下穿过；你希望别人如何对待你，你就要如何对待他；先下手为强等。

重要的是，不管这些规则从道德意义上讲是对还是错，它们都被当做有可靠来源的"真理"记录下来，取悦并遵从"六英尺[①]高"的大人对两英尺高的儿童来说尤为重要。这些是永久性的记录，任何人都无法擦拭掉，这些记录终生都在重播。

这种重播对一个人的一生具有深远的影响，这些具有强制力和约束力的说教，被深深地内化到个体的内心深处，成为个体在家庭乃至社会的各个团体中生存不可缺少的重要条件。没有父母，孩子会日趋死亡。内在的"父母"同样也是生命的保护者，它凭经验使我们避开很多足以致死的危险。"父母"中记录着这样的信息："不要碰那把刀"，这是震耳欲聋的命令。对孩子而言，他所看到的威胁是母亲会打他或指责他，而更大的危险则是他可能会弄伤自己并流血至死。但孩子意识不到这些，他还不具备这些知识。因此，无论从身体还是社会意义来看，对父母告诫的记录是孩子

[①] 1 英尺≈0.3048 米。

生存不可缺少的。

"父母"的另一个特点是言行不一，这一特点被忠实地记录下来。父母会说一套，做一套。父母教育孩子不要说谎，但他们自己却经常说谎。他们对孩子说吸烟有害健康，但他们自己照样吸烟。他们要求孩子遵守宗教道德，实际生活中自己却不遵守。对孩子而言，询问这些自相矛盾是不安全的，因此他产生了困惑和恐惧，为保护自己，孩子通常"关掉录音"。

我们认为，"父母"是孩子与双亲间交互作用的真实记录。如果把"父母"中的信息比作立体声录音，也许更有助于我们理解。它有两种声道，和谐的声道通常产生优美的效果，但不和谐的声道则令人心烦意乱，最终这些录音会被扔在一边，不再有人关注。"父母"中所包含的自相矛盾的信息与此类似，此时，"父母"受到压抑，甚至完全被阻断。例如，妈妈可能是"好"妈妈，而爸爸是"坏"爸爸，或者反过来，父母中有一方会将有益的信息传递给孩子，从而使许多有用的信息保存下来。但"父母"中还包含着来自另一方的自相矛盾和引起焦虑的信息，导致整个"父母"的力量被削弱，甚至变得支离破碎。不和谐的"父母"信息无法被孩子"听到"并对他的一生产生重要的影响。

我们还可以将这种现象与代数方程进行比较，正数乘以负数，无论正数有多大，负数有多小，结果永远是负数——也就是一个被削弱、支离破碎的"父母"。对一个不能自由地考察"父母"的人来讲，这种效应将使他们的未来生活充满矛盾、冲突与绝望。

在现实生活中，大多数的"父母"信息总是表现为"如何做"。例如，如何敲钉子、如何整理床铺、如何喝汤、如何擤鼻涕、如何向女主人道谢、如何握手、如何假装家里没人、如何叠浴巾以及如何装饰圣诞树等。通过观察父母，孩子积累了大量的"如何做"信息，这些信息对孩子以后独立生活帮助很大。以后（当他的"成人"变得更成熟并能考察"父母"信息时），这些早期的做事方式会不断被更新，并被更好的方式所代替，以适应不断变化的现实环境。如果一个人早年接受的指令非常严厉，那么他很难改变旧方式，会固执地坚持无用的老法子，并形成这样的强迫性观念：只有这样一条路，除此之外，别无选择。

一个十几岁孩子的母亲谈到自己父母的一个指令，长久以来她一直按照该指令料理家务。她的母亲告诉她："永远不要把帽子放在桌子上，或把衣服放在床上"。于是，在她这一生中，她从不把帽子放在桌上，或把衣服放在床上。如果她偶尔忘记该指令，或孩子破坏了这个规矩，她的反应就会非常激烈，似乎并不仅仅只是违背了这个简单的整洁规则。最终，在遵守该指令几十年后，这个母亲问她的妈妈（妈妈那时已八十多岁）："妈妈，你为什么从不把帽子放在桌子上，把衣服放在床上？"

妈妈回答说，在她小时候，当邻居家的孩子在她们家打闹时，她的妈妈警告她不要把邻居家孩子的帽子放在桌上，把衣服放在床上。听起来蛮有道理，妈妈这样的忠告也合情合理。根据潘菲尔德的发现，我们完全可以理解为什么这些记录在她身上重现时会表现得如此激烈和紧迫。生活中很多规则都是这样来的。

生活中有些影响更加微妙。一个很现代的家庭主妇，家里拥有各种时髦的家具，却惟独没有兴趣购买一部垃圾处理器。丈夫一再催促她去买，列举各种理由说明垃圾处理器可以简化厨房劳动。她同意丈夫的观点，却找出种种借口推迟购买。最后，丈夫认为她故意不想买，坚持要她说出理由。

反省片刻后，她想起早年对垃圾的印象。那时正是美国20世纪30年代经济大萧条期间，家里的垃圾都被仔细地收集起来喂猪，圣诞节时大人才杀猪，好让全家人好好地改善一下伙食。甚至家里人也不用肥皂洗盘子，因为营养不多的洗碗水也可以成为猪的饲料。小时候的她认为垃圾很重要，长大后她很难痛快地跑到商店买一部新式的垃圾处理器把垃圾处理掉（她最后买了垃圾处理器，从此过上幸福的生活）。

当认识到每个人的头脑中都记录着成千上万的这些简单规则后，我们开始欣赏"父母"中包含着如此大量的信息。许多父母的指令都带有强制性的语句，如"决不""永远"和"不许忘记"等。我们可以假设，这些首先占据神经通道的信息为今天的人际互动提供了基础，也是日后引起某些强迫性行为或怪癖的根源。"父母"信息到底给今天带来的是负担还是幸福，取决于它们是否合乎现实，以及是否被"成人"所更新，这部分内容我们将在本章中加以讨论。

除了父母外，"父母"中的信息还有其他来源。一个三岁的孩子每天看几个小时的电视，他会把电视内容记录到自己的头脑中，成为生活中的指导性概念。如果他看的是暴力节目，我相信他会把暴力记录在"父母"中。这就是暴力的发生，这就是生活。如果父母不更换频道并提出反对意见，孩子的信息记录中就保存着暴力的印象。如果父母自己欣赏暴力节目，孩子就会从电视和大人那里获得双重认可，当他遇到不公平的待遇时，他的心里就会产生允许使用暴力的想法。电视里的警长可以随意开枪，孩子也为自己开枪杀人寻找借口；连续三个晚上作案的偷牛贼、现场的劫匪以及调戏科蒂小姐的陌生人等，孩子会将这些节目中的人物与自己的生活联系在一起。另外，哥哥姐姐和其他权威人物的经验也被记录在"父母"中。当儿童感觉自己身处必须依赖他人的外部环境中时，他就不敢自由地提问和探索，所有这些都被储存在"父母"中（另一种儿童的外部经验没有记录在"父母"中，我们在讨论"成人"时再来考察）。

"儿童"

我们把外部事件记入"父母"，同时还记录下"内部事件"，即儿童对所见所闻的反应（见图3）。为便于理解，我们还要重温一下潘菲尔德的观察：个体再度体验到最初情境所引发的感受，也能意识到当时对该体验的解释，不管这种解释是对还是错。因此，被唤起的回忆不是像照相机或留声机一样简单地再现过去的场景和事件,而是患者对所见、所听、所感和所知的再现。[1]

图 3 "儿童"

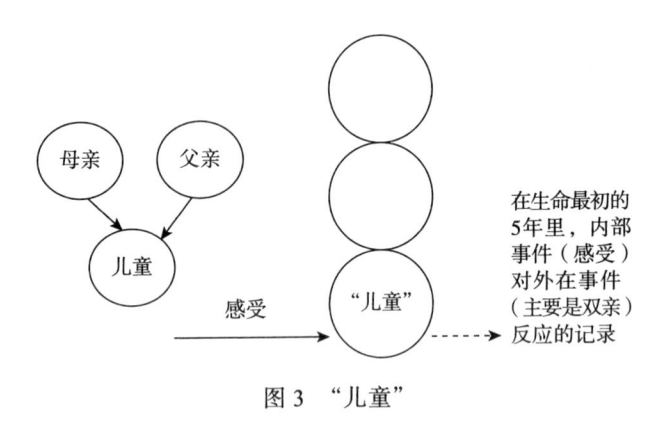

我们把这种所见、所听、所感和所知的信息定义为"儿童"。由于孩子最关键的早年经验中没有语言的参与,因此绝大多数的反应是"感受"。我们必须充分认识到孩子早年的处境,他弱小、依赖、无能、笨拙,无法用语言进行表达。爱默生说我们"必须懂得如何评价阴沉的表情",但孩子却不懂得,对他们来说,阴沉的表情只能产生一种消极看待自己的情感,这些情感随之记录到自己的信息库中:这是我的错,又是我的错,总是我的错,永远是我的错,永远永远。

在这个无助的阶段,无数不协调的要求全部强加到孩子的身上。一方面,他具有强烈的要随时撒尿、探索、理解、破坏、撞击和表达情感的愿望和需要,体验到所有与运动和发现相关联的快乐情感;另一方面,周围环境,尤其是父母又给予他无时无刻的要求,以至于他要放弃这些基本需要以获得父母的赞许。这些来得快、去得也快的赞许,对那些还不懂因果关系的孩子来讲,简直就是一个极其深奥的谜。

不断受挫的社会化过程会导致消极的情感,根据这些情感,孩子最初

---

[1] W. Penfield, "Memory Mechanisms," *A. M. A. Archives of Neurology and Psychiatry* 67 (1952): 178-198, with discussion by L. S. Kubie et al.

会认为"我不好",我们把这种综合的自我评价称为"不好"或"不好的儿童"。这个结论以及其所导致的持续性的不快经历,会深深地记录在孩子的头脑中,永远无法抹掉。这是儿童时代烙下的痕迹,任何一个孩子,即使是在和睦、充满爱和幸福的家庭里长大的孩子也是如此。因为这个问题源于童年的境况,而不是父母的意图(这个问题我们会在下一章,即在讲授心理地位时再详细论述)。例如,我7岁的女儿海迪谈到了童年所面临的两难处境,一天吃早餐时,她说:"爸爸,我有一个好爸爸,也有一个好妈妈,为什么我就不好呢?"

如果"好"父母的孩子都背负着"自己不好"的负担,那么我们就更能理解那些被父母忽视、虐待和粗暴对待的孩子所承受的心理负担了。

与"父母"类似,"儿童"也是一种随时可以转移到现实生活中的状态。今天发生的很多事情,导致童年时期的情境再度出现,并让我们再次感受到当时的情感。通常我们会发现自己处于别无选择的境地中,只能蜷缩在角落里,或许这是真的,或许只是我们的感觉。正如人们所说,这些经验"勾出了儿童",导致我们最初的挫折感、被拒绝和被遗弃的感觉得以再现,并重新体验童年早期的原始抑郁感。因此,当一个人被情绪支配时,我们说他的"儿童"出现了,当他的愤怒压倒理智时,他的"儿童"掌握了控制权。

"儿童"也有光明的一面。"儿童"中存储了大量积极的信息,比如创造力,好奇心,探索和求知欲,触摸、感受和体验的渴望,以及第一次发现新事物时自豪而质朴的情感。"儿童"中还记录了无数个重要的惊喜体验,无数生命中的第一次:第一次喝花园中水管里流出的水、第一次抚摸听话的小猫、第一次握住妈妈的奶头、第一次按电灯开关感受发出的光亮、第一次捞水中的肥皂。在一遍遍重复地做这些重要事情的过程中,快乐的情感也被记录下来。这些记录的内容与所有的"我不好"形成鲜明的对比,如妈妈轻轻摇动时令人舒爽的韵律、躺在柔软毯子里的舒适感等,儿童对这些令人愉悦的外部事件的持续性良好感觉(如果儿童确实从中受益），在今天的人际交往中也时常能再度感觉到。这是记录的一面，快乐而无忧无虑的儿童、追逐蝴蝶的小男孩、脸上粘着巧克力的小女孩，这些都可以在今天的互动关系中表现出来。但观察告诉我们，无论是孩子还是长大成人的我们，身上的"不好"感觉总要超过"好"的感觉。因此，我们说每个人身上都存在一个"不好的儿童"是非常合理的推断。

经常有人问我："父母"和"儿童"在什么时候停止记录？"父母"和"儿童"中是否仅包含人生前5年的经历？我相信，在孩子第一次离开家独立地体验社会，也就是上学之前，他所接受的告诫和感受到的各种态度均源于他的父母，之后与父母的沟通和交往进一步强化了原来已记录的内容。事实是，他开始"运用他的父母"与他人互动，并因此强化了"父母"信息，这一过程与亚里士多德提出的"表达会加深印象"的观点相一致。至于"儿童"中更深一层的记录，我们很难想象，当孩子长大到5岁时，还有哪些最强烈的情绪是他不曾体验过的。这与大多数精神分析理论相符，我的观察亦如此。

如果童年的许多经验都深深地记录在不可磨灭的"父母"和"儿童"中，那么，我们改变的希望是什么？我们如何才能摆脱过去的束缚？

"成人"

在婴儿10个月左右，发生了一件非同寻常的事情。在那之前，他对各种要求和周围环境刺激的反应通常是无助和无意识的。他拥有"父母"和"儿童"，但他尚未拥有选择反应和控制周围环境的能力。他也没有自理能力，无法通过自己的活动接触生活，他只能简单、被动地接受生活所给予他的一切。

但在10个月时，他开始具有运动能力。他能摆弄物体，到处爬动，摆脱无法移动的束缚。诚然，更早一些，大约8个月之时，婴儿经常哭闹，他需要大人帮助他摆脱不舒服的姿势。而到 10 个月时，他已经能集中注意力观察并探索玩具。格赛尔和伊尔格的研究发现，10 个月的儿童会：

……喜欢玩茶杯并假装喝水。他把东西放到嘴里嚼，喜欢大肌肉动作：坐着玩，向前探身并再坐起来。他抓玩具，踢腿，从坐姿换到爬的姿势，自己试着站起来，有时还可能弯身。他开始巡视四周，最喜欢的社会活动是玩藏猫猫和亲吻，让别人扶着双手学走路，坐在地板上，以及坐在可摇晃的玩具中摇来摇去。小女孩在被逗笑时，常把头歪到一边，这是她们第一个羞怯的表情。⊖

10 个月的孩子发现自己已经能够依靠自我意识和思考做一些事，这种自我实现就是"成人"的开始（见图 4）。当孩子能够发现"父母"中的"教导概念"和"儿童"中的"感觉概念"与他在实际生活中所发现的不同时，"成人"信息已经开始逐渐积累。根据所收集和加工的信息，"成人"发展出一套"思考概念"。

活动孕育了"成人"的诞生，并使人在未来岁月中处于忧虑状态时恢复自信。人们会去散步帮助自己"理清思路"，散步成为缓解焦虑的一种方式。因为在"成人"中记录着这样的信息：运动有益身心，它具有的独特功能能帮助个体更清楚地认识自己的问题。

在生命的最初几年里，"成人"既脆弱又短暂，很容易因"父母"中的命令和"儿童"中的恐惧而被打倒。妈妈说："不，不！不要碰那个水晶杯"，儿童可能马上把手缩回，并开始哭泣。但一有机会，他一定会去碰碰这些东西，看看它们到底是什么。尽管遇到重重阻挡，大多数人的"成人"都会存活下来，并随着个体的成熟而发挥越来越重要的作用。

⊖ Arnold Gesell and Francis L. Ilg, *Infant and Child in the Culture of Today*（New York: Harper, 1943）, pp. 116-122.

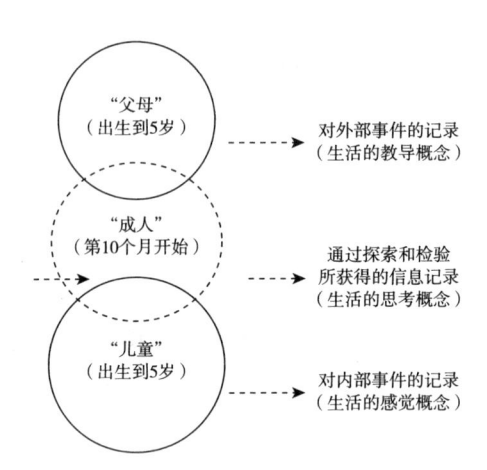

```
    ┌─────────┐
    │  "父母"  │ ----> 对外部事件的记录
    │(出生到5岁)│      （生活的教导概念）
    ├─────────┤
    │  "成人"  │ ----> 通过探索和检验
    │(第10个月开始)│    所获得的信息记录
    ├─────────┤      （生活的思考概念）
    │  "儿童"  │ ----> 对内部事件的记录
    │(出生到5岁)│      （生活的感觉概念）
    └─────────┘
```

图 4　从 10 个月开始"成人"的逐渐出现

"成人""主要将刺激转化成信息，并根据过去的经验加工并存档信息"。㊀"成人"与"父母"不同，"父母"以模仿的方式进行评价，并尽量适应别人的标准。"成人"与"儿童"亦不同，"儿童"会运用前逻辑思维做出草率的反应，"儿童"还会分辨不清或感觉扭曲。通过"成人"，儿童可以区分向他传授和示范的生活（"父母"），他所感受、希望和幻想的生活（"儿童"）以及与他自己所领悟的生活（"成人"）之间的差别。

"成人"就像是一部加工数据的计算机，在对三个来源的信息进行计算后做出决定，这三个来源分别是："父母""儿童"以及"成人"已收集或正在收集的信息（见图 5）。"成人"的重要功能之一在于检查"父母"中的信息是否真实、在今天是否仍然适用，据此判断是接受还是拒绝它们；同时，"成人"也检查"儿童"，考察"儿童"中的情绪表现在今天是否仍然适用、是否过时、是否只是对陈旧的"父母"信息的反应。"成人"的目的不在于废除"父母"和"儿童"，而是让个体自由地对二者中的信息进行检验。用爱默生的话说，"成人"不应被动听的词句所妨碍，而必须检验"父母"和"儿童"中的信息是有益还是有害，例如，早年

㊀ Berne, *Transactional Analysis in Psychotherapy*.

形成的"我不好"的决定就是有害的信息。

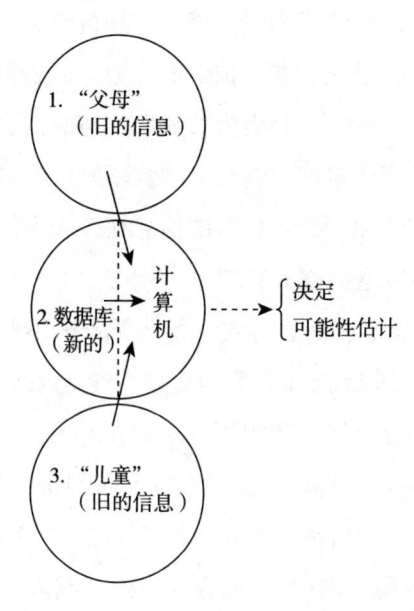

图 5 "成人"从三个来源获取信息

很早的时候,"成人"就开始对"父母"中的信息进行检测。如果一个孩子发现"父母"中的绝大多数信息是可靠的,那么他会成为一个有安全感的人:"他们说的都是事实。"

当一个小男孩看到心爱的小狗被大街上的汽车撞伤时,他会得出这样的结论:"马路上的汽车真的很危险"。当一个小男孩得到鲍勃回赠的玩具后,他会想:"如果我跟鲍勃分享玩具真的会更好。"当一个小女孩学会自己上厕所后,她会认定:"不把裤子尿湿真的感觉更好。"如果父母的指令符合现实情况,儿童就会通过自己的"成人"逐渐形成完整和一致的感觉。他对实践的检验得到了证实,在实践和检验中收集到的信息会帮助他构建起他所信任的一些"定律"。最初传授给他的信息支持了他的发现。

我们需要强调的是,对"父母"信息的验证并不能抹去"儿童"中"我不好"的记录,因为这是早年被强制灌输的信息。母亲认为不让 3 岁的约翰尼乱跑到大街上的唯一办法是打他，由于他还意识不到危险，因此妈妈体罚的后果是孩子出现了恐惧、愤怒和挫折等负面感受，他根本没有意识到妈妈这么做是在爱他、在保护他的生命。但恐惧、愤怒和挫折被记录到"儿童"中，这些感觉不会因为长大后知道妈妈这么做有道理而随之消逝。但是，如果我们能对产生这么多"我不好"记录的最初环境给予理解，就可以帮助我们避免"我不好"的信息在今天重演。我们无法抹去过去的记录，但我们可以选择避开它们。

"成人"通过检验哪些信息有效、哪些无效来不断更新"父母"中的资料；同样地，它通过检验哪些情绪可以安全地表达出来，以更新"儿童"信息。在我们的社会里，新娘可以在婚礼上哭泣，但在婚礼之后，她却不能向她的丈夫大喊大叫。哭泣和大喊大叫都是"儿童"的情绪，"成人"需要恰当地表达这些情绪。图6解释了"成人"在更新"父母"和"儿童"过程中所起的作用。图中，"成人"中的"成人"表示已经更新了的现实信息（例如，以前我被告知太空旅行只是幻想而已，但今天我知道这已经成为事实）。

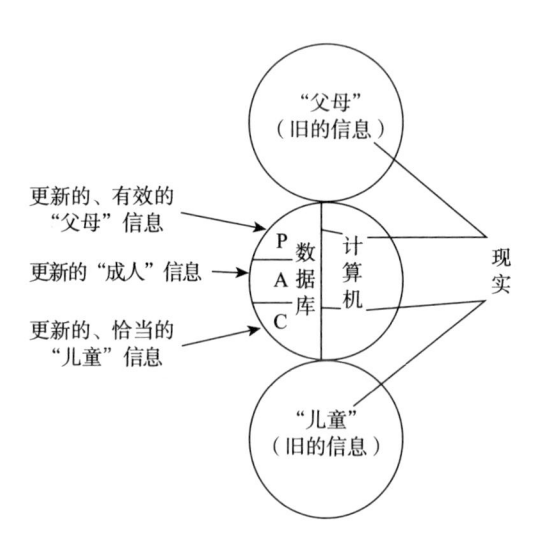

图 6 "成人"的功能：对现实的检验

"成人"的另一种功能是"可能性估计",这种功能在小的时候发展很慢,而对大多数人来讲,甚至终生都很难把握住它。儿童经常面临很多不愉快的选择(例如,不吃掉菠菜就别想吃冰激凌等),对可能性的探索得不到任何激励。不探索事物发生的可能性会造成今天许多人际沟通的失败,而未预料到的危险信号要比预料到的危险信号产生更多的"成人"衰退或延误。这与投资公司的股票自动收报机特点很相似,在那些股票交易很活跃的日子里,后者对股票行情的记录往往要比实际情况晚很多小时,有时我们把这种延误称为"计算机滞后",传统上惯用的补救方式是"等一等"。

可能性估计的能力可以通过意识的努力得以提高。如同身体的肌肉,"成人"可以通过训练和使用得以成长,并提高效率。如果"成人"对可能发生的麻烦保持敏感性,那么一旦有问题出现,马上就能找出应对办法。

但是,在巨大的压力之下,"成人"会被削弱,被不恰当的情绪占据上风。"父母""成人"和"儿童"之间的界线很脆弱,有时彼此的界线模糊不清,容易受到外来信号的影响,使我们再度体验童年时经历的无助和依赖。有时,铺天盖地的"坏消息"向"成人"涌来,使"成人"在人际交往中变得无力招架,只好充当旁观者,此时人们可能会说:"我知道我做的是不对的,但我无法控制自己"。

不现实、非理性和非"成人"的反应常见于创伤性神经官能症患者。危险或"坏消息"在同一时间内击倒了"父母""儿童"和"成人","儿童"此时的反应如同小时候,会产生"不好"的感觉,并随之出现种种退行现象,此时个体觉得自己又成了弱小、无助和依赖的儿童。退行现象的最本质特点之一在于思维的阻塞,在实行锁门制度的精神病院,处处可见这种退行现象。当患者被关进病房后,他马上表现出明显的退行,这正是我反对运用"父母照顾孩子"模式治疗患者的原因,这种迎合个体心中无助的"儿童"的做法,会延误"成人"功能的恢复和重建过程。

理想的医院应该是舒适的汽车旅馆，不但有"儿童"游乐区，周围还有诊所大楼，负责设计各种活动以促进"成人"的自立。护士不穿白大褂，也不用父母的态度对待患者。相反，护士们身着便服，利用她们的技术和所接受的训练，帮助患者学会确认他们的"父母""儿童"和"成人"的身份。

在我们的治疗小组中，每当某个成员过于情绪化时，我们就会用通俗又打动人的话对他说：为什么你不处于你的"成人"中？或者问他："最初的相互关系是什么？"这些问题可以呼唤出他的"成人"来分析引起目前忧虑的原因，并比较当前情况与最初情况，即与儿时所体验的忧虑间是否存在相似之处。

因此，"成人"的工作包括检查旧信息、判断它们是否有效，然后重新存档以备日后之用。如果这项工作进展顺利，过去被传授的信息与现实信息间不存在冲突，那么"计算机"就转入从事更为重要的工作——创造。创造力源于"儿童"的好奇心，同时还源于"成人"。"儿童"提供了"想做"的信息，"成人"提供了"如何做"的信息。创造力最基本的要求是时间，如果"计算机"疲于应付过去的事情，它就没有时间再去开展新的工作。许多"父母"信息在检查之后变成自动化反应，使"计算机"拥有创造的自由。在我们的日常生活中，许多决定都是自动化的反应。例如，一看到单行道上所标志的箭头，我们就会自动地约束自己不往相反的方向行驶。在做出这个决定时，我们的"计算机"并没有对高速公路的设计、交通事故死亡情况和交通路标的绘制方法等大量信息进行加工，如果生活中缺乏"父母"的教导，每件事都从头决定，那么我们的"计算机"就无暇进行创造了。

有些人认为，未经训练并且未受到约束的儿童，要比那些受到父母严格限制的儿童更有创造性。我并不以此为然，如果一个孩子因为缺少足够的信息，不得不将时间花在徒劳无功的决定上，他就没有充足的时间去探索、发现和拆装玩具。如果一个小男孩不必和母亲争论冬天出门是否要穿套鞋，他就会有更多的时间堆雪人；如果父母允许孩子用鞋刷在自家的前厅墙壁上乱涂乱画，他在邻居家可能也会这么做，那么孩子就会面临难堪的局面，而他自己对此却毫无准备，痛苦的结果决不会给孩子带来"我好"的感觉。另外，其他一些事情也是浪费时间，如在街上与汽车进行相撞的试验后，其结果是躺在医院里缝上几针。"计算机"的时间就这么多，冲突耗费了很多时间。当父母所说的真理在"成人"看来并不正确时，这样的冲突最耗费时间。一个人若发现"父母"中的大部分内容与现实情况相符，那么这样的人创造性最高。他可以把这些有效的信息归入到"成人"中，信任它们，然后暂时忘掉它们并开始做其他的事情——如如何做风筝，如何堆一座沙土城堡，如何解微积分方程等。

但是，许多年轻人都因"父母"信息与实际生活间的冲突而耗费了大量的时间。最令他们烦恼的是，他们不理解为什么"父母"对他们有所保留。当真理来叩"父母"的大门时，"父母"说："来吧，我们一起来讨论讨论"。有这样一个孩子，他的父亲被关在监狱里，母亲靠偷窃养家糊口，孩子的"父母"中有个强烈的记录："永远不要相信警察！"当这个孩子后来遇到一个友善的警察时，他的"成人"对这个好心警察的所有数据进行分析，如他如何在沙地上组织球赛，如何请大家吃爆米花，他的表情如何友善，他的声音如何温和等。对这个孩子而言，冲突出现了，他在现实中所看到的与他被教导的迥然不同。"父母"告诉他的是一回事，"成人"说的又是另一回事。在他依赖父母获得安全感的那段时间里，即使这种安全感非常脆弱，他仍可能会接受父母的说法，认为警察都是坏的，偏见通常就是这样传递的。对一个孩子而言，相信谎言比相信自己的眼睛和耳朵更安全。"父母"以持续性的内心对话方式威胁"儿童"，迫使"成人"放弃并停止探索冲突。因此，"警察都是坏的"在孩子心目中演变成真理，这就是"成人"的污染，我们将在第6章中对此进行探讨。

33

第 3 章

四种心理地位

真情中的悲伤是正常的,反映了童年纯真人性的诚实和质朴。

——索伦·克尔凯郭尔(Søren Kierkegaard)

在生命早期的几年里，每个孩子都会认为"我不好"，在他们看来，父母是"好的"。孩子终生都在试图了解自我和他所生存的世界，而该观点是他得出的第一个结论。"我不好—你好"这种心理地位是孩子一生中最具决定性的想法，它被永久地记录在孩子的头脑中，并影响他所做的每一件事。由于它只是一种态度，因此可以被新的态度所取代，但首先我们得理解它的含义。

为了说明这种观点，在本章前半部分，我要先谈谈新生儿、婴儿和成长中的孩子在语言出现前后的情况。许多人坚持认为他们"有一个快乐的童年"，因此不会出现"我不好—你好"的态度。但我坚信，尽管他们拥有"快乐的童年"，但每一个孩子仍会出现以上的观点。首先，我要解释婴儿出生时的情境，并通过证据说明每个人的出生乃至婴儿时期的生活都会被记录下来，尽管他们可能在意识上已不记得上述事情。

这里，我们要再次重复潘菲尔德的主张，他认为人脑具有三大功能：（1）记录；（2）回忆；（3）再体验。尽管我们无法回忆起生命初期的记忆，但有证据显示，我们可以用复原新生儿情绪状态的方式重温早期的经验。婴儿没有语言能力，他们的反应局限在感觉、情绪和模糊的幻想中，只能通过哭泣或身体动作表达不快或舒服的感觉。尽管婴儿无法说出自己的感觉和幻想，但它们仍会被记录在大脑中，并偶尔会在以后的梦中重现。

例如，一个患者报告她的一生重复做同一个梦。每次做梦，她都会在极度的恐惧中惊醒，心跳加快，呼吸沉重。她试图描述这个梦，但又找不到合适的语言。一次，她尝试描述说"我感觉自己只是一个很渺小的斑点，一些巨大的圆形物体包围着我，那些东西就像巨大的螺旋，越来越大，威胁着要吞噬掉我，而我好像被淹没在这些巨大无边的物体中。"尽管她报告自己看到了自我的消逝，极度的恐惧却表明她害怕死亡，即面对死亡时一种本能的生物性反应。

后来她又谈到这个梦，这是一年之后她再度做同样的梦。当时她正在外出旅行，和丈夫在一家环境优雅的餐厅吃午餐。饭店的环境布置得很好，食物却很差。当他们回到旅馆后，她感觉很不舒服，因此她便躺下来小憩片刻。她睡着了，入睡后不久，就被噩梦惊醒，同时感到剧烈的胃痛，"疼得几乎直不起腰来"。当时并没有任何令她焦虑的事情发生，恐怖的梦似乎与她的胃痛有直接的关系。她仍然无法描述这个梦，但却谈到了另一种感觉——窒息感。

患者母亲的资料有助于我们解释这个噩梦的起源。她的母亲身材高大丰满，用乳汁喂养孩子，并坚持这样的观点：任何问题都可以用吃东西来解决。在母亲看来，"照顾得好"的孩子就是"吃得好"的孩子。同时，母亲还是一个争强好胜且支配欲很强的女人。由于患者无法描述梦的内容，我们推论（这是我们唯一可以做的），梦魇产生于孩子开始说话之前，而胃痛则与早期的进食经历有关。一种可能是，当患者还是婴儿时，当她已经吃得很饱或很满足不想再吃的时候，母亲坚持要她再多吃一些（这通常发生在孩子要求自己吃饭之前，母亲说：吃饱些，免得挨饿），因此出现了如梦中的昏昏欲睡、窒息和胃痛的感觉。梦的内容再现了她对婴儿时期处境的感觉——自己是一个小斑点，被母亲巨大的圆形乳房或高大身躯所淹没。

这种梦支持了以下的假设：**人类最初的生活体验，尽管无法用语言形容，但仍被记录下来并在今天重现**。同时，早至出生时期的体验也被记录下来，并保存了过去曾经获得的信息。婴儿对外界刺激的反应最初出于本能，但不久就成为条件性或习得性的体验。例如，他会学习望向母亲脚步声传来的方向。如果所有的体验和情感都被记录在大脑中，那么今天我们在特定情境下感觉到的极度恐慌、愤怒和害怕，只不过是婴儿期所有感觉的再体验而已，我们可以称之为原始录音带的重播。

欲进一步理解，我们需要了解婴儿发展的情形。在图 7 中，横线代表从开始怀孕到 5 岁这段时间。第一阶段为怀孕到自然分娩之间的 9 个月，这是个体体验到的最完善的生存环境，这种生存方式属于与母亲共生的亲密状态。

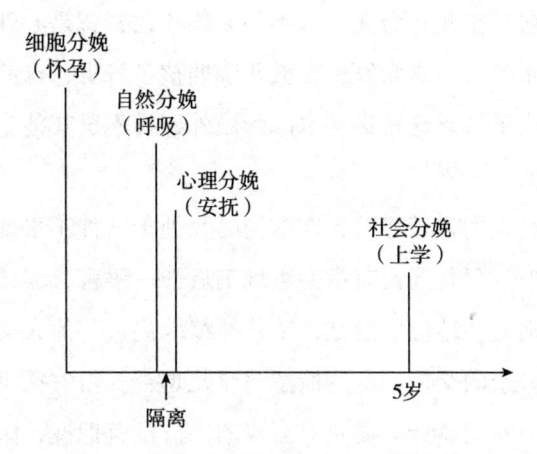

图7　个体从胚胎到5岁的不同分娩

　　接着是自然分娩，胎儿弱小的躯体在短短的数小时内被推出母体之外，来到一个与母体反差巨大的新环境中。他完全暴露在陌生和令人极度恐惧的寒冷、粗糙、压力和噪声中，感到毫无支持、光亮、被隔离和被遗弃。在瞬间，婴儿的脐带被剪断，他与母体分离，从此再无共生关系的存在。许多出生创伤理论都假设，婴儿在分娩时产生的各种情绪都以某种方式记录在大脑中。很多人在极度压力之下都会做"下水道"之类的梦，这种情况支持了该假设的合理性。一个患者描述了一个梦，他梦见自己被人从平静的水中抛到排水沟或下水道中，他还体验到加速度和压迫感，患幽闭恐怖症的人通常会有这种感觉。婴儿被铺天盖地的不愉快的刺激包围着，按照弗洛伊德的观点，由此产生的情绪即成为将来所有焦虑的来源。[1]

　　很快，婴儿迎来了拯救者，有人将他抱起来，包在温暖的毯子里，搂在怀里，并接受舒适的"安抚"，这个阶段称为心理分娩（见图7）。这些信息告诉婴儿，子宫外面的生活并非完全都是坏的，这种与母体亲密关系的

---

[1] Sigmund Freud, *The Problem of Anxiety* (New York: Norton, 1936).

恢复，点燃了婴儿生存的意志。轻抚或亲昵的身体接触，是婴儿存活下来的根本。没有它，婴儿将会死去，不是肉体死亡，就是心理死亡。一种被称为消瘦的身体死亡，常常发生在孤儿院的孩子身上，这些孩子被剥夺了早期的爱抚，除了缺乏这些最基本的刺激外，找不出其他生理的原因解释这种死亡的发生。

这种时有时无的痛苦经验，常常使婴儿处于一种不平衡的状态。在生命的最初两年中，婴儿还没有掌握思维工具——语言，因此无法解释自己在世界上的不确定性地位。但是，婴儿持续地记录与他人交往时产生的情感，主要是与母亲的交往，这些情感与婴儿是否获得安抚直接相关。无论是谁，只要给予安抚就行。婴儿对自我的评价没有把握，因为好的感觉总是很短暂，通常会被不好的感觉所取代。最后，不确定性使他相信"我不好"。但是，到底在何时，儿童形成最后的"我不好，你好"的结论呢？

在对婴儿和幼儿进行详细的观察后，皮亚杰认为婴儿在出生几个月后就开始发展因果关系（事物的前后联系），两岁时便完全认识因果关系。㊀也就是说，那些混乱的信息开始有秩序地以某种形式累积起来，从而使婴儿出现非言语的态度和结论成为可能。皮亚杰说："在人生最初的两年里，随着感知运动思维的发展以及对宇宙万物相关联的解释，导致一种接近理性思维的平衡状态的出现。"我认为，这种平衡状态在两岁末到三岁期间已非常明显，是儿童对自己和他人看法的产物，即心理地位。一旦心理地位得以确定，儿童便产生了具体的努力方向以及预测未来的基础。皮亚杰认为，这些早期的智力过程虽然还不能"认识或阐述"真理，但却可以在一定程度上表达对成功的渴望和对现实的适应：如果我不好—你好，那么我该如何让你这个好人，对我这个坏人好一点儿呢？这种心理地位也许并不令人舒服，但它却是孩子的真实印象，对孩子而言，这总比什么都没有要强。因此，这就是一种平衡状态。孩子心目中的"成人"让他第一次

㊀ Jean Piaget, *The Construction of Reality in the Child*（New York: Basic Books, 1954）.

"理解生命的意义"、解决阿德勒所谓的"生活的中心问题"——对他人的态度，同时也解决沙利文所说的"每个人都有永恒的自我态度"问题。

库比就心理地位的发展问题做了精辟的阐述：

> 做出某种特定的推论具有一定的可能性：在生命的早期，有时在出生的最初几个月，有时稍晚些时候，经常会建立起一种处于中心位置的情绪地位……临床诊断证明，一旦该情绪地位在早期生活中得以建立，就具有巨大的影响力，会自动地反映到个体以后的生活中。最终这种态度可能成为个人生命中的保护神，也可能是他一生的致命弱点。由于这种心理地位可能建立于婴儿出现言语之前，对大多数婴儿而言出现在他们识别象征符号之前，因此该心理地位可能是影响人类神经症发展过程的最早的因素之一……无论何时，这种情绪地位总是令人痛苦……个体需要终其一生，再次运用意识、前意识和无意识的力量与之对抗，以保护自己免受伤害。㊀

接着，库比提出这样一个问题：这些心理地位在以后的生活中是否会有所改变？我认为会。尽管造成这种心理地位的早期经验无法被擦拭掉，我仍然认为早期的心理地位可以改变，因为**凡是已决定的以后都可以被推翻**。

人际沟通分析理论把人际交往中可能采取的心理地位分成以下四种：

1. 我不好—你好
2. 我不好—你不好
3. 我好—你不好
4. 我好—你好

㊀ L. S. Kubie, "The Neurotic Process as the Focus of Physiological and Psychoanalytic Research," *The Fournal of Mental Science*, Vol. 104, No. 435（1958）.

在开始阐述每种心理地位之前，我要先谈谈我对它们的观察。我认为，在出生后第二年末，有时在第三年，就已经在前三种地位中选中了一种。我不好—你好，这是根据人生第一年经验而产生的最早的暂时性决定。第二年末，这个决定要么更稳固，要么转变到第二种（我不好—你不好）或第三种（我好—你不好）心理地位。一旦某种心理地位得以建立，儿童就会始终坚持他所选择的心理地位并终生受其支配。这种心理地位将伴随他的一生，除非后来他有意识地将之改变成第四种地位。通常人们不会反复地改变他们的心理地位，前三种心理地位的建立完全取决于他们得到安抚与否，这三种地位在婴儿出现言语之前就已建立，它们是结论而不是解释，也不仅仅只是条件反射，它们是皮亚杰所说的认识因果关系过程中的心智活动。换句话说，它们是儿童"成人"信息加工后的产物。

我不好—你好

这是儿童早期普遍存在的一种心理地位，是儿童根据出生和婴儿时期的经验得出的逻辑推论。这种心理地位也有"好"的方面，因为存在安抚。每个儿童在生命第一年都曾被轻轻地拍抚，因为他必须被抱起来照顾。没有这些最基本的安抚，婴儿不可能存活下来。同时，也存在"不好"的方面，那就是儿童对自己的看法。我认为，正是由于儿童积累了大量的"不好"的感受，他才因此得出"我不好"的结论。在向患者或一般人解释人际沟通分析理论时，在谈到"不好的儿童"的起因和存在时，我发现他们的普遍反应是"你说的对，就是这样"。我相信，承认每个人心中都存在着"不好的儿童"是唯一可以解释并治疗人生游戏的方式。由于人生游戏的普遍性，因此推论"我不好"在人群中的普遍存在也变得合情合理。阿德勒正是在这一点上与弗洛伊德分道扬镳："性"并不是人生奋斗的基础，普遍存在的自卑感或"我不好"的感觉才是。阿德勒认为，儿童由于身材矮小和无助，必然感到自己比周围的大人卑微。沙利文深受阿德勒的影响，而我则深受沙利文的影响，在他去世前5年，我一直跟随他做研究。沙利文对精神分析理论最大的贡献是提出"人际关系"或被称为"交流"的概念。他认为儿童完全依赖他人对他的态度进行自我评价，他将之称为"反应式评价"。他说：

> 儿童缺乏必要的手段和经验来准确地描绘自我，因此唯一能产生指导作用的就是他人对他的反应。他无力质疑这些评价，由于无助不敢挑战或反驳它们。他只是被动地接受这些最初通过情感交流，之后通过语言、手势和行动传递过来的评价……这样，生命早期习得的自我态度会伴随个体一生，它们也可能会受到某些重大的环境因素的影响，并在以后的生活中得以调整。⊖

持有第一种心理地位的人容易受到他人的摆布，他非常需要安抚或认可，这是早期需要身体安抚的心理表现形式。这种心理地位具有希望，因为它有安抚（你好），尽管安抚并非持续不断。这样，"成人"就会有事可做：我该做什么才能获得安抚或认可？通常情况下，持有这种心理地位的人会有两种生活方式：

第一种，生活在确定"我不好"的脚本⊖中，这是"儿童"在无意识状态下创作的。由于被周围的"好人"包围太痛苦，这种脚本会促使他逃避生活。这些人可能会通过伪装寻求安抚，或沉湎于幻想式的生活中，通过"如果我……""当……"等想法获得心理平衡。另一些人的行为则会令人厌恶（负面安抚），结果只是再次验证"我不好"，这就是所谓的

⊖ From G. S. Blum, *Psychoanalytic Theories of Personality*（New York: McGraw-Hill, 1953）, pp. 73, 74.

⊖ 脚本分析是一种揭示早年决定的方法，就如何生存而言，早年决定是无意识的。我这里提到的是一般性的脚本和相反脚本，一批著名的人际沟通分析学家开展了早期脚本的分析，他们是：伯恩、恩斯特、格罗德、卡普曼和斯坦纳。

"坏小孩"特点——你说我不好，我就不好给你看。在人生道路上，这种孩子以脚踢、手抓、吐口水的方式聊以自慰，他们无法得到正确的人生认识，只是认定人生就是"我不好—你好"。这种认识极其悲哀，若它持续存在，则会将一切引向绝望，最终的结果不是放弃（被送入精神病院）就是自杀。

另一种更普遍的方式是通过"相反的脚本"（也是无意识地）向"父母"借点儿材料："如果……，你也能变好"，这种人会寻求朋友的帮助，或与那些拥有较强大"父母"的人联系，因为他需要很多的安抚。"父母"越大，安抚越好（因为安抚只来自好人，父母是好的，就像刚出生时一样）。这种人热切、心甘情愿地听从别人的要求。那些"最好的人"，就是总在通过努力获得别人的赞许。然而，这种生活就好像一辈子都在爬山，一旦登上一座山的山顶，马上发现还有其他的高山等待攀登。"我不好"写下了他们的"人生脚本"，而"你好"（我想成为像你一样的人）造就了相反的"脚本"，但二者都不能产生幸福感或永久的价值感，因为整个心理地位没有改变，仍然是"无论我做了什么，我依然是不好的"。

一旦这种心理地位得到揭露和改变，借助于"相反的脚本"所建立的成就和技巧，个体可以通过"成人"建立一个全新并有意义的生活计划。

我不好—你不好

如果所有的儿童在婴儿期都认为"我不好—你好"，那么第二种心理地位"我不好，你也不好"是如何产生的呢？"你是好的"发生了什么事？安抚的来源又有哪些变化呢？

在人生的第一年末，婴儿身上发生了一些重要的变化。他开始学习走路，不再需要被别人抱起来才能移动。如果他的母亲很冷漠，不愿去安抚孩子，在孩子出生第一年迫不得已才去照顾他，那么，孩子学习走路则意味着他的"婴儿"时代的结束，安抚也随之完全消失。而且，惩罚变得越来越多，越来越厉害，因为他能够自己爬出小床，碰触他能接触到的任何东西，并且一刻也闲不住。甚至自我伤害的机会也变得越来越多，如经常被绊倒或滚下楼梯。

如果说第一年的生活还比较舒适和安逸，那么现在什么都没有了，安抚也消失殆尽。如果这种被遗弃和痛苦的状态在第二年里迟迟没有缓解，孩子就会形成"我不好—你也不好"的结论。在这种心理地位下，"成人"发展停滞，由于缺乏安抚的来源，"成人"的主要功能——获得安抚——受阻并停止发展。这种心理地位下的儿童会自暴自弃，放弃希望，浑浑噩噩地过日子，最终可能会在精神病院中过完一生，他们的行为变得完全退缩、退化，似乎想退回到一岁时所经历的生活，那时他们感受到了人生中唯一拥有的安抚。

很难想象一个人一生中没有得到任何安抚。即使是不愿意安抚孩子的母亲，都有能力照料持有第二种心理地位的孩子，事实上，她们确实给孩子带来了安抚。但是，一旦一种心理地位得以建立，儿童的所有经验都有选择地被用于解释和支持该心理地位。如果一个人认为"你不好"，他会认为所有的人都如此，会拒绝别人的安抚，即使别人是真心实意。最初的结论已根深蒂固，不可动摇，因此新的经验很难打破它。这就是心理地位的本质——具有决定性。而且，持有这种心理地位的人，已经停止使用"成人"分析与他人的关系，因此即使在治疗中也很难触及他们的"成人"，尤其当治疗者也被患者放到"你不好"之列时。

只有在一种情形下"我不好，你不好"才成为最初的心理地位，那就是自闭症儿童。这种孩子可看作为心理上尚未分娩，儿童自闭症是不成熟的器官应对外界巨大压力的反应，任何安抚都无法传递给他。自闭症的儿童在最初关键性的几周里，感到自己没有得到"营救"，就好像他在被无情地驱赶到一个灾难性的生活之后，却发现那里原来没有任何人。

邵普勒认为，生理因素和缺乏安抚导致了自闭症儿童的出现。[⊖]生理因素指的是一种严重的刺激障碍，导致儿童感觉不到安抚。儿童可能并非完全缺乏安抚，而是丧失了对安抚的感觉以及对感觉的积累。这类婴儿被父母看作没有反应的孩子（他不喜欢被抱着，只喜欢躺在那里，与众不同），曾给予的安抚也被终止，因为"他不喜欢被人抱着"。一些科学家认为，比平时更强烈的安抚可能有助于克服这一障碍。

我好—你不好

一个最初认为父母"好"而又长久受到他们虐待的孩子，会转到第三种心理地位，即有犯罪倾向的地位：我好—你不好。这种心理地位有"好"的态度，它究竟从何而来？既然"你不好"，安抚的来源又在哪里？

这种心理地位形成于孩子两三岁之时，但这是一个令人头痛的问题。如果两岁的孩子认为"我是好的"，是否意味着他的好是"自我安抚"的产物？如果是这样，这么小的孩子如何自我安抚？

我认为，当孩子治疗自己严重而痛苦的伤口时，这种自我安抚确实存在。通常所说的"被殴打的孩子"，是指那些被殴打得很厉害以至皮开肉绽、筋断骨折的孩子。任何人被打得骨头断裂或有大片淤伤都会感到极度的痛苦，对"被殴打的孩子"而言，最常见的创伤是肋骨断裂、肾脏受伤或头骨破裂。对一个蹒跚学步的孩子来讲，肋骨断裂后每呼吸一次都伴随着疼痛，还有剧烈的头痛，那是怎样的一种感觉！在美国，每一个小时就有5个孩子遭到父母的毒打致伤。

我认为，孩子的伤口逐渐好转的时候，就像"他躺在那里舔自己的伤口"时的感觉。他在独自一人的时候体验到一种舒适的感觉，即伤口的好

[⊖] E. Schopler, "Early Infantile Autism and Receptor Processes," *Archives of General Psychiatry*, Vol. 13（October 1965）.

转与所经历的痛苦所形成的巨大反差。此时他感觉到，即使你们谁也不管我，我也会好起来的。等着瞧吧，我自己可以好起来。当残忍的父母又露面时，他恐惧得缩成一团，害怕毒打再次发生。你们伤害了我，你们不好，这就是"我好—你不好"的心理地位。许多犯人都持有这种心理地位，在他们的早期生活中都遭受过严重的身体暴力。

这样的儿童体验到了残酷，还有生存之艰难。以前发生的一切，以后可能会再度发生。我活下来了，我还要继续活下去！他拒绝放弃生命，等到长大成人，他开始反击。他见识过暴力，也知道如何残忍。他得到了自己"父母"的允许，变得凶狠、残忍。尽管他学习将自己的内心世界隐藏在温文尔雅的面具之后，但仇恨一直支撑着他。卡罗尔·切斯曼（Caryl Chessman）说："没有什么比'仇恨'更能支撑一个人的精神，恨比恐惧更强。"

"我好—你不好"是这类儿童的生存之道。无论对儿童还是社会而言，他们一辈子都拒绝探索自己的内心世界，这无疑是个悲剧。对发生在自己身上的任何事，他们都无法客观地判断自己应负的责任，总是在指责："都是他们的错""都是因为他们"，那些积习难改的罪犯就是如此。他们缺乏良心，坚信无论他们做了什么事，他们都是对的，所有的错都在别人。这种情况一度被称为"道德低能"，实际上，这类人拒绝接受别人是好的的事实。对这类人的治疗变得很困难，因为在他们看来，治疗师和其他人一样都是"不好"的。这种心理地位最终可能演变成杀人，凶手甚至认为他们这样做合情合理（同样地，他们认为自己坚持的"我好—你不好"的心理地位也是合理的。）

持有"我好—你不好"心理地位的人，深受安抚剥夺之苦。安抚和安抚者都是好的，但既然这世上没有"好人"，那么何来"好的安抚"呢？这样的人需要一群唯命是从的人来恭维和安抚他，但在他的内心深处，深知这些安抚不真实，因为他首先需要自我安抚。那些人越恭维他，在他看来越低贱，直至某一天他将他们全部抛弃，再找另外一群恭维者。"过来，我就给你"，这是老一套，但每次总以此开始。

我好—你好

"我好—你好"是第四种心理地位，是我们的希望所在，它与前三种心理地位有着本质的不同。前三种心理地位是无意识的，在生命早期已经形成。"我不好—你好"最早形成，大多数人的一生都持有该心理地位。对那些特别不幸的孩子，他们可能形成第二种和第三种心理地位。到三岁时，每个人都已形成一种固定的心理地位。为了理解生命的意义，决定心理地位可能是婴儿"成人"的主要功能之一。通过心理地位，婴儿能够对混乱的情感和外部刺激做出预测性的评估。该功能的信息源于"父母"和"儿童"，它们建立在情感和印象的基础上，未受外界的影响和改变。

第四种心理地位"我好—你好"是有意识的、能用语言表达的决定，不仅包括了大量的关于个体和他人的信息，而且还包括了哲学和宗教等抽象概念中尚未经历过的可能性。前三种心理地位基于情感，第四种则基于思维、信念和行为。前三种与"为什么"有关，第四种与"为什么不"有关。我们对"好"的理解并不局限于我们个人的经验，因为我们可以使其抽象化，最终适用于所有的人。

我们不是从一种心理地位跳到另一种心理地位，这是我们所做的决定。从某种意义上说，这就像一次交往经历。在形成最初心理地位的生命早期，人们持有的各种信息还无法形成第四种心理地位。有些幸运的孩子，从小就有人帮助，让他们不断置身于能证明自己和他人价值的环境中，从而能顺利地形成"我好—你好"的心理地位。

但不幸的是，无论是成功者还是失败者，他们最常见的心理地位是"我不好—你好"，而处理这种心理地位的方式通常是玩游戏。

伯恩对"游戏"的定义是：

……游戏是一系列不断发展的互补的隐性交互作用过程，它将产生明确和可预测的结果。游戏可以被描述成一套重复发生的交互作用，表面上看起来很有道理，却暗含着隐匿动机。更通俗地说，游戏是埋伏着陷阱和机关的一系列活动。[⊖]

　　我相信所有的游戏都来源于孩童时期的简单游戏。如果我们观察3岁的孩子，很容易看到以下的情形："我的比你的好"。这种游戏可以暂时缓解"我不好"所带来的沉重的心理负担。牢记"我不好—你好"对3岁儿童的意义至关重要。"我不好"意味着：我只有两英尺高，我很无助，我毫无自卫能力，我很脏，我没有一件事做得对，我很笨，并且，我不会说话，无法让你们理解我的感觉。"你好"则意味着：你六英尺高，你有权利，你总是对的，你能回答一切问题，你很聪明，我的生死掌握在你手里，你可以打我、伤害我，但你仍然是好的。

　　任何能缓解这种不公平状态的事，都受到儿童的欢迎。吃一大盘冰激凌、排队时乱挤到前面、嘲笑妹妹的错误、打弟弟、踢小猫、买更多的玩具，所有这些都可以暂时缓解儿童的压力，尽管这样做会产生其他的新麻烦，如被父母揍、被弟弟打、被小猫抓，或者发现别人的玩具比自己多等。

　　成年人常沉溺于复杂的"我的比别人强"的游戏中。一些人拼命赚钱获得一时的解脱，他们住的房子比邻居更大、更好；甚至某些人刻意表现出谦逊：我比你卑微。这些做法都建立在阿德勒所说的"导向性虚假"观点之上，它们可能会带来一定的解脱，但其实可能已经是大难临头，巨额的贷款和账单已宣判他要终生劳役。第七章将详细地阐述游戏，并将其视为灾难的解决方式，它融合了最初的痛苦并强化了"我不好"的观点。

　　本书的目的在于阐明，使人们恢复自信并变"好"的唯一途径在于了解造成前三种心理地位的童年困境，然后证明今天的行为和这些心理地位

⊖ E. Berne, *Games People Play* (New York: Grove Press, 1964), p. 48.

的关系。

最后，我们必须懂得"我好—你好"是一种心理地位而不是情感。今天的决定不能抹去"儿童"中不好的记录。现在的任务是如何开始收集那些"好"的记录，在那些正确判断了事物发生的可能性和伦理道德支持的成功中，收集来自"成人"而非"父母"和"儿童"所记录下来的"好"的信息。如果一个人在解放了的"成人"的帮助下收集了大量的"好"的信息，数年后他可以确定地说："我知道这种心理地位是可行的"，其原因在于它不追求一时的快乐和安逸。

一天，在我的治疗小组中，一位离过婚的年轻女士很生气地抱怨说："让你和你的那个'好'理论见鬼去吧。昨晚，我去参加一个聚会，我尽可能地让自己表现得更好，我想每个人都是'好'的，然后我走到一个我认识的女人身边说：'有空到我家来喝杯咖啡吗？'她的回答一下子令我矮了半截，她说：'好啊，我想和你一起喝咖啡，不过你要明白，不是每个人都有时间陪你瞎聊的。'你的理论只适用于动物……一点儿用也没有！"

当我们提出一种新的见解时，来自个人和社会的风暴不会马上平息，只有"儿童"才渴望立竿见影，就像冲调速溶咖啡一样，30秒钟的交谈根本不能解决任何问题。"成人"知道耐心和忠诚的重要性。我们不能保证，当你采取了"我好—你好"的心理地位后，你马上就会有好的感觉产生。我们对过去的记录仍具有敏感性，但当我们的忠诚被削弱之时，我们可以选择将这些记录关闭。最终，幸福的生活会及时降临。同时，"成人"也可以分辨别人的"儿童"反应，并能对此采取相应对策。

这种变化的发生，以及这种变化如何成为可能，这些问题我们将在下一章中详细阐述。

第 4 章

我们能改变

所有人都在夸耀社会的进步,但没有一个人真正改善自己。

——拉尔夫·沃尔多·爱默生(Ralpah Waldo Emerson)

对我们来讲，仅仅指出问题所在是不够的，更重要的是我们每天都花大量的精力在决策上，患者常说："我无法做决定，告诉我该怎么做，我害怕自己做出错误的决定"。有的患者面临无力做决定的问题："我觉得自己总是处于崩溃的边缘，我恨我自己，我从没干成过一件事，我的生活就是由一次次的失败组成的。"

以上的说法看似在抱怨，实质却是他们面临着难以做决定的问题。犹豫不决的人常会恳求：帮我做决定——任何决定——只要是决定就可以。在治疗中，我发现患者在做决定的问题上通常会遇到两种困难：（1）"我总是做错误的决定"，这种患者的决定和行动往往导致糟糕的结果；（2）"我总是反复考虑一个问题以致难以做出决定"，这类患者通常受到悬而未决的事情或决定的困扰。

解决这两类困难的第一步是，认识到每个决定都有三套需要加工的信息：第一套来自"父母"，第二套来自"儿童"，第三套来自"成人"。"父母"和"儿童"的信息是陈旧的，"成人"的信息独立于"父母"和"儿童"之外，是对当前外部现实的反映，并且与以往所积累的大量信息融合在一起。在面对外部刺激时，三套信息同时输入"计算机"进行分析，哪一组会率先做出反应呢？"父母""成人"抑或"儿童"？对此，我们最好举例进行阐述和说明。

一个拥有良好社会声誉的中年商人，他是一个好父亲、好丈夫，也是一个负责任的好公民。他需要决定是否要在当地报纸上发表的一份请愿书上签字，这份请愿书支持平等住房法案，该法案强调任何种族的人都有权居住在他们的收入可以负担得起的地方。签名的要求是在打给他的电话中提出的，他一挂断电话就感觉到非常不舒服，胃开始剧烈地翻腾，觉得美好的一天完全被毁了。

这个商人要做决定是签还是不签，可他的心里冲突重重，这些冲突从何而来？

冲突的来源之一是他的父母，这些记录是："不要给家族丢脸""不要做冒险的事""为什么你要这么做""家庭和孩子必须排在第一位"。这些记录还是次要的，更重要的记录源于他早年在南部小镇的生活经历："你必须将黑人圈在他们应该呆的地方"。"父母"信息中有很多有关黑人的资料，在他小时候父母不允许他询问这些信息，但它们逐渐被生硬地记录下来。这些童年早期强硬的指令是："不要多问""他是个黑人，这就是理由""不要再让我听到你提这样的事情"。甚至，那些没有伤害之意的黑人童谣也不能唱。

这些早期记录的信息，多年来经过父母的教训和之后黑人在各地闹事的事实（如在小石城、塞尔玛城、华特城和底特律）逐渐得到强化，并且变成了一种影响这个男人做决定的重要力量。

这种信息的输入会使"儿童"产生恐惧心理，"六英尺高"的父母又在迫使"两英尺高"的儿童就范。因此第二套的信息源于"儿童"，通常是以情绪的形式加以表达：一种恐惧的情感，"他们"会说什么，如果我的女儿嫁给一个黑人会怎么样？我的财产会不会受损？这些都是现实困难，但所导致的恐惧强度与三岁时必须仰仗父母才能生存的恐惧相比就变得微不足道。正是这种冲突导致他胃部翻腾，手心流汗，甚至令他痛苦地躲进酒吧，或用其他逃避的方式将"父母"扔到脑后。

第三种信息来自于现实，属于"成人"的特定范围。一个头脑简单或不用脑筋的人不会为现实而烦恼，他们只是简单地听从于自己的父母，他的口号是"以任何代价获取和平"（为了"儿童"）。老法子总是最好的，这是人类的本性，历史总在重复地上演，让林肯去管黑人的事。

只有"成人"才会认真对待种族危机的严重性和对自己幸福的严重威胁，也只有"成人"才会去寻找更多的资料并剖析奴隶制度的罪恶，这种制度将人视为物品，使黑人过着耻辱无望的生活，许多奴隶才会揭竿而起，小石城、塞尔玛城、华特城和底特律的反抗就是最好的例证。只有"成人"才会像林肯那样说："以前安宁生活的教条远不能满足今天斗争生活的需要"。只有"成人"才能客观地分析所有的信息，并继续寻求更多的资料。

在确认和区分这三套信息的过程中，我们开始从混乱的情绪和犹豫不决中理出头绪。一旦将这三套信息区分开，"成人"就可以考察并分析它们之中哪些是有效的。

那位烦恼的商人在检查"父母"信息时会问：为什么我的父母会相信这些事？他们的"父母"是什么？为什么他们的"儿童"会受到威胁？他们是否有能力检查自己的 P-A-C（P 代表"父母"，A 代表"成人"，C 代表"儿童"）？他们所相信的事情都是事实吗？白人比黑人优秀吗？如果是，原因何在？如果不是，原因又何在？"永远不要冒险"是错误的吗？反对种族歧视就会令家族蒙羞吗？难道不会带来荣耀吗？如果他不为社区中种族歧视问题的解决做点儿事的话，他是否能做到以家庭和孩子为重呢？他甚至可以去问问他的父母今天的观点，并与他的"父母"中所记录的他们早期的看法进行比较，这对他来说也可能是一种帮助。

他的"成人"也必须检查"儿童"信息，为什么他会感到如此严重的威胁？为什么他的胃不舒服？真的存在现实的威胁吗？他今天感受到的恐惧恰当吗？这种恐惧是否只有在 3 岁时出现才合适？他可能会对骚乱和暴力产生现实的恐惧，也可能担心自己会被打死，但他必须分清，这种恐惧源于现实还是源于他 3 岁时的感觉。相比之下，3 岁时感到的恐惧要强烈得多，因为那时他无法改变现实，但他现在 43 岁，可以改变现实。他可以采取各种步骤改变现实，最终改变导致危险的现实环境。

理解 3 岁时的恐惧后，"成人"才能自由地加工新的信息，这是问题的本质。正是这种对至高无上的"父母"的恐惧，导致人们产生偏见。有偏见的人就如第 2 章中的小男孩一样，将"警察都是坏的"视为真理，他不敢有其他的选择，从而导致对"成人"的污染（见图 8），这种污染使得偏见以及"父母"中未经检验的信息外化成真理。

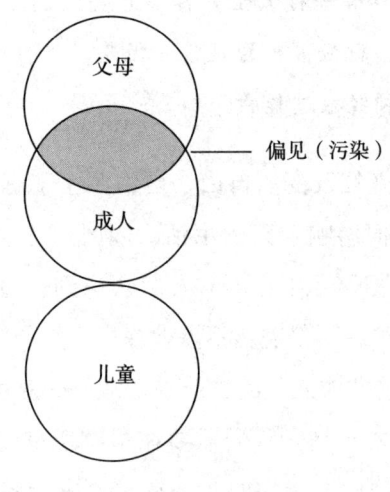

图 8　偏见

苏格拉底曾说："未经检验的生活毫无价值"，我们也可以说，未经检验的"父母"不能成为我们生活的基础，因为它可能是错的。

解放了的"成人"

人际沟通分析的目标在于促使人们获得选择的自由、根据自己的意愿加以改变的自由，并改变人们对重复刺激和新刺激的反应方式。这些自由大多数在儿童早期就丧失殆尽，根据库比的观点，这标志着神经症的开始。这一过程持续地纠缠于旧问题的解决，而将今天的现实排除在外。

神经症的根源可能在于婴儿期或童年早期形成的刻板行为模式或"固定状态"模式，包括情感的表达：如哭泣、尖叫、害怕黑暗；本能的行为或拒绝进行的行为，如吃饭、沉思、呕吐、反刍、拒绝进食、强迫性食物选择、排泄或停止分泌；呼吸模式：如喘气等；或一般动作模式，如抽搐、撞头、摇摆和吸吮等。

> 这些动作中没有一种天生异常，只要它们可以自由地对内、外刺激做出反应，就应该视为正常。但是，当自由改变的功能丧失时，就标志着神经症过程的开始。[1]

治疗的目的就是恢复改变的自由，自由源于了解"父母"和"儿童"的真相，以及它们如何影响今天的生活。同时，还需要了解人们所生活的世界的真相或"证据"。自由要求人们认识到，每个人心中都有"父母""成人"和"儿童"，不仅需要不懈地探索已知的领域，还要对未知的领域加以考察，这即是"成人"的另一种功能——对可能性的预测。人类生活中所面临的困境之一是，我们需要在了解所有的事实之前就做出决定，承诺如此，婚姻如此，选举如此，在请愿书上签字如此，决定优先权如此，信奉何种价值观亦如此——总之，一切都如此，它们都是由"成人"做出的。

我们内在的"儿童"要求确定性，"儿童"想要知道每天早上太阳一定会升起，妈妈总在跟前，坏人永远没有好下场。但"成人"则要接受没有完全的确定性这样一个事实，哲学家艾尔顿·特伯拉德说：

> 任何人的决定都不会有百分之百的确定性，但这并不意味着为此所做的努力毫无价值。我们必须将可能性看成我们做任何决定的基础，事实也是如此，但可能性未必就会成为事实。我们在人类思想领域所寻觅的一切都不具有绝对的确定性，因为人类自身也处于不断被否定之中，因此我们不如去寻找能洞悉可能性程度的最可靠途径。[2]

这属于哲学和宗教探索的范畴，我们将在第 12 章中做进一步的

---

[1] Lawrence Kubie, "Role of Polarity in Neurotic Process," *Frontiers of Clinical Psychiatry*, Vol. 3, No. 7 (April 1 1966).

[2] Elton Trueblood, *General Philosophy* (New York: Harper, 1963).

讨论。

回到前面的例子中，那个商人的"成人"在面对请愿书时，发现他签名的后果难以预料。如果他签了，可能会受到他人的嘲笑。如果他的"我好—你好"态度中包括所有的人，而不考虑任何种族和宗教因素，他可能会遭到所有持偏见态度的人的攻击，这些人会影响他的收入、剥夺他的高尔夫俱乐部会员资格，或者破坏他与妻子的关系。但他也可以权衡他对解决种族歧视问题所做的贡献，签名可能会大大降低种族骚乱问题在他的社区中的严重性，从长远来讲，他可以获得正直和勇敢的好名声，从而给他的"儿童"带来某种形式的安抚。

当"父母"或"儿童"处于支配地位时，结果往往可以预知，这就是游戏的重要特征之一。游戏给人某种安全感，尽管结局往往令人痛苦，但游戏者早已学会如何应对。但是，当"成人"在交互作用中处于支配地位时，结果却是难以预计，可能失败，也可能成功。最重要的是，其中蕴含着改变的可能性。

什么促使人们改变

三个原因促使人们改变。第一个原因是人们已经吃尽苦头，长久以来，他们到处碰壁，最终忍无可忍。这就像人们在同一台老虎机上赌了很长时间却毫无收获，他们或者放弃，或者换部机器接着玩。他们的头部开始疼痛，溃疡之处开始流血，就像酒鬼已经喝到只剩最后一滴酒，他们渴求拯救，他们需要改变。

第二个促使人们改变的原因是缓慢产生的绝望，也称为倦怠或厌烦。这种人一辈子都在说"那又怎么样"，直到有一天他发出最后一个疑问"那又怎么样？"此刻，他准备改变了。

第三个原因在于人们突然发现他们有能力去改变，这是人际沟通分析可预见的结果。许多本来并不特别想改变的人，当他们在听讲座或与他人的谈话中接触到人际沟通分析后，开始激动不已，对新的可能性产生兴趣，并出现进一步询问和改变的愿望。还有一类患者，尽管忍受着由自己的无能带来的痛苦，但依然安于现状不愿改变。他们的治疗协议这样写道："如果我的状况不见好转，我一定答应让你来帮我"。尽管如此，一旦患者认识到他们还可以用另一种方式生活之时，这种消极的态度就会随之改变。P-A-C理论的有效性使"成人"探索崭新、令人兴奋的生活成为可能，人们一直拥有追求新生活的渴望，却总是被"不好"的桎梏所禁锢。

人是否具有自由意志

只要一个人愿意，他就真能改变吗？如果可以，改变是过去学习的产物吗？人类拥有意志吗？弗洛伊德学说中最困难的问题之一就是决定论和自由论之间的争执。弗洛伊德和大多数行为主义者都认为，存在于宇宙之中的因果定律也适用于人类。因此，从理论上讲，今天所发生的一切，都能用从前发生的事情来解释。如果今天一个人杀死了另一个人，根据弗洛伊德的观点，我们应该从他的过去寻找原因。这种理论认为，必然有某种或某些原因导致杀人犯杀人，而这些原因源于过去。纯粹的决定论者认为人类的行为无法自主，只是过去的产物而已，其必然结果是人们不必为自己的行为负责，事实上，人类没有自由意志。在法庭上，这种哲学冲突尤为突出，法庭的立场是人们要为自己的行为负责，而决定论者则用大量的精神病例子证明，是杀人犯的过去导致他杀人，所以他不需要为自己负责。

我们不能否认现实中确实存在这种因果定律。如果我们打台球，一个球可以撞击数个台球，它们接着又会撞击更多的台球，这就是因果定律的连锁反应，我们必须接受该定律的存在。一元论认为，同一定律适用于宇宙万物。但是，历史却证明，因果定律之下的台球无论如何撞击它们还是台球，人类却不同，人类要比他们的祖先进步得多。

19世纪法国哲学家亨利·伯格森（Henri Bergson）曾无情地将决定论斥之为荒谬，对此威尔·杜兰特（Will Durant）评价道：

> 到底决定论比自由意志高明多少？假如今天没有任何能动和创造性的选择，一切只是昨天物质和运动的机械产物，这一刻的一切是以前某个时刻的机械重复，前一刻是更前一刻的产物……如此类推，直至追溯到远古星云，并将其视为之后万事万物的起源，视为莎士比亚话剧中台词的起源，视为人类精神痛苦的起源。那么，《哈姆雷特》《奥赛罗》《麦克白》和《李尔王》中感伤的语言，包括每一个句子，甚至每一个短语都写自遥远的太空和远古的永恒中。这是令人可悲的轻信……我们拥有足够的证据反驳决定论，如果伯格森能快速地在社会上获得声望，那只是因为他有勇气怀疑所有的怀疑家曾执着地信任的一切。⊖

问题的关键不在于对存在于宇宙或人类行为中的因果定律进行驳斥，而是应在过去之外寻找原因。人们的行为总有一定原因，但原因并不总是存在于过去。在一次电视访问中，人们问我为什么查尔斯·惠特曼会爬上得克萨斯大学的塔楼疯狂地向地上的人群开枪，在讲述了一些可能的原因后，记者问我："为什么有的人会做出这种事，而其他人却永远不会？"这是一个非常重要的问题，即使我们不完全知道一个人的过去，我们仍然可以在"某处"找到答案。

无论如何，人与台球有着本质的区别。通过思维，人类可以预见未来。人类还受到另一种因果顺序的影响，查尔斯·哈特肖恩（Charles Harteshome）将之称为"创造性的因果关系"。⊖艾尔顿·特伯拉德也认

⊖ Will Durant, *The Story of Philosophy* (New York: Simon and Schuster 1933), pp. 337-338.

⊖ See "Causal Necessities, an Alternative to Hume," *The Philosophical Review* 63 (1954), pp. 479-499.

为，人类行为的原因不仅在于过去，也在于人类对未来的预测以及对可能性的估计：

> 最终的起源与人类的心灵关系非常紧密，我们不应忽视。可是，那些以台球运动类推因果定律的人，却忽视了人类的自主性。当然，台球最初由因果定律推动，但人类的活动方式却与之迥然不同。人类的现在是由目前尚未存在、但具有强大效力的未来所控制，那些尚未存在的事物影响着已存在的事实。现在，我所面临的难题是，人类行为的结果绝不仅仅只是各种自然力的机械组合，对那些物理属性的物体来讲是如此，但人类的思维则另当别论，思维关注的是可能将发生什么，以及下一步该怎么做。㊀

奥特加（Ortega）对人类的定义是："更关注未来而不是现在的生物体"㊁，特伯拉德认为：

> 将一个人的行为结果归结为他以前的特性是不够的，事实上，在我们的日常思维中经常闪现着真正的思维闪光点。思维每天都伴随着我们，它不仅仅只是现象主义者所宣扬的行为意识，而是真理和创造的来源。当一个人想"发生了一些事"，它不一定是曾经发生的事情，这表明在我们经常面临的两难境地中，自我因果关系存在着真实的第三种可能性。㊂

因此，我们将"成人"看成是行动、希望和改变并存的地方。

㊀ Trueblood, *General Philosophy*.

㊁ J. Ortega y Gasset, *What Is Philosophy?* (New York: Norton, 1960).

㊂ Trueblood, *General Philosophy*.

第 5 章

人际沟通分析过程

我不了解我的行为。

——圣·保罗（Saint Paul）

现在我们已经拥有了自己的语言，接下来我们来看核心的技术：用这种语言"分析沟通的过程"。沟通的过程包含如下部分：首先是一个人提供刺激，然后另一个人给予回应，这个回应反过来又变成一个新的刺激需要由对方做出回应。分析的目的在于发现每个人是用"父母""成人""儿童"中的哪个状态在发出刺激和做出回应。

很多线索可以帮助我们辨识在进行刺激和反应时，我们是处于"父母""成人"还是"儿童"状态。这些线索不仅包括所使用的语言也包括说话的语调、身体姿态和面部表情。我们越能熟练地辨识这些线索，在人际沟通分析中就越能获得更多的信息。分析时，我们无需翻出陈年旧事来看它们记录了怎样的"父母""成人"和"儿童"。此时此刻，我们就正在展现它们。

以下是每种自我状态的身体和言语线索的列表。

"父母"的线索：身体

皱起的眉毛，紧闭的双唇，指指点点的手指，摇头，"令人恐惧的表情"，双脚轻轻地敲着，两手插腰，胳膊抱在胸前，握着的拳头，很大声的说话，叹气，轻轻地拍拍另一个人的脑袋。这些都是典型的"父母"姿态。但是，一个人也有属于自己的独特的"父母"姿态。例如，你的父亲在每次想对你的不良行为发表看法前有清嗓子和眼睛向上看的习惯，那么这无疑会成为你进入"父母"状态的前奏，即使大多数人不将其看作"父母"状态。另外，这也有文化差异。例如，在美国，人们在叹气的同时呼气，而在瑞典，人们叹气时吸气。

"父母"的线索：言语

我要坚决制止这个；我永远不能……；现在永远要记得……；（"永远"和"从不"几乎总是"父母"的用语，显示了"父母"的局限，即固守陈旧的系统、拒绝向新的信息开放）；我告诉过你多少次了？如果我是你……

无论是批判还是支持，很多评价性的用语都可以用来辨识"父母"，因为它们对他人的判断不是基于"成人"的评价，而是基于"自动化"、过时的反应。这类词语的例子有：笨蛋、没规矩、荒谬、恶心、让人讨厌、愚蠢、懒惰、废话、可笑、可怜的家伙、可怜的人儿、不！不！、宝贝儿、亲爱的（就像一个急切渴望把商品卖出去的女售货员）、你好大的胆子！可爱的、又来啦，又来啦、现在又要怎样？下次再也不许！你要记住很重要的一点，这些词语只是"线索"，而不是结论。只有"成人"在经过极其认真的思考后，在道德伦理观的支配下才可以判定某些事物"是"愚蠢、荒谬、恶心还是让人讨厌。有两个词经常会泄漏"父母"的信息，它们是"应该"和"必须"，我们会在第12章中谈到，"应该"和"必须"也可以是"成人"的语言。但当这些词语自动、过时、"不加思考"地被使用时，标志着"父母"的激活。把这些词语的使用、身体姿态以及沟通的背景结合在一起，可以帮助我们辨识"父母"。

"儿童"的线索：身体

由于儿童对外部世界最早的反应是非言语的，所以最明显的"儿童"线索是身体上的表现。以下所列的表现都反映了沟通中的"儿童"：眼泪，颤抖的嘴唇，噘嘴，发脾气，高音调、抱怨的声音，转动的眼珠，耸着的肩膀，低垂的眼睛，发笑，喜悦，说话前举手，咬指甲，挖鼻孔，局促不安，咯咯地笑。

"儿童"的线索：言语

除了儿语外，还有很多语言也显示出了"儿童"的特点：我希望，我想要，我不知道，我将，我不在乎，我猜，等我长大了，大点儿，最大的，好点儿，最好的（很多最棒的表述都源于"儿童"，就好像"我的更好"的游戏）。同样地，像"妈妈，你不用插手"，这样的表述是为了压制"父母"和克服"不好"的心理地位。

还有另外一些小孩说的话，不过它们不是"儿童"的线索，而是小孩"成人"的表现。这些词语包括为什么、什么、哪里、谁、什么时候以及如何等。

"成人"的线索：身体

"成人"看起来是什么样子？如果我们关闭了"父母"，屏蔽了"儿童"，那么面部显现出来的会是什么？是面无表情、和蔼、呆滞，还是乏味？恩斯特[⊖]说面无表情不是意味着处于"成人"状态。他观察到当我们以"成人"倾听时，脸部、眼睛和身体不断有动作出现，并伴随着每3~5秒一次的眨眼。没有动作标志着没有在倾听，恩斯特说"成人"的面孔是坦诚的。如果头是倾斜的，说明这个人在倾听的同时头脑里有一个观点。"成人"允许好奇、兴奋的"儿童"在脸上表现出来。

"成人"的线索：言语

如前所述，"成人"包含的基本词汇包括为什么、什么、哪里、谁、什么时候以及如何等。其他的用语还有多少、以什么方式、相比较、正确的、错误的、大概、可能、未知、客观的、我认为、我明白以及这是我的观点等。这些词语都预示着"成人"正在运行。在"这是我的观点"这句话中，观点可能来自"父母"，但是这个陈述是"成人"的，因为它是以观点而非事实的方式表达出来的。例如，"我的观点是高中生应该投票"与"高中生应该投票"的含义有所不同。

有这些线索的帮助，我们就可以在与他人的沟通中辨识出"父母""成人"和"儿童"。

任何社交情景都包含了丰富的多种类型的沟通例子。几年前的一个秋日，我乘坐美国"灰狗"长途汽车公司的汽车去伯克利，在路上我记

⊖ F. Ernst, lecture on "Listening" delivered at the Institute for Transactional Analysis, Sacramento, California, Oct. 18. 1967.

录了一些沟通。第一个是两个神情忧郁的女士"父母"对"父母"的沟通，她们紧挨着坐在我的对面（见图9），两个人正在谈论汽车是否能准时到达伯克利。她们一边交谈，一边频频地点头表示赞同对方，她们是这样开始的：

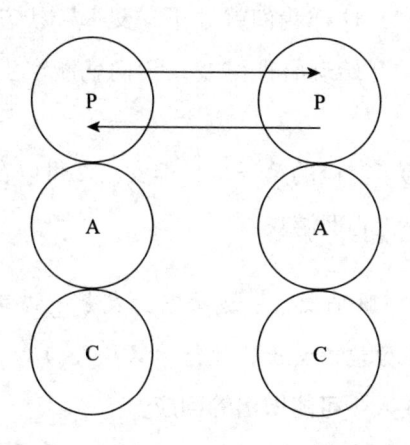

图 9 "父母"对"父母"的沟通

女士 1：（看了一眼手表，一边给它上发条一边喃喃自语，然后看了看坐在旁边的女士，疲倦地叹口气。）

女士 2：（也叹气，不舒服地挪了挪身子，看看她的手表。）

女士 1：看起来我们又要晚了。

女士 2：从来都是这样。

女士 1：你见过汽车有准时的时候吗？

女士 2：从来没见过。

女士 1：就像今天早上我和赫伯特说的，你现在再也得不到以前那样的服务了。

女士 2：太对了，这就是时代的标志。

女士 1：钱一点儿也不少花，还不能指望它。

上述就是"父母"对"父母"的沟通。在这种沟通中完全没有借助现实的信息，她们的评价如同儿时无意间听到妈妈和阿姨谈论有轨电车时的情形一样。女士1和女士2好像更享受叙述糟糕的事情而不去看看事实本身。指责和吹毛求疵会产生良好的感觉，当我们这么做的时候，我们重演了早期储存在"父母"中的指责和挑剔，这令我们感觉"我好"，因为"父母"总是"好的"，这样我们就处于"父母"状态中了。如果能找到和你看法一致的人并开始玩心理游戏，我们就能产生一种几乎无所不能的舒适感觉。

尽管女士1开始了交谈的第一步，但女士2可以在回应女士1的时候用"成人"的陈述停止心理游戏。

女士1：（看了一眼手表，一边给它上发条一边喃喃自语，然后看了看坐在旁边的女士，疲倦地叹口气。）

用"成人"可能做出的回应：

1. 不理睬女士1的叹气，看别的地方。
2. 微微一笑。
3. （如果女士1看起来很沮丧）："你还好吗？"

女士1： 看起来我们又要晚了。

用"成人"可能做出的回应：

1. 现在几点了？
2. 这辆车通常是准时的。
3. 你以前遇到过晚点的情况？
4. 我问问。

女士1： 你见过汽车有准时的时候吗？

用"成人"可能做出的回应：

1. 是的。
2. 我不经常坐汽车。

3. 我从来也没想过这件事。

女士 1：就像今天早上我和赫伯特说的，你现在再也得不到以前那样的服务了。

用"成人"可能做出的回应：

1. 我不同意。
2. 你是指哪种服务？
3. 我觉得现在的生活情况与从前一样好。
4. 我觉得没有什么好抱怨的。

以上这些可能的替代性回应都属于"成人"，但这仍然不属于互补式沟通。那些喜欢玩"这不是很糟吗？"心理游戏的人往往对事实表示反感。如果隔壁的女孩们每天都喜欢谈论"丈夫都是愚蠢的"，那么她们一定不会欢迎一个新来的、说自己丈夫有多好的女孩。

这让我们看到了人际沟通分析中的第一个交流规则。在 P-A-C 沟通模式中，当刺激和反应表现为两条平行线时，这种沟通即互补式沟通，并且可以无限地持续下去。它们只要是平行的就可以，不在乎方向如何（可以是"父母—父母""成人—成人""儿童—儿童"，也可以是"父母—儿童""儿童—成人"）。在上面的例子中，女士 1 和女士 2 所说的都没有事实依据，但是她们的对话是平行的，因此持续了大约 10 分钟。

这两位"享受痛苦"的女乘客一直在这样交谈，直到坐在他们前面的一位男士询问司机是否会准时到达伯克利时才停了下来。司机说"会准时，11 点 15 分到达"。这位男士和司机之间也是一种互补沟通，属于"成人"对"成人"的沟通（见图 10）。它是对一个正面提出的问题做出的直接回答，这里没有"父母"的成分（我们怎么可能准时到达伯克利？），也没有"儿童"的成分（我不知道我为什么总是坐上最慢的汽车），这是一种冷静的交流，从这种沟通中获得的是事实。

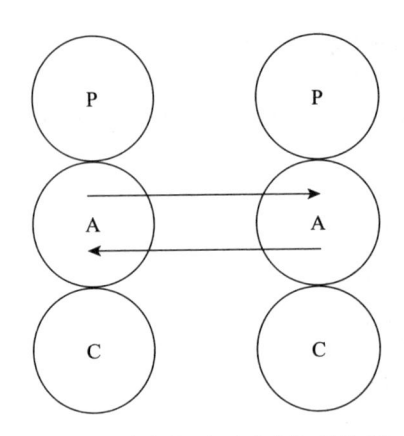

图 10 "成人"对"成人"的沟通

坐在这两位女士后面的是另外两个人，他们的行为表现了另一种形式的沟通——"儿童"对"儿童"的沟通。一个是下巴长满胡子、表情傲慢、头发蓬乱的男孩，他穿着满是灰尘的黑裤子，上身穿着与之相称的黑色皮夹克。另一个青少年穿着与他相似的服装，脸上一副放荡不羁的表情。他们两个都在全神贯注地看《异教酷刑的秘密》这本书。假如是两个牧师在钻研这本书，我们可能会认为他们是在一个古怪的主题中寻找"成人"的信息。但是从对这两个男孩的观察来说，我们更倾向于认为他们是"儿童"对"儿童"的沟通，有些像两个 5 岁的小男孩在玩如何拔掉苍蝇翅膀的游戏一样，虽然残忍但却感觉很好玩。让我们假设一下，这两个青少年把他们学到的东西付诸实践，用书上列出的一个方法来折磨某人。这时没有"成人"（不了解后果），也没有"父母"（"做这样的事太恐怖了"）。即使结果对他们来说非常糟糕（警察来了——或是拔苍蝇翅膀的小孩的妈妈来了），但这两个人的交流仍是一致的。因此，这是"儿童"对"儿童"的互补式沟通（见图 11）。

互补沟通的另外一些示例

"父母"对"父母"的沟通（见图 9）

刺激：她的责任就是待在家里照顾孩子。

反应：显然她没有责任感。

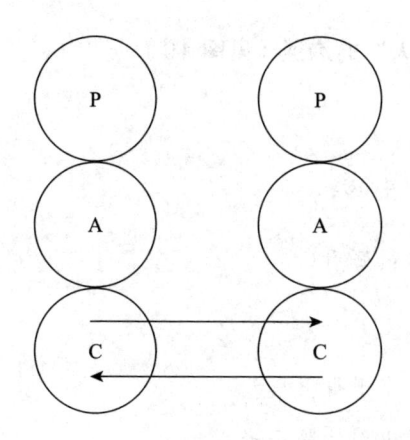

图 11 "儿童"对"儿童"的沟通

刺激：政府一直提高税收养活那些没用的下层人，真是让人讨厌。
反应：何时才能彻底结束啊？

刺激：现在的孩子都很懒。
反应：这是时代的特点。

刺激：我准备彻底弄清楚真相。
反应：太应该啦！你必须防患于未然。

刺激：你知道，他是私生子。
反应：哦，难怪。

刺激：约翰被解雇了？他们怎么敢这么做？
反应：是啊，亲爱的。我真不知道他一开始为什么要在这个愚蠢的公司里干活。

刺激：她是为了钱才和他结婚的。
反应：嗯，那就是她得到的"一切"。

刺激：你永远不能相信那些人。
反应：确实是，他们都是一样的。

"成人"对"成人"的沟通（见图10）

刺激：几点了？
反应：我的表是4:30。

刺激：这套衣服很好看。
反应：谢谢。

刺激：这种新墨水干得很快。
反应：它是不是比别的牌子贵？

刺激：请帮我把黄油递过来。
反应：给你。

刺激：什么东西闻起来这么香啊，亲爱的？
反应：烤箱里的肉桂卷……快好了。

刺激：我不知道要做什么，我无法判断什么是正确的。
反应：我觉得你这么疲惫的时候不应该做任何决定。睡吧，我们明早再谈怎么样？

刺激：看起来要下雨了。
反应：天气预报说了要下雨。

刺激：管理的一项基本职责是协调公共关系。
反应：你的意思是说不能由代理机构来安排？

刺激："若琳号"周五一点启航。
反应：我们应该几点到哪里呢？

刺激：约翰最近看起来忧心忡忡的。
反应：我们何不邀请他来吃晚饭？

刺激：我很累了。

反应：我们睡觉吧。

刺激：我看联邦税款明年还得提高。

反应：唉，这可不是什么好消息。如果我们一直像去年那样花钱，那么我们得想办法多挣点儿。

"儿童"对"儿童"的沟通（见图11）

很显然，"儿童"对"儿童"的互补沟通中几乎都包含着心理游戏。因为"儿童"要求得到安抚，而不是给予安抚。人们进行沟通是为了获得安抚。伯特兰·罗素（Bertrand Russell）说"一个人不会仅仅因为责任感而努力思考。我需要不时地获得小小的成功来坚持下去……力量的来源。"⊖在沟通中如果没有"成人"的参与，任何人都无法得到安抚，并且两个人的关系会变成非互补性，或者最终因无聊而结束。

这种现象的一个社会性例子就是嬉皮士运动。那些精力旺盛的孩子们用"儿童"的方式赞美生活。但是，可怕的真相逐渐显现：假如每个人只对"自己的"事情感兴趣，那么他便对别人的事情失去兴趣。当他们切断与社会的联系时，也切断了"父母"（责难）和"成人"（"腐朽的"事实）。但责难被切断后，他们随之发现赞美的来源也被切断。（几个4岁的小男孩可能决定离家出走，但是当他们想到妈妈的冰激凌时，就放弃了这个念头）。嬉皮士们在彼此身上寻求安抚，但是这些安抚变得越来越冷漠和没有意义。男孩对女孩说："我当然爱你，我爱每一个人！"这样下去，生活陷入了越来越原始的安抚形式之中，比如幻想性的安抚（吸食毒品来逃避现实）和纵欲行为。性行为可能成为"儿童"对"儿童"的活动，因为性本能记录在"儿童"的基因之中，就像其他所有的原始生物本能一样。然而最愉快的性活动不仅仅是这样，还包含着体谅、温柔和责任等"成人"要素。不是所有的嬉皮士都缺乏这样的价值观，正

⊖ B. Russell, *The Autobiography of Bertrand Russell*（Boston: Little, Brown, 1967）.

如不是所有的嬉皮士都缺乏"父母"或"成人"一样。但很多人来用自我寻求的安抚方式，在某种意义上，就是"利用"别人来寻求感观刺激。

快乐的嬉皮士关系或童年时的友谊是充满乐趣的，其中不仅包含着"儿童"对"儿童"的沟通，还包含着"成人"对信息的加工和"父母"的价值观。例如，两个正在玩耍的小女孩：

女孩1（"儿童"）：我当妈妈，你当小女孩。

女孩2（"儿童"）：我总是得当小女孩。

女孩1（"成人"）：好吧，我们换换吧。这次你当妈妈，下次我当妈妈。

这段交流不是"儿童"对"儿童"的，因为在最后一句中，"成人"的信息（问题解决）是很明显的。

另外，尽管小孩之间的沟通由于信息不足看起来有些孩子气，但很多时候仍是"成人"对"成人"的：

小女孩：紧急情况，紧急情况！喻喻（猫的名字）掉了一颗牙齿。

妹　妹：牙仙子给猫咪带钱来了吗？

以上的刺激与回应都是"成人"式的，因为这些陈述有证据并且基于以事实为基础。信息加工的过程是对的，但信息本身却是错误的！

互补式的"儿童"对"儿童"的沟通更容易从人们的行为而不是语言中观察出来，即使是很小的孩子也是如此。一对携手共度宝贵人生的夫妇、一对在玩过山车时极力尖叫的夫妇，都是在进行"儿童"对"儿童"的沟通。塔利亚维尼和塔西娜妮在《梅菲斯托费勒斯》（*Mefistofele*）的第三幕中唱二重唱时，可以说就是正在进行激烈的"儿童"对"儿童"的沟通。同样，祖父母光着脚走在沙滩上也是"儿童"对"儿童"的沟通。但是，是"成人"安排了这些快乐的体验。玩过山车是需要花钱的，塔利亚维尼和塔西娜妮在享受唱歌的乐趣前接受了多年的训练，祖父母能够享受共处的快乐是由于他们在一生中互相让步。没有"成人",两个人的关系不会持续很久。因此我们说,"儿童"对"儿童"的互补式沟通需要在"成人"的允许和监督下才能存在。当"成人"不在时,"儿童"开始出现混乱,并进入交错式沟通,本章的后半部分会对此进行描述。

"父母"对"儿童"的沟通

另外一种互补的沟通是"父母"和"儿童"的沟通(见图12)。丈夫("儿童")生病发烧了,很希望被关注。妻子("父母")知道他有多难受,并且愿意照顾他。只要妻子愿意照顾,这种沟通就可以以让人满意的方式无限地持续下去。有些婚姻就是这种类型,如果丈夫愿意做一个"小男孩",妻子愿意做一个母亲,承担起一切事情并照顾他,那么只要他们二者都不希望改变这些角色,就可以维持一个让人满意的婚姻。如果任何一方厌倦了这样的安排,平行的关系就被打乱,麻烦也就随之出现。

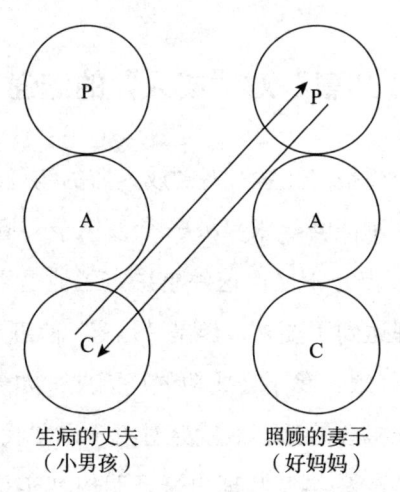

生病的丈夫　　　照顾的妻子
（小男孩）　　　（好妈妈）

图12　"儿童"对"父母"的沟通

图13中,我们看到的是巴比特("父母")和巴比特夫人("儿童")之间的互补沟通。

巴比特（正在看报纸）："报纸上好多消息，美国南部刮了巨大的龙卷风。真不幸，好吧，不看了。纽约电梯工罢工了，很多大学男生去当电梯工。真不可思议！我们不去干涉爱尔兰或其他外国政府的事务，绝不会随意插手别国事务。

巴比特夫人："你说的对极了。"⊖

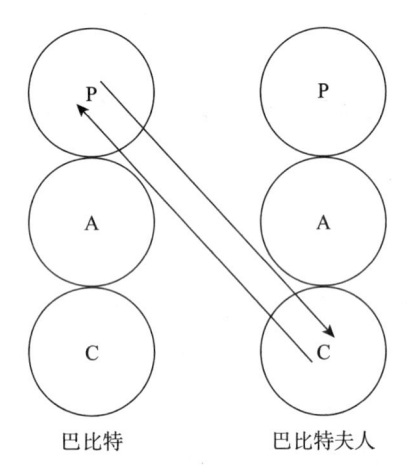

图 13 "父母"对"儿童"的沟通

"儿童"对"成人"的沟通

另外一种互补沟通是"儿童"对"成人"的沟通（见图 14）。一个心里感觉"不好"的人可能会寻求另外一个人给予实际的安慰。一位丈夫可能正为工作上的事担心不已，这件事决定了他是否可以获得晋升。尽管他在每一个方面都达到了要求，但是"儿童"信息还是进入了他的"计算机"，令他喘不过气来：我不会成功的！因此，如果他不想让这种"不好的儿童"毁掉升迁机会的话，他就会对妻子说"我不会成功的"，其实他心里希望妻子能说一些事实和理由来证明他其实是可以成功的。他知道她有功能良好的"成人"，所以当他的"成人"功能不良时，他可以从

⊖ Sinclair Lewis, "Babbitt," *Major American Writers*, ed. H. M. Jones and E. E. Leisy (New York: Harcourt, Brace, 1945), pp. 1, 736.

她那里"借用"。妻子的回答不同于"父母"的回答,"父母"会不顾事实进行保证,也不同于"儿童"的反应:"你当然会成功的,别傻了!",妻子是理智地做出"成人"的反应。

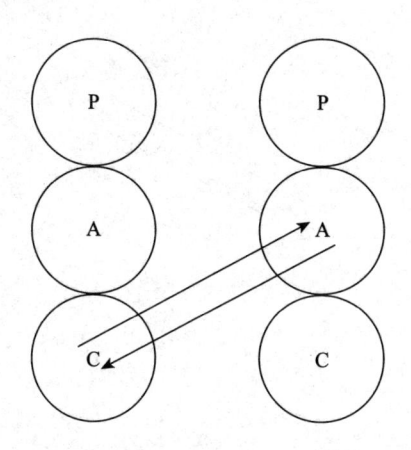

图14 "儿童"对"成人"的沟通

"成人"对"父母"的沟通

还有一种互补沟通是"成人"对"父母"的沟通(见图15),我们以一个想戒烟的男人为例。他有充足的"成人"信息,知道戒烟对他的健康很重要。尽管这样,他还让妻子扮演"父母",让她在他抽烟时毁掉香烟,或当他点着一支烟时处罚他。这种沟通很可能变成心理游戏,一旦他把责任交给妻子的"父母",他就可能变成一个淘气的小男孩,开始玩"如果不是为了你,我就可以"和"试试来抓我"的游戏。

非互补或交错式沟通

交错式沟通会引起麻烦(见图16),伯恩曾列举了一个发生在丈夫和妻子之间的经典例子。丈夫问："亲爱的，我的衬衫扣子在哪里？"（"成人"的刺激，目的是寻求信息。）妻子互补的反应可能是"在左边的那个衣柜抽屉里"或者"我没看到，不过我可以帮你找找。"

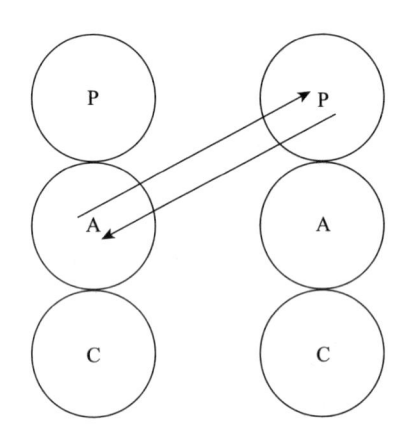

图15 "成人"对"父母"的沟通

然而如果妻子这一天过得很不顺利，并且积累了大量的"受伤害"和"发狂"的感受，那么她就会大喊"你把它们丢到哪里了！"这个结果就是交错式沟通。刺激发自"成人"，但是妻子的回应却是出自"父母"。

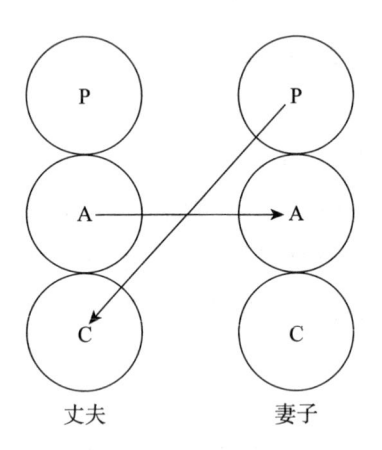

丈夫　　　妻子

图16　交错式沟通

这将我们带入了人际沟通分析的第二条交流规则。当刺激和反应在P-A-C沟通图解中发生了交叉，那么交流就停止了。丈夫和妻子不会再谈衬衫扣子的事了，他们不得不首先解决为什么丈夫每次都乱丢东西的问题。如果妻子的反应是"儿童"（"你为什么总是对我大吼大叫？"）（见图17），那么可能就会发展出同样的僵局。这些交错式沟通会引发一连串的争吵，最后砰的一下在某处以"你这个家伙！"而结束。这种沟通不断重复而形成的模式会构成心理游戏，比如"都怪你""如果不是为了你，我就会"和"争吵"等，这些游戏在第7章中我们都会详细地加以介绍。

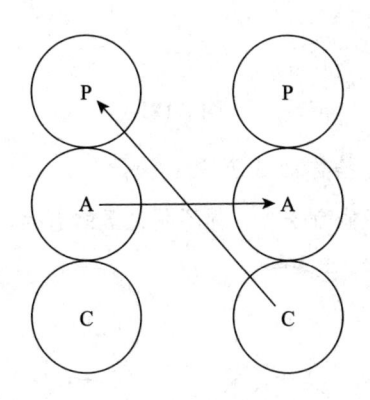

图 17　交错式沟通

非"成人"的回应源自"儿童"中"不好"的心理地位。一个被"不好"的心理地位所控制的人总是"曲解"评论，读到本来没有的东西："你的牛排从哪买的？""怎么了，这些牛排有什么问题？"；"我喜欢你的新发型！""你从来也没喜欢过它多长时间"；"我听说你要搬家了""我并不是真正能负担得起，但是这个地区的治安正在逐渐恶化"；"亲爱的，把马铃薯递给我""你干嘛说我胖"。就像我的一个来访者所说的，"我丈夫说我甚至可以从食谱里读到'一些'东西。"

交错沟通的其他一些例子

患　者（A）：我想在这样的一个医院里工作。

护　士（P）：你处理不了自己的问题的。（见图18）

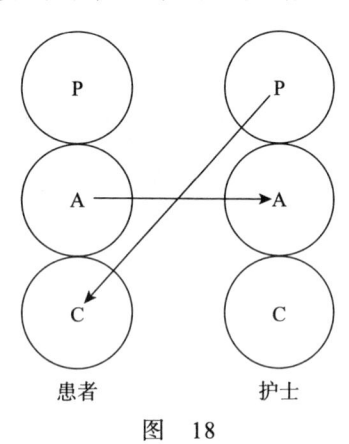

图 18

母　亲（P）：去收拾你的屋子。

女　儿（P）：你不能命令我。你不是这里的老板，爸爸才是。（见图19）

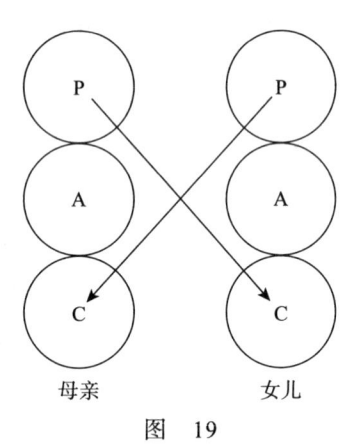

图 19

治疗师（A）：你生活中遇到的主要障碍是什么？

患　者（C）：形式主义，形式主义（重重地敲打着桌子），形式主义！（见图20）

儿　子（A）：我今晚必须完成报告，明天是最后期限。

父　亲（P）：你怎么总是把事情拖到最后一刻？（见图21）

治疗师　　　患者

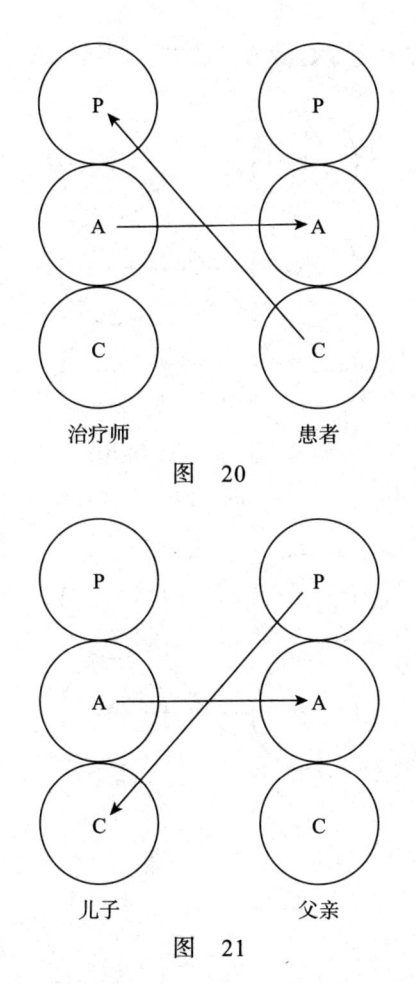

图 20

儿子　　　父亲

图 21

男　　人（A）：（和一个朋友站着）我们想把这个气盖打开，因为钥匙掉到缓冲器后面了，你能帮助我们拿出来吗？

服务站工作员（P）：谁干的？（见图 22）

小　女　孩（A）：那件脏衬衫很暖和。

妈　　妈（P）：快去洗澡。（见图 23）

年轻女孩（P）：好吧，坦白地说，我爸爸最喜欢棕榈泉。

朋　　友（P）：我们家尽量不去旅游的地方。（见图 24）

小　女　孩（C）：我不喜欢汤，我不喝，你煮得太甜了。

我好，你好

妈　妈（C）： 那我走了，你自己煮吧。（见图25）

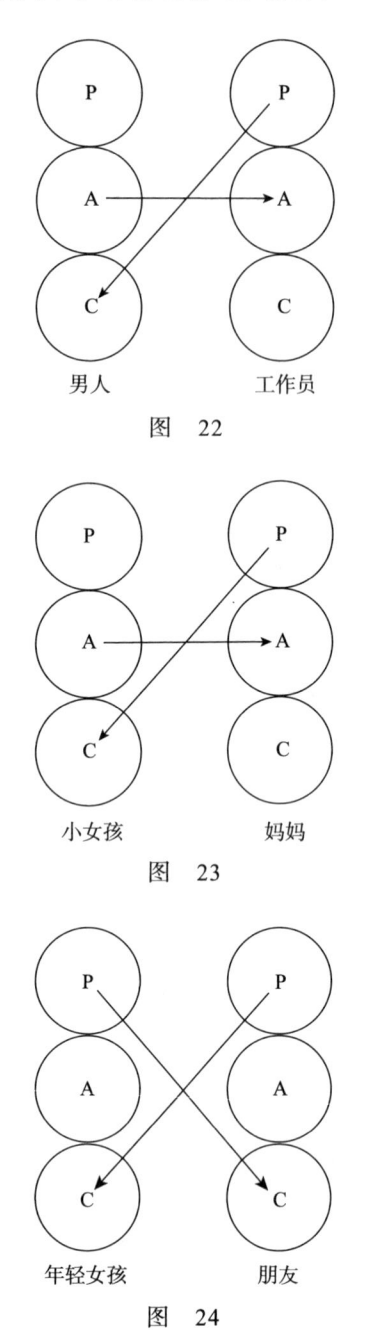

P　　　　P
A　→　A
C　　　　C
男人　　工作员

图　22

P　　　　P
A　→　A
C　　　　C
小女孩　　妈妈

图　23

P　　　　P
A　　　　A
C　　　　C
年轻女孩　　朋友

图　24

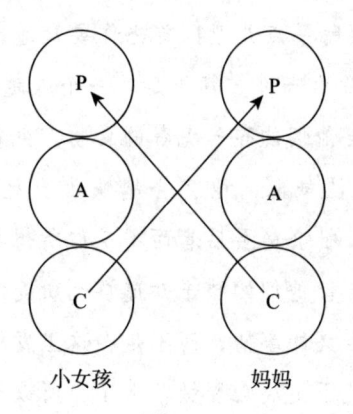

图 25

小男孩（C）：我爸爸有 100 万美元。

小女孩（C）：那有什么，我爸爸的钱数都数不过来。（"数都数不过来"是四岁小孩表达"无限多"的方式）(见图 26）

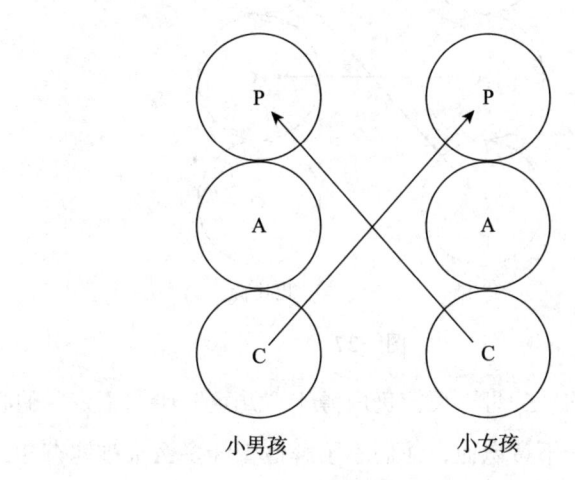

图 26

巴比特的女儿维罗纳（A）："我知道，但是——哦，我想做些贡献——我希望在一个贫困地区的社区服务中心工作。我想知道我能否找到一家百货公司让我开设一个福利部门，有漂亮的洗手间、印花棉布以及柳条椅等。或者我可以——"

巴比特（P）："实际一点儿吧！首先你要知道，这些流于形式的社会福利和娱乐活动在上帝看来什么都不是。一个人越早知道不能溺爱孩子、不能指望靠社会救济给他们的孩子免费的食物、免费的课程和各种小玩意儿，而必须靠他们自己争取，他就会越快为自己找份工作，不断地工作——工作——工作！社会需要后者而不是你所想象的那些东西，它们只会削弱劳动者的意志，让他们的孩子知道自己所处的社会阶层有多低。你最好去做一些真正有意义的事情，而不是在这里发傻和瞎忙活——你总是这样！我年轻的时候就下定决心要做什么了，所以无论多困难我都坚持自己的信念，这就是为什么我今天有了这样的位置的原因。"（见图27）⊖

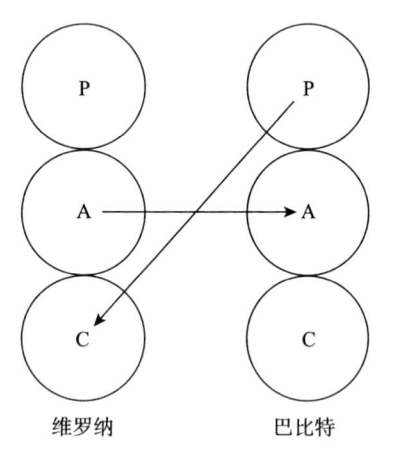

图 27

像巴比特这样的"父母"反应仍旧源于"儿童"中"不好"的心理地位。他感到他的孩子不赏识他，他们不了解他曾经多么艰难地奋斗；他对那些比他拥有更多东西的人也感觉到一种"不好"。如果他直接让"儿童"表达，他可能会哭。所以他采用了一种更保险的方式，把沟通转向了"父母"，因此表现得自以为是、完全正确并且无所不知。

那些处于"不好"心理地位的"儿童"总是被激活的人不能用事实来

⊖ Lewis, *Babbitt*.

处理沟通，因为他们总是关注与过去事实有关的未完成事件。他不能很大方地接受赞美，因为他觉得自己并不值得。而且，他的心里肯定还有一些难言之隐。他总是试图保持儿时建立起来的心理地位的完整性。那些"儿童"总出现的人其实在说"看我，我是'不好'的"。那些总是表现出"父母"的人其实在说"看你，你是'不好'的（这能让我感觉好些）"。这两种动机都是"不好"心理地位的表达，并且只会使绝望的情绪得到更多延长。

"不好"的心理地位不仅仅可以在反应过程中表达，也可以在刺激过程中表达。丈夫对妻子说"你把开瓶器藏哪了？"这个刺激主要是"成人"的，因为它是在寻求信息。但是"藏"这个字表现了另外一层意思。（你把家务管理得一塌糊涂，如果我像你那么没条理，早就破产了。如果我有一次，哪怕就一次，我能在该放东西的地方找到东西就奇怪了！）这就是"父母"。它是一种掩盖了的批评，是一种"双重沟通"（见图28）。

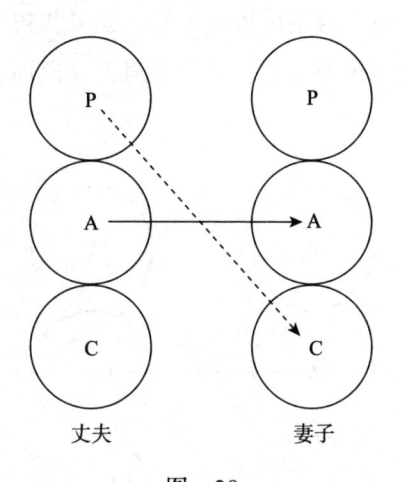

图　28

沟通的过程会怎样取决于妻子愿意回应哪种刺激。如果她不想把事情闹大，而且她感觉"我好"，不觉得受到威胁，她可以这样回答："我把它藏到大汤匙旁边了，亲爱的。"这是互补的沟通，因为她给了他需要的信息，而且她很温和地接受了丈夫对她家务管理的质疑。如果她的"成人"

81

察觉到对丈夫友善的建议做出反应对她的婚姻非常重要，她就会接受这个暗示，并且让以后的家务管理变得更有条理。此时，她在用"成人"处理沟通。

但是，如果她处于"不好"的心理地位，她的"儿童"被激活了，她的回应将会针对"藏"这个字，她可能就会这样反应："你怎么了——你是瞎了还是怎样？"接着，开瓶器的要求就被搁置到一边，取而代之的是争论双方在条理性上的优缺点、无知以及愚蠢等问题。他的啤酒还是没打开，但"争吵"的心理游戏已经上演。

这种类型的沟通有时包括所有形式的刺激和回应：一个男人回到家后，在布满灰尘的咖啡桌上写下"我爱你"。尽管这时"父母"和"儿童"都存在，但是"成人"在控制着情境（见图29）。"父母"说："你怎么不打扫这个地方？""儿童"说："如果我批评你，请不要对我发火。"然而，由于爱对婚姻来说很重要，因此要由"成人"来主持这个过程：我不会让我的"父母"或"儿童"直接地表达出来，如果我告诉她我爱她那么她就不会对我发火，但是她也要知道，对一个男人来说拥有一个整洁舒适的居所很重要。

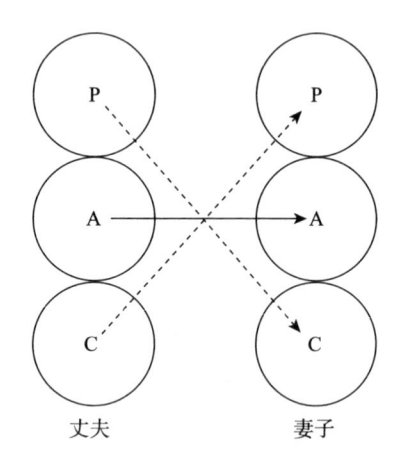

图 29

如果妻子感觉到足够多的"我好"能够承受丈夫的建设性批评，那么就会出现互补的沟通。以后，她在清洁完屋子后，会拿着一大杯冰饮料在门口迎接她的丈夫，并且告诉丈夫他是一个多么可爱、多情、有想象力的人，其他人的丈夫只会抱怨和叹息，我的丈夫多好啊！这样的结果非常好，这种方法也非常成功。然而，如果她不能这么做，她的"父母"可能会反击："你上次打扫车库是什么时候的事？"或者她的"儿童"会驱使她到城里使劲地花钱。这个例子说明尽管"父母"或"儿童"也会参与到沟通中，但只要"成人"处于控制地位，沟通的结果将会很温和并使婚姻更美好。

　　"成人"可以选择如何以互补的方式对刺激做出回应，以此来保护关系的维持以及关系中的个体，有时这种选择是一种非常迅速的（直觉的）反应过程：

　　在一个鸡尾酒会上，一个男士（"儿童"）捏了一位女士的臀部一下，她回应（"成人"）："我的妈妈总是告诉我要把另一边脸也转过去。"为什么这个反应是属于"成人"的呢？

　　她可以用"父母"来回应："你这个下流的家伙！"，甚至打那个男人一记耳光。

　　如果用"儿童"来回应，她可以哭，变得窘迫、愤怒、颤抖或者是卖弄风情。

　　然而她的反应是"成人"的，因为在这个反应中包含了很多信息。

1. 我有一个经常告诫我的妈妈——所以你要当心！
2. "把另一边脸也转过去"——我读过圣经，所以你知道我不是那种女孩。
3. 在话语中带点儿幽默，告诉他："我的'儿童'感到很好笑，你还不太坏，我可以把这当作玩笑。"
4. 沟通结束。

那些总是很受欢迎的人不是偶然如此的，他们有着高速运转的"成人"。社交场合发生的问题不像家中的问题那么严重，你可以从鸡尾酒会中走开，但是从家中走开就另当别论了。

这样问题就出现了："成人"如何可以工作得更好、更快？当有人叩响你的生命之门时，谁会最先来做出回应呢——"父母""成人"还是"儿童"？

如何保持"成人"

"成人"比"父母"和"儿童"发展得晚些，看起来似乎一辈子都难以追上了。"父母"和"儿童"占据了主要的"电路"，它们倾向于对刺激做出自动化的回应。因此，要增强"成人"的力量，首先要对"父母"和"儿童"的信号具有敏感性。激烈的情绪是"儿童"被"勾"出来的信号。如果一个人想运用"成人"进行信息加工，首要条件是他需要了解自己的"儿童"，并对自己"不好"的感觉保持敏感性。只有意识到"那是我感觉'不好'的儿童"在作祟，人们才能避免将情绪外化为宣泄的行动。加工这样的信息需要一点儿时间。数到 10 是一个延缓自动反应的好办法，这样"成人"就可以继续控制沟通的过程。"有疑惑时暂时不考虑它"，这是一种减少陈旧、破坏性的"儿童"反应的好方法。亚里士多德说，真正的力量表现为自我控制，"成人"的力量最先也表现为控制——控制自动化、陈旧的"父母"和"儿童"反应，同时等待"成人"找出适当的反应。

"父母"的信号也可以用同样的方式予以监控，把"成人"的一些问题编入"计算机"对于处理"父母"信息非常有帮助：比如，是真的吗？它适用吗？它适当吗？我是怎么想出这个主意的？证据是什么？

一个人对自己的"父母"和"儿童"了解得越多，就越容易将"父母"和"儿童"从"成人"中分离出来。在英格兰，心理治疗被称作"寻找自我"，它正是发展"成人"所必需的过程。一个人对自己的"父母"和"儿童"越敏感，他的"成人"就越独立、自主和强大。

　　练习辨识"父母"和"儿童"的一个方法是监控内部对话。这是一个相对容易的方法，因为它不需要对外部刺激做出回应，因此个体有时间分析信息。当一个人感到糟糕、沮丧、后悔、抑郁的时候，他可以问自己这个问题："我的'父母'为什么要惩罚我的'儿童'？"事实上，这样的内部自我指责非常普遍。罗素在写信给阿尔弗雷德·N. 怀特海（Aifred North Whitehead）时说："与其他严于律己、生活严谨的人一样，他很容易出现一些痛苦的独白。当他感到自己很孤独时，就会咕哝着辱骂自己、责备自己的缺点。"⊖

　　当一个人能够说出"那是我的'父母'"或"那是我的'儿童'"时，这个人就是在用他的"成人"在说话。通过这样的质疑，一个人就能出现"成人"的自我状态。在充满压力的情境中，只要简单地问一下："现在谁上场了？"，马上就能令你的负担得以减缓。

　　当一个人能够对自己的"儿童"变得敏感时，他就开始对其他人的"儿童"也变得敏感。没有人喜欢自己所畏惧的人。我们怕的是对方的"父母"，但他们的"儿童"是我们喜爱的。在困难的沟通中，一个很有帮助的练习是"拜访"对方的小男孩或小女孩，和那个小男孩或小女孩谈话，用关爱、保护而不是故意屈尊的方式与之交谈。当对方感到怀疑时，给予安抚。当一个人对另一个人的"儿童"做出回应时，他就不再害怕对方的"父母"了。

　　在阿黛拉·罗杰斯·圣·约翰斯（Adela Rogevs St. Johns）的《不要告诉别人》（*Tell No Man*）这本书中，有一个"与小男孩谈话"的例子。书中的人物汉克·加文这样说：

　　　　"通过她现在的样子我一下就能看穿她。在和一些男性、公

⊖ Russell, *The Autobiography of Bertrand Russell*.

司老板交往时，这种情况也发生过几次——我看到他们，就好像看透了他们似的——有时好像看到的是一些陌生、充满渴望和急切的小伙子——就好像当年他们带着蚯蚓去钓鱼时一样。这听起来有些新奇，但是确实发生过几次。我也把自己调整到和他们类似的状态，结果很好。"㊀

小伙子在这里就是指"儿童"。

另外一种增强"成人"力量的方法就是花一些时间对基本的价值观做出重大决定，这样就不必为一些小事费心了。我们可以不断地检验这些重大决定，从而使我们无须在与基本价值观相关的小事上花费太多的时间，这些重大的决定成了时时刻刻"我该怎么办"的依据。

做这些重大的决定需要意识的努力。你不能处在风暴的旋涡之中时才去学习如何驾驶，同样，你不能在你的儿子说"约翰打了我的鼻子"时，才去建立你的价值观体系。如果基本的价值观和什么最重要的问题没有提前加以思索，你就很难用"成人"进行建设性的沟通。

如果你拥有一架巡洋舰，你就会成为一个内行的航海家，因为你知道不这样做可能带来的后果是什么。不是等到暴风雨来了才想到该如何操作无线电。同样，如果你拥有婚姻，你就会成为一位专家型的配偶，因为你知道婚姻悲惨的后果是什么。你为自己的婚姻设计了一套价值标准，当事情不那么顺利的时候，你就会依照这个标准行事。然后"成人"就会以"其中最重要的是什么？"这个问题，随时准备支配沟通过程了。

"成人"的作用之一是评估可能性，它需要建立一个价值体系，这个价值体系不仅涉及婚姻关系，也涉及其他所有的关系。不同于"儿童"，"成人"可以评估后果并且延迟满足。在对历史、哲学、政治等价值观进行全面的核查后，它也可以建立起全新的价值体系。不同于"父母"，"成人"更关心对人的保护而非对情景的保护。"成人"可以有意识地形成这

㊀ A. Rogers St. Johns, *Tell No Man*（New York: Doubleday, 1966）.

种态度：爱很重要。对于父母的指令"施予比接受更使人感到幸福"，"成人"显然对此的理解更深刻。

艾瑞克·弗洛姆（Erich Fromm）对"成人"的施予给予以下的评论：

> 一般人对施予的最大误解是认为施予等同于"放弃"某些东西，是被剥夺和牺牲。那些认为施予无益的人感觉施予就如同贫穷一般……仅仅是因为施予是很痛苦的事，一个人"应该"（"父母"）施予；施予的美德在他们看来就是对牺牲行为的接纳。
>
> 对于那些认为施予有益的人（"成人"）来说，施予拥有完全不同的含义，施予是力量的最高表达。在施予中，我感受到了我的力量、我的财富、我的能力。这种高度的活力感、力量感使我充满了快乐。除了快乐，我还感受到了充沛感、付出感及生命感。施予比接受更快乐，因为它不是剥夺而是我存在的最好表达（好的心理地位）。[⊖]

这种施予可以是一种生活方式的选择。当"成人"问"这里什么最重要？我是施予爱的吗？"时，这种选择就可以成为所有决定的基础。一旦一个人做了这种价值决定，他就可以建设性地对"你把开瓶器藏到哪了"这个问题进行解释，并且能够在生活中不断增强"我好—你好"的心理地位。

总结起来，可以通过以下方式建立强大的"成人"：

1. 学习识别你的"儿童"，了解它的脆弱、恐惧以及表达这些感受的主要方式。
2. 学习识别你的"父母"，了解它的告诫、禁止讯息、固执的态度以及表达这些告诫、禁止讯息和态度的方式。
3. 对他人的"儿童"敏感，与他人的"儿童"对话，安抚和保护他人

⊖ E. Fromm, *The Art of Loving*（New York: Harper, 1966）.

的"儿童"。鼓励它创造性的需要，并减轻其"不好"的心理地位。

4. 必要的话数到 10，给"成人"一定的时间加工信息，将"父母"和"儿童"从现实中分离出来。

5. 有疑问的话，暂时不要行动。别人不会因为你未表态而攻击你。

6. 建立一个价值体系。没有这个价值体系，你无法做决定。"成人"如何建立价值体系将在第 12 章中详细阐述。

第 6 章

我们之间有何不同

当心灵工具所必需的环境不再存在时,心灵工具就变为了沉重的负担。

——亨利·伯格森(Henri Bergson)

所有的人在人格结构上都是类似的，他们都有"父母""成人"和"儿童"。

他们也有不同，表现在两个方面：其一，"父母""成人"和"儿童"的内容不同，因为每个人记录在其中的经历都是独特的；其二，"父母""成人"和"儿童"所发挥的功能和作用不同。

本章将详述这些功能上的不同，这方面存在的问题包括**"污染"**和**"排除"**两类。[一]

污染

福利部门转介给我一个 16 岁的女孩，她退缩、拘谨、缺乏教育并且中途退学。在第一次会面快结束时，我给她解释了 P-A-C 模式。然后，我问她："现在，你能告诉我 P-A-C 模式对你意味着什么吗？"

在很久的沉默后，她说："它意味着我们都是由三个部分组成，我们最好让它们彼此独立，否则我们就会有麻烦。"

P-A-C 不能彼此独立而引起的麻烦被称作**"对'成人'的污染"**。

理想上（见图 30），P-A-C 的三个圈是分开的。但是对很多人来说，这些圈是有重叠的。图 30 中的（a）的重叠是过时的，反映出不对信息加以检验的"父母"对"成人"的污染。"父母"总是把未加检验的信息当作客观事实，即"偏见"。比如"右利手比左利手好"和"警察都是坏人"等看法，都是在沟通中运用事实信息（"成人"）前，将偏见作为客观真相。偏见发展于童年早期，当儿童对某些事情的好奇之门被赖以生存的父母关闭时，偏见就形成了，儿童因为害怕父母的责骂而不敢再将好奇之门打开。

我们都知道与一个有偏见的人"辩论"是多么困难。当我们与他们争辩关于种族问题、左利手问题或其他他们带有偏见的问题时，尽管我们证

[一] E. Berne, *Transactional Analysis in Psychotherapy* (New York: Grove Press, 1961).

据确凿并且逻辑分析清晰，但这些人的"父母"总是占据着他们"成人"的一部分。对于这些带有偏见的事情，他们总是会用各种不相关的事实来支持自己的观点。尽管这些观点看起来毫无逻辑，但这种刻板的看法对他们来说是"安全的"。就像在第 2 章中所说的那样，对一个孩子来说，相信谎言比相信自己的眼睛和耳朵更为安全。因此，我们无法通过对一个有偏见的"成人"讲道理来消除偏见。消除偏见的唯一方法就是发现一些事实，它们不同于"父母"的看法但不再对生存构成威胁，然后，运用当前的事实更新"父母"信息。因此，治疗可被看作将"父母"和"成人"分离并使二者的界限复原的过程。

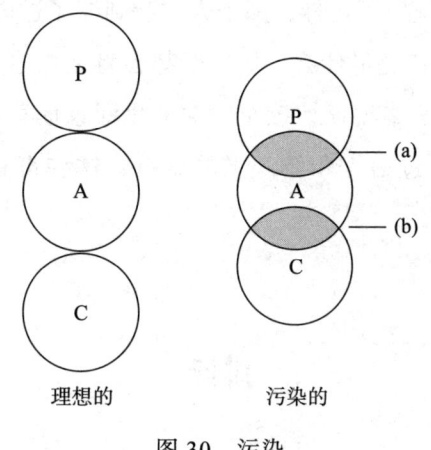

图 30　污染
(a) 偏见 (b) 错觉

图 30 中的（b）是"儿童"对"成人"的污染，它是过去的情绪或经验不适当地外化到当前现实的过程。这种污染最常见的两种反应是**错觉**和**幻觉**。错觉来源于恐惧，一个患者对我说"这个世界是可怕的"，他是在描述当他还是个小孩时他对这个世界的看法。一个经常害怕被愤怒、变化无常的父母粗暴对待的孩子长大后总会感到有压力，他会被这种恐惧感淹没，甚至会编造一些"合乎逻辑"的事实支持自己的恐惧。他可能会相信那些挨家挨户做推销的推销员会来杀他，如果最终证明那人只不过是一个

推销员时，他会用这样的话支持自己的恐惧："我一眼就认出他了。就是他！是联邦调查局要抓的那个人。我在邮局看到他的照片了，这就是他为什么要来杀我的原因。"就像偏见一样，错觉不能只是靠说"那只是个推销员"这样的简单事实来消除。只有揭示出最初威胁"儿童"的那些东西在今天的生活环境中不再存在时，错觉才能被消除。只有将"成人"去污染化，他才能加工事实信息。

幻觉是"儿童"对"成人"的另一种污染形式。幻觉是在极度压力之下产生的一种现象，指曾经历过的来自外界的损害、拒绝和批评再一次被感受到，即使外界"一个人也没有"仍然如此。这些记录下来的经历就好像"真的上演"了一样，那个人"听到"了过去真实存在的声音。如果你问他那些声音说了什么，他一般都会将之描述为批评、威胁或暴力。他的幻想越奇异，说明他孩童时期的生活越怪异。如果我们能考虑到他们曾真正遭受过语言和躯体上的虐待，这些奇异的幻觉就不难理解了。

排斥

除了污染外，还有另外一种功能障碍——"**排斥**"，可以解释我们之间如何存在差异：

排斥表现为当面对威胁情境时，总是会保持刻板和先入为主的态度。在每一种情境下，两个互补的方面出现防御性的排斥，是导致固执的"父母"、固执的"成人"和固执的"儿童"出现的主要原因。[⊖]

排斥的"父母"可以封闭"儿童"，排斥的"儿童"也可以封闭"父母"。

⊖ Berne, *Transactional Analysis in Psychotherapy*.

不会玩的人

"成人"被"父母"所污染,并且将"儿童"排除在外的典型情况是(见图31):这个人非常负责任,总是在办公室工作到很晚,每时每刻都在做事。若家人想去滑雪旅行或去树林野餐,他则表现得很不耐烦。如同他的童年被严肃、严厉、责任心很强的父母完全剥夺了,他发现继续生活的唯一方法就是完全避开"儿童"或将其封闭。在他的经历中,他发现每次想表现"儿童"就会遇到麻烦:"回你的屋里去""不要听孩子说什么,要看孩子怎么做""我告诉你多少次了……""像个大孩子!"如果这个小孩由于完全遵从、勤奋努力、顺从、完全按照大人的旨意做事而受到表扬,那么聪明些的办法似乎就是完全服从"父母",并且将"儿童"的冲动排除在外。

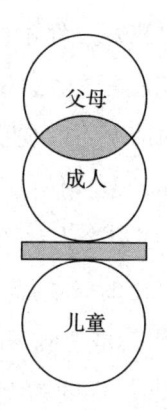

图31 被"父母"污染的"成人"以及被排斥的"儿童"

这种人在其"儿童"中储存了很少的快乐。也许他根本没有能力让他快乐的"儿童"表现出来,因为他几乎没有快乐的"儿童"。然而,我们可以帮助他认识到他的这种状况对其家人和孩子来说并不公平,如果他坚持将妻子和孩子的"儿童"也排斥掉,他的婚姻将会破裂。通过"成人"有目的的努力,他可以与家人一同出游、减少工作时间、满怀爱意地听孩子们的幻想故事(一种"成人"原则),并且参与他们的生活。他还可以建立一个关爱家人或保护家庭的价值标准,也许他不能改变"父母"的内容或创造"儿童"中快乐的记忆,但是他可以获得领悟,今天他仍然可以建立满意的生活。

缺乏道德感的人

对社会来说,更严重的问题表现为"儿童"污染了"成人",并且将"父母"排斥在外(见图32)。这种状况是由于亲生父母或承担父母角色的人极其野蛮残暴,或另一个极端——父母太纵容,因此唯一能够活下去的方法就是"关掉他们"或者将其隔离。对于精神病患者来说尤为典型,这些患者在童年早期就放弃了最初的"我不好—你好"的心理地位,取而代之的是"我好—你不好"的心理地位。这个小孩的结论是对的,他的父母确实"不好"。父母太不好了,以至于他完全将他们排斥在外。在某些极端的情况下,他们还可能杀了自己的父母以彻底地排除他们。如果不是这样,至少他也会从心理上排斥父母,从而使自己变成没有"父母"的人。在将令人痛苦的"父母"排斥出去的同时,他也排斥了"父母"中可能存在的一点点"好"的东西。这种人缺乏任何社会控制的信息,不知道什么是"应该"的,什么是"不应该"的,缺乏社会规范,也可以说缺乏基本的道德感。他的行为被"儿童"所支配,被污染了的"成人"所操纵,利用他人满足自己的需要。他的"成人"能够评估行为的结果,但是他所关心的只是自己这么做会不会被抓住,而很少关心他人。尽管有时也会有例外的时候,但一般的规则是:如果我们没有被爱过就不能学会施予爱。如果生命的最初5年完全在肉体和心灵拼死地挣扎中度过,那么这种挣扎可能就会持续一生。

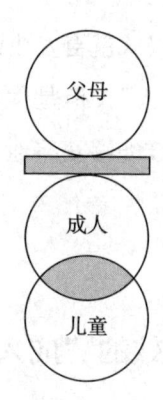

图 32 被"儿童"污染了的"成人"以及被排斥的"父母"

确定一个人是否拥有"父母"的方法之一是确定他是否存在羞愧、懊悔、窘迫或内疚的情绪。这些情绪存在于"儿童",它们产生于"父母"斥责"儿童"之时。如果以上这些情绪不存在,那么"父母"很可能被排斥了。一个保守的假设是,如果一个人由于骚扰儿童而被捕了,但是他除了被捕这件事外,没有表达出任何懊悔和内疚,那么他就没有能够起作用的"父母"。这一假设对康复治疗来说具有非常重要的作用,通常对这种人进行治疗很困难,因为我们无法唤醒根本不存在的"父母"。在猴子中开展的一个试验已证明了这一点,这些猴子不是由亲生妈妈带大,而是被代理妈妈所抚养。代理妈妈是用厚绒布裹着铁丝做成的,在猴子很小的时候它们与这些厚绒布代理妈妈建立了很强的依恋关系,但是当它们成熟后,繁殖及养育自己孩子的能力却极低。⊖我们经常会认为养育是本能行为,但是这些猴子们却表现出养育能力不足。由于养育没有被记录在"父母"中,它们当然也不会重演出来。

对一个"父母"被完全排斥的人进行预后治疗,结果并非那么可怕。因为与猴子不同,人在早年即使什么也没有被记录下来,但人拥有120亿的细胞来评估现实和构造答案。一个患有精神病的罪犯可以理解他的P-A-C到这种程度,即认为他的"成人"可以为自己的未来做向导,这样

⊖ H. F. Harlow, " The Heterosexual Affectional System in Monkeys, " *American Psychologist* 17（1962）: 1-9.

他犯罪、被捕、被宣判有罪的模式就会发生改变。也许他永远也没有能起作用的"父母"支持他的"成人"，但是他的"成人"仍可以变得强大，引领他成功地度过一生，他同样能够获得他人的认可和尊重。我们说，进行康复治疗必须建立在这种可能性之上。

失效的"成人"

一个"成人"被排斥的人是精神病患者（见图33）。他的"成人"不起作用，因此他也不能与现实相接触。他的"父母"和"儿童"通常都是与陈旧的信息混合在一起，常常直接、冲动地表现出来。这些早年经验的重演毫无意义，因为当年它们被记录下来时就毫无意义。这种情况可以在一个住院的女性患者身上看到，她在唱圣歌的过程中（"父母"），常夹杂着一些猥亵的身体动作（"儿童"）。她所唱的内容很古怪，好像在重演着"父母"与"儿童"之间好与坏、应该与不应该、拯救与诅咒的冲突。这些语言内容透露了大量"父母"和"儿童"的信息，她的"成人"已消失这一事实说明了严重冲突的存在。"挣扎太痛苦了，我不要再试了。"这并不是说放弃让她感到舒服，她同样也在被"儿童"中的恐惧所支配。

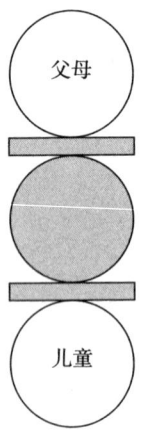

图33 被排斥或失效的"成人"（精神病患者）

治疗精神病患者的第一步就是要减少恐惧的感觉。让患者恢复正常的基本做法是，在患者第一次看到治疗师时就让他感受到治疗师表现出的"我好—你好"的态度。我的同事高登·海伯格（Gordon Haiberg）于1963年报告了他在斯托克顿州立医院治疗精神病患者时，使用这种心理地位所产生的效果：

> 当治疗师带着"我好—你好"的基本态度进来时，治疗在治疗师和患者彼此看第一眼时就开始了。精神病患者很希望与人建立更有意义的关系……通常，与持有"我好—你好"心理地位的人相处，对患者而言是一个全新且迷人的经验。他们的"成人"随之被"勾"出来，他们开始问："为什么你可以这样，而我不能呢？"这个问题不能马上就回答，应该在治疗师确定患者所使用的最具破坏性的动机或心理游戏后，才能在某个适当的时间加以解答。患者只是被简单而直接地告知："你把人吓得要死。"……然后，治疗师坦诚地告诉他，他很好，他很重要，因为作为一个人，他是独一无二的。这样，患者开始有了希望。当"成人"能够开始加工数据、倾听、学习并帮助做出决定时，他内心固有的力量开始重新运行，治愈的过程也就开始了。㊀

我们医院持续进行的治疗小组通常都有10～12个患者，其中包括精神病患者。在建立小组之时，"我好—你好"的心理地位被大家写成契约，精神病患者感到他们得到了支持、安抚和肯定，设置这个阶段是为了唤回"成人"。

在一个小组中，一个女患者在一个小时内不断站起来拉直她的裙子，

㊀ G. Hailberg, "Transactional Analysis with State Hospital Psychotics," *Transactional Analysis Bulletin*, Vol. 2, No. 8（October 1963）.

并把裙摆拉到膝盖以下。尽管这种行为很显眼，但是没有人会介意，大家没有表示不满，小组继续讨论。在这一个小时中，治疗师先教授半小时的 P-A-C 模式，然后组织大家讨论。在小组快结束的时候，坐在女患者身边的一个男士对她说："你知道吗，我算着呢，你总共站起来拉直裙子 19 次。"

她听后有些吃惊也有些高兴："我这样做了吗？"

她可以做出"成人"的回应，没有感到存在任何威胁。尽管"成人"的出现很微弱，但却是与现实重新建立联系的开始。它也是学习 P-A-C 模式的基础，通过它，患者可以对自己的行为有进一步的发现。

总是很沉闷乏味的人

有一种人很乏味，他们的"儿童"或"父母"很平淡，以至他们缺乏快乐的人格素质。他们通常神情抑郁、沮丧（快乐属于其他人），或觉得生活很乏味。这种人的父母一般迟钝、不善表达、心事重重。他们的父母很少惩罚他们，也很少奖励和表扬他们。同时，父母对任何事情的热情度都很低。这种人在孩童之时，没有接触过环境中任何让他激动的事，他也很少和其他孩子交往。他是一个"好"孩子，因为他不引起任何特别的麻烦，也不引起任何人的注意。虽然他的"成人"能够正确地感知事实，但是感知到的是单调乏味的事实。他的"成人"也许能够很好地成长，不受约束，但他的"成人"却对与他人接触毫无兴趣（通常，这种态度是"父母"的价值观，因为该价值观最初可以从"父母"中观察到）。他整个人就好像是一台计算机，当别人在聚会上玩得兴高采烈时，他可能在角落里翻杂志，做他唯一知道如何做的事情——查阅数据。如果最终他来接受治疗，他可能会提这样的问题："世界难道真的这么美丽吗？"尽管他的个性对社会不构成危害，但对他自己来说确实是问题。今天，他仍像生命早年的生活一样，将自己封闭在狭小的范围中。

就某种意义而言，阿尔弗雷德·诺思·怀特海的见地颇具代表性："脱离了日常丰富多彩的生活，道德教育将变得不可能。"如果我们认为"道德"属于价值体系，"不沉闷""对他人感兴趣"或"有创造力和生产力"被视为积极的价值观，那么很明显，如果一个人对早年生活的记忆是枯燥单调的，他自己也会成为一个枯燥单调的人，除非在他早年的生活中出现十分引人入胜的关系。

对生活厌倦或成为一个沉闷乏味的人确实还有别的原因。在人生的早年时期，人们对任何事物都充满好奇：烟为什么会向上飘？雨为什么会往下落？谁创造了上帝？谁创造了我？他们对这些问题充满了兴趣。如果他们总是得到敷衍的答案，这些答案后来被证明是错的，那么他们就会感到迷惑，从而最终放弃提问、探索和兴趣，然后开始变得沉闷乏味。他们的"计算机"开始对广阔的兴趣领域关闭，因为这些问题的答案徒增他的困惑，这种类型的沉闷乏味经常可以在那些神学院学生的身上看到。他们的乏味源于在他们探索真理时，总是被告知过于简单的答案，他们追求真相（有证据、可观察的数据）的品质被抑制了，必须遵从这样一种命令：要么选择真相，要么选择信仰，两者好像互不相容。并非所有的牧师都会给出过于简单的答案，但是未经检验的教条在一些宗教群体中仍然地位牢固。这些内容在第 12 章中会进一步详述。

P-A-C 内容的差异

在前文中，我们已经看到人们由于"父母""儿童""成人"本质的差异而各具特色，这些不同大多数表现为临床症状。但我们也会在"健康"的方式上表现出不同，健康的定义是：一个不受约束的"成人"，在所有的沟通过程中均占据着支配的地位。这意味着在每一次沟通中，"成人"同时收集"父母""儿童"以及现实的信息，然后据此对下一步行动做出决定。可使用的信息储备越丰富，做出正确决定的可能性越高。若孩子在早年的经验中，可以无拘无束地探索坛坛罐罐、观察泥土中的菊花和宠物、与朋友去农场旅行、傍晚时听故事、欢度传统佳节、玩玩具、听录音、和耐心的父母开放而友好地交谈，这样的孩子与那些被孤立、被过度保护的孩子相比，其"父母"中会有更丰富的信息储备，其"儿童"中也会有更多积极的情感。孩子早年试图克服"我不好"的心理地位，使他的"成人"得以增强，并激励他进一步去探索和掌握更多的知识。这样的孩子通常会成为"聪明"的小孩，这给他们带来了奖赏和自信，这些强化进一步激励他们变得更聪明。除非在这个过程中他们的父母给予了不适当的压力，并强行要求他们做不感兴趣的事情，否则，他们为家庭带来荣誉的同时不会减少自信。

　　通过了解自己的 P-A-C，我们不仅开始了解"父母"和"儿童"中有什么，还可以了解其中"缺乏"什么。一个女孩感叹这样的事实："我是平庸和乏味的……我就是这样"，如果她能意识到早年生活的平淡和沉闷给她的"父母"和"儿童"带来了缺陷，那么她就能得到自由，可以用她的"成人"去接触现实，发现美丽而绚烂的生活。她可能需要花一些时间做到这一点，不可能在一夜间发生巨大的改变，但可以确信的是，她能够意识到自己有其他的选择。人们常说，责怪你本性中的不足无法改变你的缺点。因此，"我就是这样"毫无帮助，"我能改变"才真正有意义。

第 7 章

我们如何使用时间

时间是我们最想要的东西,但是,我们使用得最差的也正是时间。

——威廉·佩恩(William Penn)

对宇宙空间的探索是最伟大的科学冒险之一。我们不满足于只知道宇宙是无限的,我们还想拥有划时代的发现,比如,把人造卫星放上发射台,或对宇宙飞行器的数学轨道进行跟踪。我们渴望了解宇宙,解释宇宙,并在某种意义上使用宇宙。

关于宇宙的另一个伟大现象是时间。我们可以推测地球起始或灭亡的时间,可以在面对不可理解的死亡时相信永恒的存在。但正像我们努力地定义空间一样,我们必须对时间下一个定义。现在我们知道,人类的平均寿命大约为70年。我们所关心的是,在这些时间里我们可以做些什么。其中最紧迫、最让我们关心的是在最近的时间里我们可以做些什么:下个星期、明天、下一个小时或现在。

我们都赞同迪斯雷利(Disraeli)的话:"生命如此短暂,以致我们没有时间去斤斤计较"。但我们遇到的最大挫折是,绝大多数人的一生不过如此。比探索宇宙更重要、更引人注目的是我们对如何使用时间的探索,约翰·豪(John Howe)曾说"可悲啊,生命在瞬间停止,甚至感觉不到它是如何逝去的。"

如同探索宇宙一般,我们不满足于仅仅了解时间是无限的。对很多人来说,最困扰的问题是:"下一个小时我要做什么?"时间安排得越紧凑,这个问题越容易回答。一个非常忙碌的人要应付别人的很多要求,他们没有属于自己的时间。他们的"下一个小时"得到了很好的安排。这种安排是人们所期望的,当他们自己无法做到时,就会求助于他人,盼望他人替他们安排好时间:"告诉我要做什么""接下来我要做什么""我们需要指导"。

缺乏安排时间的能力是缺乏认知的派生物,缺乏认知最初源于缺乏安抚。幼小的孩子不具备组织安排时间所必需的理解力,他们只是不时地做一些让他们感觉良好的事情。当他们长大一些时,他们开始学会延迟满足以获得更大的回报:"我现在可以出去和苏姗一起做泥饼干,但如果我再多等20分钟,不把干净的裙子弄脏,我就可以和爸爸去购物中心了。"从本质上而言,这就是组织安排时间的问题。哪种选择更有意思?哪种选择能带来更大的回报？随着我们逐渐成长，我们会有越来越多的选择。然而，"不好"的心理地位总会阻碍我们依照自己的意愿自由地进行选择。

通过观察人们之间的沟通，我们已经能够确定六种形式的人生经验，它们囊括了所有的互动方式。

它们是退缩、仪式、活动、消遣、游戏和亲密。

退缩，尽管这不是与另外一个人进行沟通，然而它确实会在社交情境下发生。例如，一个男人正和一群令人厌烦的同事吃午饭，这些同事对他们自己是否获得安抚的关心胜过对他的关心，所以这个男人可能退缩到前一天晚上的幻想中，那时他获得了很好的安抚。他的身体仍旧在饭桌边，但是他的心却不在那里了。在一个美好的春日，教室里挤满了躯体，但这些躯体的"拥有者"早已开始神游，或是在游泳池中嬉戏，或是幻想着光芒四射的火箭，或回忆着紫藤树下美好的亲吻。无论何时人们出现这种类型的退缩，都确定地说明了他已与周围的人分隔开了。除非退缩总是发生，或者不幸发生在你的妻子正和你说话之时，否则这种退缩没有什么危害。

仪式是一种社交性的时间安排，这时每一个人都同意做相同的事情。仪式很安全，对其他人没有承诺也无需卷入，而且结果是可预料的。在某种程度上，由于你与他人保持一致，或者你做了正确的事情，因此结果总是令人愉快的。仪式包括尊敬仪式、问候仪式、鸡尾酒会仪式和卧室仪式。仪式令一群人共同度过时间，但彼此可以并不亲近。他们可以这样做，但并非一定要这样做。参加一个高级教会的聚会比参加一个布道仪式更让人舒服，因为在布道仪式上可能会有人问你："兄弟，你得到拯救了吗？"在黑暗中发生性关系可以减少某些人的尴尬感，因为这些人认为身体的亲密不必涉及人格。参加一个鸡尾酒会比和 6 个人一起吃晚饭更难令人投入。由于不必承担什么义务，所以也不必履行职责。像退缩一样，仪式也将我们与他人隔离。

按照伯恩的看法，活动是一种"共同的、方便的、舒服的、功能性的安排时间的方式,通过共同处理外部现实的方案来实现。"活动包括行业会谈、洗碗、盖房子、写书、铲雪和期中的学习等。通过这些生产性或创造性的活动,人们获得高度的自信,并在顺利完成任务后获得满足感。但是在从事活动的时间里,人们不需要对他人进行亲密的投入。你可以投入,但也可以不投入。有些人用工作来避免亲密,他们在办公室工作到很晚而不回家,将生命投注到赚钱而不是交朋友中。正如退缩和仪式一样,活动也使我们和他人分离。

消遣是消磨时间的一种方式。伯恩这样定义消遣:

> ……一种使人际关系明朗的默契……,那些没有被剥夺快乐权利的人尽情地享受消遣,由于消遣本身很有意思,因此很能给人带来满足感。对于某些人,特别是神经症患者,消遣的含义如同它的寓意一般,是指人们度过时间(也就是将时间结构化)的一种方式:直到他们更了解对方、直到度过这一个小时,或者将时间说得更远一些,直到应该要睡觉、直到假期到来、直到开学、直到身体恢复,直到出现某种形式的解脱、救援或死亡的到来。存在主义认为,消遣是避免内疚、绝望或亲密的一种方式,是生来就有或文化所赋予的一种减少绝望的方式。更乐观地说,消遣本身就很有趣,至少也可以把它当成与他人接触的一种方式。无论是哪种情况,每一个参加者都可以使用它,并从中获得一级和二级的收获。

那些不能随意进行消遣的人在社交上通常不太顺畅。我们可以将消遣视为一种社会调查方式,在消遣中,人们以一种没有威胁、没有承诺的方式了解新朋友。伯恩观察到:"消遣构成了选择相识者的基础,最终可能

---

① E. Berne, *Transactional Analysis in Psychotherapy* (New York: Grove Press, 1961), P. 85.
② Berne, *Transactional Analysis in Psychotherapy*, p. 98.

促成友谊的出现",并进而"固定角色,稳固地位。"

伯恩曾赋予某些消遣以令人愉快且毫无恶意的名字,这些消遣在鸡尾酒会、妇人们的午宴、家庭聚会和基瓦尼俱乐部等场合都可以看到:各种"闲聊",比如"通用汽车公司"(在比较汽车时常谈到)和"谁赢了"(二者都是"男性的话题");"杂货店""厨房"和"衣柜"(均是"女性的话题");"如何"(着手做某事);(这东西值)"多少钱";"曾经去了"(一个让人很怀旧的地方);"你是否知道"(某人某事);"后来怎么样"(古德·奥尔德·乔);"第二天早上"(醉得太厉害!)和"马提尼酒"(我知道更好的调酒办法)等。⊖

消遣可以在"父母""成人"或"儿童"中开展。例如,"父母"对"父母"的消遣通常会有如下的沟通:

蒙德: 你是说你自己做室内装修?
贝丝: 只有在需要的时候才做。

接下来他们就会讨论装修有多贵,这些天的工作有多么不好,以及梅西商场有哪些商品在打折等。

"儿童"对"儿童"的消遣就是分享不可能的选择,典型的情况是,两个小孩相互间对对方说如果你做了什么就真该死以及如果你没做什么就真该死等。这种方式的消遣可以减缓焦虑,但并非使问题得到了解决,而是把问题推给另一个人——"现在,你好好想想吧"。下面的问话摘自我无意间听到的两个 5 岁小孩的对话:你宁愿吃掉堆积如山的蚂蚁还是喝掉一桶药水?你宁愿被一头野牛追赶还是一整天把两只鞋子反着穿?你宁愿坐在滚烫的炉子上还是每天被洗衣机洗 50 次?你宁愿被 1000 只黄蜂叮还是睡在猪圈里?你必须选择一种答案,你选择哪一个?相对而言,这种类型的成人版消遣则复杂得多,如"你是民主党还是共和党?"

⊖ Berne, *Transactional Analysis in Psychotherapy*, p. 99.

"成人"为了维持关系的发展，可能会闲谈天气之类的话题，直到出现双方都感兴趣的话题或获得安抚。

A 先生：暴风雨马上就要来了。
B 先生：云彩看起来很黑。
A 先生：这让我想起我在旧金山港上空驾驶着飞机碰到暴风雨的情景。
B 先生：哦，你开飞机？

在一些特定的社交情景中，若消遣后人们的关系没有进一步的发展，消遣就会陷入停滞、绝望和无聊中。和退缩、仪式、活动一样，消遣也可以把我们和其他人隔离。

游戏是一种非常重要的沟通现象，伯恩用了一整本书来阐述它们，就是他最畅销的《人间游戏》一书。绝大多数游戏会引起麻烦，游戏是关系的破坏者、痛苦的制造者，理解了游戏就可以回答"为什么这种事总发生在我身上"这样的问题。伯恩再三重申，不要误解"游戏"这个词，它不是指好玩或幸福的事情。要充分地理解游戏的内涵，我推荐你读一读他的书。然而，为了对人际沟通分析理论进行介绍，下面我们还是对游戏做了一个简要的定义：

> 游戏是不断进行的一系列互补的隐性沟通，朝向一个被事先定义好的、可预期的结果发展。换言之，就是不断发生的相互关系，通常是重复发生的，表面上看起来有道理，但是却包含着隐藏的动机。更通俗地说，游戏是一系列包含着陷阱或"机关"的行动。在以下两个主要特征上游戏完全有别于活动、仪式和消遣：（1）隐性的特征；（2）糟糕的结局。活动可能是成功的，仪式可能是有价值的，消遣可能令人愉快，总之它们都是坦白明确的。它们可能包含竞争，但不是冲突，结局可能耸人听闻，但决不富于戏剧性。而每一个游戏都是不诚实的，其结果都带有戏剧

性，而不仅仅只是让人激动而已。⊖

就像第 3 章所述的那样，所有的游戏都源于儿时一个很天真的心理游戏"我的比你的好"。这类游戏在两个 4 岁的儿童之间很容易被观察到，其目的是暂时解除"不好"的心理地位所带来的负担。但对成人来说，情况则复杂得多。游戏之所以具有隐性特征，是因为真正的感受没有被表达出来。当一个孩子说"我的比你的好"时，他真正要表达的意思是："我的不如你的好"，这是一种攻击性的防御，孩子通过自我保护以寻求内心的自我平衡。就像成人玩的游戏一样，孩子们所玩的这些游戏也会产生不好的结局。当"我的比你的好"被过分渲染时，游戏可能会演变成使劲推搡、打耳光或毁坏物品，以证明"不是这样的，我的更好"这一结局。这时，这个孩子再度被推回原来的心理地位，通过游戏，孩子再次证明"我不好"。在维持这种无法改变的心理地位的过程中，不良的安全感随之形成。

这就是所有心理游戏的本质。那些不能忍受安抚饥渴的人以心理游戏的方式使用时间，他们"不好"的心理地位导致无法建立联结和亲密感。尽管游戏的结局令人痛苦，但多少能给他们带来一些慰藉。正如一个喜剧演员所说的："口臭总比没有呼吸要强。"玩心理游戏时被粗暴地对待总比被忽略要好。理查德·格德斯顿（Richard Galdston）博士在谈到被虐待的儿童时这样写道："对正在成长的孩子来说，愤怒仍可以令他们感受到存活下去的温暖和希望，冷漠只能令他们逐渐枯萎。"⊖

因此，所有游戏玩家都从游戏中获得好处。他们既可以保护自己的心理地位的完整性，又不用暴露心理地位。

为了进一步澄清心理游戏的本质，我们需要详述一个心理游戏中所包

⊖ E. Berne, *Games People Play*（New York: Grove Press, 1964）, p. 48.

⊖ R. Galdston, M. D. , "Observations of Children Who Have Been Physically Abused and Their Parents," *American Fournal of Psychiatry*, Vol. 122, No. 4（October 1965）.

含的行动，以"你为什么不，是的，但是"这个游戏为例。玩游戏的人叫简，一个年轻的职业女性，她和她的朋友在一起（这个游戏经常发生在求助情境下，如牧师的书房、精神病医生的办公室，或者是一个长期受苦的咖啡女郎的厨房里）。

简：我真是又平凡又不招人喜欢，从来没有男士和我约会。

朋友：你怎么不去高级美容厅做个新发型？

简：主意是不错，但是花的钱太多了。

朋友：好吧，去买本杂志怎么样？里面有怎么打扮自己的建议。

简：嗯，我试过了——但是我的头发太细了，保持不了发型。如果我把它绾起来，还显得整洁些。

朋友：那用些化妆品，使你的容貌突出一下如何？

简：这个主意听起来很不错，但是我的皮肤对化妆品敏感。我曾经试过一次，但我的皮肤因此变得很粗糙、很糟糕。

朋友：现在出了很多不过敏的化妆品，你怎么不去看看皮肤科医生呢？

简：是的，但是我知道他们可能说什么。他会说我的饮食不合理，我知道我吃了太多的垃圾食品，不注意饮食的搭配。一个人生活就是这个样子，唉，美貌就是表面现象。

朋友：好吧。也许你去上一些成人教育课程会对你有帮助，比如艺术或新潮的东西，你知道，这会帮助你成为一个很好的交谈者。

简：是的。但是它们都在晚上上课，下了班我都累死了。

朋友：噢，那就上一些函授课程吧。

简：好主意，但是我连给父母写信的时间都没有，哪有时间上函授课程呢？

朋友：如果你认为这对你很重要，你就有时间了。

简：是的。这对你而言很简单，你精力总是那么充沛，可我总感到很疲倦。

朋友：那你晚上为什么不睡觉？怪不得你很累，你每晚都熬夜看《深夜秀》。

简：是的。我总得做点儿有意思的事吧，你要是和我状况一样，你也会这么做！

这段讨论绕了整整一个圈。简逐条地反驳了朋友的每一个建议，她以抱怨自己的平凡和不招人喜欢开始，但是最终却以这样的理由加以结束：她的平凡和不招人喜欢是因为"我就是这样"。

她的朋友最后放弃了给予建议，并感到强烈的挫折感，也许她再也不会和简交往了，这进一步强化了简"我不好"的心理地位。简再次被证明，她确实没有希望了——她连自己的朋友都维持不住，这也为她身陷另一个心理游戏"这不是太糟糕了吗"找到了很好的借口。简从这个游戏中获得的好处是她不需要做任何事情改变自己，因为她已经一遍遍证明自己什么也做不成。

伯恩认为，任何人都可以玩"你为什么不，是的，但是"的心理游戏：

每一个玩游戏的人，内心中都有一个"它"在不停地提出问题。其他的人开始为他提供解决问题的方法，每次都以"你为什么不"开始，这个"它"对每一个解决方法都以"是的，但是"予以回应。一个很会玩游戏的人能够把其他所有组员的建议都彻底地拒之门外，直至他们全都放弃为止，这时"它"就赢了。

几乎所有的解决方法都被拒绝了，显然，这个游戏隐含着某些隐秘的目的。"你为什么不，是的，但是"游戏表现出的并非表面意义上的目的（"成人"收集信息或解决问题的方法），其真正目的在于不断向"儿童"提供保证并满足"儿童"的需要，这就是该游戏的"隐秘机关"。若仅从互动的方式看好像是"成人"式交往，但透过对现实沟通的观察，可以发现，那个"它"使玩游戏者变成一个没有能力应付情境需求的孩子，并使对方变成一个贤明的"父母",非常想用自己的智慧帮助这个无助的人。这正是"它"想要的,因为它的目标就是不断地使一个个"父母"挫败。[1]

(这是"我的比你的好"的成人版,以此来否认真正的信念——你比我好。)当游戏结束的时候,所有提供建议的人都非常沮丧,他们在帮助"它"上失败了,而"它"也证明了自己的问题根本无法解决,这使得她的"儿童"进入了另一个新的游戏"这不是太糟糕了吗?"。既然大家都毫无办法,那么我们也只好如此(因此,我不需要做任何事,因为就像我们看到的,做什么都无济于事)。

伯恩在《人间游戏》这本书中描述了36个心理游戏,他给这些游戏所起的名字都非常通俗,而且绝大多数名字直指心理游戏的核心特点,比如:"这不是太糟糕了吗""如果不是为了你,我就会""你和他斗一斗"以及"我可抓住你了"等。这些名称都非常通俗,经常会引来笑声。但事实是,心理游戏一点儿也不好笑。它们都是一种防御,保护个体由于"不好"的心理地位而带来的或多或少的痛苦。由于伯恩关于游戏的书广为流传,在许多人中间兴起了玩游戏的新消遣。当一个人了解了非常实用的P-A-C模式后,对心理游戏概念的掌握就成为一个很有用的治疗工具。但若缺少对此概念的了解并随意滥用它们,那么,仅仅是游戏的名称就可能演变成另一种形式的攻击。理解P-A-C模式的人可以使用学术用语讨论心理游戏,并将其运用到自己身上。但如果没有真正地了解和领悟游戏,突然被另一个人说成自己在玩游戏,那么通常会引发愤怒。通过对这种现象的长期观察,我坚信游戏分析必须始终置于人际沟通分析之后。仅仅知道你在玩什么游戏不可能使一个人改变,如果你不能帮助一个人了解他的心理地位以及幼时产生这种心理地位的情境,就贸然剥去他的防御面具,这种做法通常十分危险。另一方面,如果我们只有

---

[1] Berne, *Transactional Analysis*, p. 104.

一个小时的时间来帮助某人,那么应该简练地教授给他 P-A-C 模式的含义以及人际沟通分析现象。我认为,在短期治疗中这种方法比分析游戏更有可能带来改变。

总之,我们将游戏看作安排和组织时间的另一种方法,它与退缩、仪式、活动、消遣一样把我们和他人隔离。那么我们应该如何使用时间才能增进彼此的交往呢?乔治·萨顿(George Sarton)说:"我认为人类可以分成两个主要的类型:一种人因渴望统一而痛苦,另一种人则不然。在这两类人之间存在着鸿沟,前者是烦恼的,后者是平和的。"

数千年来,人们都是以退缩、仪式、消遣、活动和游戏的方式来证明自己的存在。对这一论断持怀疑态度的人可以看看历史上连续不断的战争,它们就是心理游戏最残忍的表现。大多数人都无奈地接受了战争的事实,认为这是人类本性使然,战争的发生不可避免,并把它们作为历史不断重演的表现。采取这种接受现实的态度可以换来心理上的平和,但正如萨顿所说,历史上制造麻烦的人都是那些拒绝相信人类具有不可避免的分离感,并被追求统一的欲望所驱使的人。哲学的核心动力就是企图联结的冲动,希望始终存在,但人类却尚未克服对亲近的恐惧、对失去彼此的恐惧,以及对分享亲密感(最后一种安排时间的方式)的恐惧。

两个人之间的亲密关系可以被视为完全独立于前 5 种安排时间的方式(退缩、消遣、活动、仪式和游戏),它是对两个人"我好—你好"心理地位的接纳。确切地说,它仰赖于对爱的接受,接受爱就不必防御地安排时间。给予和分享成为表达喜悦最自然的方式,而不必被动地对程序化的社交仪式做出回应。亲密关系不存在心理游戏,因为不存在隐藏的目的。只有在没有恐惧的情况下,人们之间才有可能充分地相互理解,抛弃实用主义而去追求美好的内涵,心心相印而不再需要形式上的占有,此时,亲密才能产生。

在这种关系中,双方的"成人"都在支配沟通,但同时又允许"自然的儿童"出现。我们可以将"儿童"分成两种:"自然的儿童"(有创造力、主动、好奇、直觉、毫无恐惧）和"顺从的儿童"（顺从最初"父母"的教养要求）。"成人"的解放导致"自然的儿童"一再出现，"成人"不但辨识"父母"中过时的要求，同时允许"自然的儿童"重新出现，而不用担心重现早年被教育的经历。早年的教养虽然约束了儿童的攻击和反社会行为，但同时也限制了儿童快乐和创造的能力。亲密使人们获得了真正的自由，可以自由地运用直觉，以自己的方式去倾听、感受、观察，这就是亲密的特征之一。因此，我认为用一束迎春花做礼物比用昂贵的香水做礼物更能表达爱和喜悦。以重要的纪念日为例，对于一对亲密无间的夫妻来说，忘记纪念日并不是什么灾难，但对那些仅仅依靠仪式来维持关系的夫妻来说不啻是一场灾难。

　　人们常问这样的一个问题：退缩、消遣、仪式、活动和游戏是不是总是不利于人们的相互关系？肯定地说，游戏几乎总是具有破坏性，因为它们的动机具有隐匿性，而隐匿性又是亲密的对立面。对于前4种方式来说，如果它们没有成为安排时间的主要方式，那么未必总是具有破坏性。退缩可以使人在单独沉思时获得身心放松和恢复，消遣则以令人愉快的方式使人暂时摆脱生活的烦恼。仪式非常有趣，不断给我们带来快乐——生日聚会、传统假期、在爸爸下班时跑去迎接他等，人们期待、指望和铭记着一次次的快乐时光。活动包括工作，是我们生活的必需，同时它们本身也是一种鼓励，因为它们带来了掌握感、优秀感和熟练感，而且让我们可以展示自己所拥有的各种技能与才华。然而，如果两个人之间的关系仅停留在这些形式上，那么彼此就会出现不舒服的感觉，或者说他们之间缺乏亲密感。有些夫妻在他们所有相处的时间里安排了尽可能多的活动，这些活动本身没有问题，但如果保持忙碌的冲动和保持分离的冲动同样强，那么问题就出现了。

　　现在，一个新问题又摆在我们的面前：如果我们不用前5种安排时间的方式，那么我们相互之间可以自动获得亲密吗？或者什么都无法获得？似乎我们无法简单地定义亲密关系，但是我们可以指出一些有利于亲密关系产生的情况：不玩游戏、解放"成人"、采用"我好—你好"的心理地位等。只有通过解放了的"成人"，我们才能去触及关于宇宙和彼此关系的无穷知识，才能探索哲学与宗教的深邃，才能感知新事物并不被旧事物羁绊。这样，我们才能一步步地解答那伟大的迷惑——"生命到底有什么意义"，我们将在第 12 章中详细讨论这个问题。

第 8 章

P-A-C 模式和婚姻

我们为了希望而允诺,为了恐惧而行动
——弗朗克斯·德·拉·罗希夫格(Francois, Duc de la Rochefoucauld)

第8章　P-A-C模式和婚姻

我的一个朋友告诉我他小时候发生的一个故事。一天，吃完晚饭，他的妈妈对他的兄弟姐妹宣布（他排行老五），饭后的甜点是她自己制作的燕麦饼干，说完她将饼干桶放在桌子上。孩子们争先恐后地争抢饼干桶，4岁的弟弟像以前一样落到最后。当他拿到饼干桶时，发现桶里只剩下一块饼干，还缺了一个角，他绝望地哭起来，将饼干一把抓起狠狠地摔在地上，大叫："我的饼干全碎了。"

这就是"儿童"的本性，把失望误以为是绝望，因为饼干缺了一个角或不如别人的大、不如别人的完整或好吃，就把整块饼干毁掉。他家里的人还会做出标准化的反应，甚至火上浇油："怎么啦，你的饼干碎了？"

这就是婚姻破裂时通常出现的状况。当"儿童"控制了婚姻中的一方或双方时，只要问题稍露端倪，整个婚姻就会随之崩溃。

婚姻是人类所有关系中最复杂的一种。很少有其他盟约能像婚姻那样引起如此极端的情绪，或是如此迅速地由热烈的海誓山盟变成冷漠、离婚或残忍的心理战。当一个人意识到婚姻关系中的双方都把自己的"父母"和"儿童"带到婚姻中时，他才能意识到释放了的"成人"对婚姻延续的重要性。但一般的婚姻契约通常是由"儿童"签订的，"儿童"将爱理解为一种感受而不是行动，将幸福看成自己的追求，而不是为别人的幸福有所付出后的收获。在年轻伴侣的"父母"中，难得有幸运地保存了美满婚姻的印象的，很多人甚至从未见过美满的婚姻。因此，他们从充满罗曼蒂克的小说中获得对婚姻的看法。小说中，丈夫是大广告公司的高级经理人，每天晚上给他苗条、迷人的妻子带回一束玫瑰花，家里铺着价格昂贵的地毯，窗户闪闪发亮，房间里点着蜡烛，立体声音响中播放着爱的乐曲。当幻想逐渐破灭，祖先传下来的地毯变得破旧，立体声音响出现故障，丈夫失业，不再对妻子说"我爱你"——"儿童"就会以"碎了的饼干"的形式出现，把一切都化为粉碎。事实上，幻想是虚幻的，"儿童"是忧郁的。对婚姻中的每个伴侣而言，"我不好"的老感觉污染了双方的"成人"，在无处求助的情况下，他们将注意转向对方并互相攻击。

115

长久以来人们一直认为，伴侣双方应有相似的经历和兴趣才能组成最好的婚姻。但是，当婚姻由"儿童"进行设计时，重要的差异往往被忽略，"白头偕老，至死不渝"的誓言仅仅建立在一些表面的共同点上，如"我们都爱跳舞""我们都想要很多孩子""我们都喜欢马"，甚至"我们都吸毒"。似乎只有在宽阔的肩膀、洁白的牙齿、丰满的胸部、耀眼的汽车或其他难以持久的惊喜中才能看到完美。有时，男女关系建立在共同的错误主张的基础之上，如认为敌人的敌人就是朋友。在很多情况下，他们就像两个孩子，都讨厌自己的母亲，对他们相似的痛苦经历同病相怜。一些夫妻相互依靠着对抗全世界，好像世上的"其他人"都不怀好意。他们痛恨彼此的家庭，痛恨以前虚伪的朋友，痛恨权利机构，痛恨美国人"肤浅"的风尚，如打保龄球、棒球和游泳等，甚至痛恨工作。他们生活在共同的虚幻中，但很快就会尝到自己种下的苦果，于是，"都是他们的错"的游戏就演变成"都是你的错"的游戏。

　　考察差异和相似性最有效的方式是，在婚前咨询中运用人际沟通分析的方法，勾勒出夫妻双方的个性图以预测婚姻。其目的不仅在于找出夫妻双方的差异和共同点，而是探索夫妻双方的"父母""成人"和"儿童"中的内容。会接受咨询的夫妻通常相爱颇深，对婚姻抱着慎重的态度，在关系出现飞跃之前已经长时间地了解过对方。但是，如果伴侣中的一方对他们的誓言疑虑重重，他／她就会独自来接受咨询。例如，我们的治疗小组中有一个年轻的女孩，她要跟我面询一个小时讨论她目前所面临的窘境，她跟一个男孩约会了很短的时间，现在男孩向她求婚。她的"儿童"被男孩深深地吸引了，但她大脑"计算机"中的其他数据在提醒她结婚是否是个好主意。她已经学会如何准确地运用 P-A-C 模式进行分析，所以请我帮她考察他们双方的 P-A-C。

　　首先，我们比较了双方的"父母"。我们发现她有一个很强大的"父母"，其中包含着众多的规则以及"应该"和"必须"的教诲，当然也包括未经深思熟虑不可贸然进入婚姻的训诫。同时，"父母"中还包含着自我肯定的成分,如"我们这种人是最优秀的""人们通过你的朋友来判断你""千万不要做有失身份的事情"等。这些观念中包含着早年经历中井井有条的家庭生活的印记,妈妈是一家之主,爸爸努力工作,每天很晚才下班回家。"父母"中还储存着大量的"如何"信息,如何庆祝生日,如何装饰圣诞树,如何抚养孩子,如何在社交场合控制自己。"父母"在她的生活中产生着重要的影响,这种影响使她的生活具有程度不一的一致性。尽管严厉的"父母"有时使她感到压抑,并使她的"儿童"出现"我不好"的感觉,但无疑"父母"仍成为她今天人际交往中最稳定的资料来源。

然后我们转向考察那个男孩的"父母"。在他7岁时父母离婚了,他的妈妈抚养他长大,妈妈非常宠爱他,在物质方面对他有求必应,但妈妈很少在情感上关注他。母亲自己也被"儿童"支配着,很情绪化,常常通过挥霍来宣泄情绪,有时会愠怒、退缩和报复。父亲从未在男孩的"磁带"中出现,除了"他与所有男人一样,是个坏人"的辱骂给他留下了些许印象。男孩的"父母"支离破碎,反复无常,它们根本无法在他今天的人际关系中对他冲动、受"儿童"支配的行为产生任何控制和调节的作用。他们两个人的"父母"不但毫无相似之处,而且女孩的"父母"还非常厌恶男孩的"父母"。显然,"父母"与"父母"间在任何问题上都难以发生互补的相互作用。

再接下来,我们考察他们双方"成人"的力量,并评价了他们两个人的兴趣爱好。她是一个聪明、受过良好教育的年轻女士,有着广泛的兴趣。她喜欢古典音乐,也喜欢流行歌曲,读过大量的古典文学名著,喜欢亲自动手把屋子装饰得独具一格。她还喜欢与别人讨论哲学和宗教问题,尽管她没有接受父母的宗教信仰,但她仍然相信某些"信仰"非常重要。她爱思考,健谈,爱寻根问底。她很关注自己行为的结果,对自己很负责任。但是,她也有很多偏见,这是"成人"受到"父母"污染的产物,如:"超过30岁还不结婚的男人不是好人""一个抽烟的女人什么事都干得出来""连大学都毕业不了的人一定很懒惰""你能对一个离了婚的男人有什么期望？"

相比之下，她男朋友的"成人"则受到"儿童"的污染。他纵容自己，就如同小时候被骄宠一般。高中时他就对学业毫无兴趣，大学第一学期就退学了，因为那里"不够刺激"。他不是不聪明，但对女孩很看重的严肃话题却毫无兴趣。他认为宗教是虚伪的，正如所有的大人都是虚伪的一样。他的拼写总出问题，这令女孩非常恼火，他唯一看的是《生活杂志》上的照片，女孩说，"他就是那类人，以为巴赫是一种啤酒。"他对政治的看法很肤浅，认为政府很糟糕，因为"它剥夺了我们的自由"。他机智、聪明，但知识贫乏，生活中最大的兴趣是赛车，在这方面他是专家，拥有丰富的知识。显然，没有什么可以保持他们两个人的"成人—成人"关系，这个层面的沟通令她挫败、令他厌烦。

然后，我们转向考察两个人的"儿童"。由于经常受到压抑，女孩的"儿童"渴求情感温暖，渴望讨人喜欢，对批评非常敏感，因为批评引起她内心中很强的"我不好"的感受。她无法相信"这么英俊的人"会爱上她这个事实，她交往过的男友很少，认为自己样貌平平，不可能有人会对她一见钟情。她被这个迷人、金发的美少年迷得团团转，十分珍视这种被爱和被追求的幸福感觉。当他们在一起时，她感到从未感受过的"我很好"的感觉，她不会轻易地放弃它。

另一方面，男孩的"儿童"具有很强的攻击性，既自私自利又有很强的操纵欲。他总是我行我素，而且计划让女孩遵循他的方式生活，这正是问题之一，因为女孩的"父母"不会允许她享受这种寻欢作乐。他的"儿童"污染了"成人"，他的"父母"又如此软弱，使得他做事不计后果，而且认为考虑后果又蠢又笨，最好就像斯嘉丽·奥哈拉（Scarlett O'Hara）那样："明天我再想这些事"。

随着关系的进展，他们之间可以交谈的内容却越来越少。他们的"父母—父母"间根本无话可说，"成人—成人"间可交流的内容也很少，而存在于"儿童—儿童"间的关系马上成为女孩"父母"的主要困扰。结果，他们的交往就变成了"父母—儿童"的关系，女孩扮演负责任和批评的角色，男孩则充当着操纵性、不断检验"母亲"的"儿童"角色，这一幕正是童年时的最初情况的重演。

这种 P-A-C 的评价并不是判断男女双方的"好"或"坏"，它是对双方客观情况的探索，希望能够预测未来两人关系发展的前景。在对以上资料进行仔细分析后，女孩最终决定放弃这段感情，因为它给双方带来幸福的可能性极其渺茫。通过分析，女孩意识到她的"我不好"的"儿童"非常脆弱，因为内心里她认为自己配不上"真正的好男人"，所以她总是与"不如她的男人"在一起。现在，她不仅发现这段感情不能互补，而且还发现她在一个男人身上真正追求的是什么，不用再背负着"我不好"的负担，而是以全新的自我尊重作为追求爱的基础。

不是所有的关系都像这个例子一样这么清楚。女孩的"父母"很强大，而男孩的"父母"很弱小。在许多个案中，我们发现双方的"父母"都很强大，但内容截然不同，互不协调。如果双方都有强烈的愿望要遵守彼此"父母"中未经考察的训导，那么不同的宗教和文化信仰就会带来大问题。有时，这种差异在婚姻早期得以隐藏，但随着孩子的出生问题突然爆发。例如，尽管一个犹太男人同意他将来的孩子随新婚妻子信奉天主教，但这并不意味着他以后不会因此而深深地懊恼。与这些有关的感受是"我的宗教比你的好"，实际上这是"我们这些人比你们好"，然后不久就会演变成"我比你好"。不是说这些分歧无法解决，但双方都要在"我好—你好"的基础上，利用自由的"成人"来解决这些问题。

这些差异最好在婚前就认识清楚，但实际上很少有人能做到。如果一对年轻夫妻堕入爱河，即使双方确实进行了婚前咨询，那也只是花一个小时的时间与牧师交谈，然后凭借着实现美满婚姻的愿望进入婚姻并保持着婚姻，通常他们从未见过任何美满的婚姻。

如果未经这种人际沟通分析就已经结婚，那么如何进行婚姻重建和挽救呢？在这个世界上，没有两个人是完全一样的，因此绝对和谐只是一种幻觉，我们最好还是从可能遇到的困难这一角度来研究婚姻关系：消除差异、建立妥协诚然困难，但以离婚来解决问题也很艰难。一个人不能用僵硬的教条，如"离婚总是不好的"来决定自己的行为，因为还有其他同样适用的原则可供我们选择。例如，坚持让一个女士与她残忍的虐待狂丈夫生活在一起，不允许她从其他人那里获得快乐，这是对人类尊严的藐视，具有报应的意味：你种下的苦果，你自己吃。同样，坚持让一个丈夫供养他的懒惰、报复心强、否认婚姻的恶化与自己有任何关系的妻子，也是一种对人类尊严的践踏。这并不意味着我们认为婚姻不可能永久，而是说婚约不是永远束缚对方的证书，从而使人们只维持着法律上而非道德上的关系。有时人们直到离婚在即才开始反思自己的婚姻，然后看到困难的出现，才领悟到必须做出选择。

悲惨的婚姻生活会使离婚生活或单身汉的生活变得很愉快，但未经深思熟虑就冲动地做出离婚的决定可能带来更大的绝望。过去的婚姻生活并非一钱不值，这正是莫顿·M.亨特（Morton M. Hunt）在他所著的一本书中的主题。[1] 亨特在他的书中描述了很多离婚后的现实情况：突然犯病时感受到的孤独感、失去"不与自己站在一起"的老朋友、失去孩子、孩子因父母离婚而伤心、经济来源的断绝、失败感、重新认识一个人的疲惫感等，如果仔细考虑这些困难，人们就会在反复权衡的基础上做出选择。"成人"在对当前处境做出评价时，应充满考虑以上诸多现实情况。

现在，我们需要考察婚姻本身。通常婚姻关系中只有一方愿意接受这种考察，因为最常见的婚姻游戏是"都是你的错"。如果有一方，比如是妻子，来接受治疗并学习了 P-A-C 模式，我们就会集中精力让她的丈夫的"成人""上钩"，让他同样也对学习这种语言产生兴趣，因为只有在这种共同语言的基础上才能发展出"成人—成人"间的交往。如果一个人拒

---

[1] M. Hunt, *The World of the Formerly Married* (New York: McGraw-Hill, 1966).

绝合作，他们的婚姻得以挽救的机会就会大大减少。但如果双方都愿意为自己的婚姻付出努力，P-A-C 模式就会成为很好的工具，帮助他们从"父母"的控制中解放出来，建立新的互动模式。

在学习这种语言之后，他们要做的第一件事就是考察婚姻契约。一般的婚姻契约都很糟糕，着重于 50 对 50 的等价交换，艾瑞克·弗洛姆将这种婚姻契约称为"人格包裹的交易"。他们不是很般配吗？她能给他带来那么多钱财。I. 马格林德（I.Magnined）和海列娜·鲁宾斯坦特（Helena Rubinsteined）（虚构的名字）"配对"了，他们的结合不是互补吗？他在青年商会中的职位为他赢得了她的爱情。这样的话，他们都成为了竞争市场上的物品，而不是活生生的人。他们必须遵循 50 对 50 的等价交换原则，否则从经济上来讲，婚姻就会破裂。这类契约是由"儿童"签订的，"儿童"可以理解公平，理解等价交换。但处在"我不好"的心理地位上，"儿童"不能理解更深刻的道理：对他人有无限的责任，不要求得到同样的回报，为了实现"成人"确立的目标，倾尽全力地为对方付出而不考虑自己的得失。在关于优美的调停思维的书中，联合神学院荣誉教授保罗·斯切勒（Paul Scherer）这样说道："爱情是给予，留在家庭账本上的数字永远是赤字……"。[⊖]只想攫取爱的"儿童"不可能用这种方式理解爱情，但"成人"可以。今天的世界，这是一个令人绝望的算术难题，每个人都想得到爱，但很少有人有能力给予爱。这是因为小孩子的"我不好—你好"的心理地位一直发挥着主导性的影响，在每个人的身上几乎都存在这一点。我们应该记住，小孩子在生活早期就试图摆脱这种负担，他们玩着"我的更好"或"我的比你的多"等人生最初的游戏。从这时起儿童确实开始出现等价交换的观点，但"我不好"的心理地位扼杀了早年生活中的美好感觉。

一天早上，我 4 岁的女儿海蒂要请她的玩伴斯塔西吃饼干，他们为

⊖ P. Scherer, *Love Is a Spendthrift* (New York: Harper & Brothers, 1961).

谁可以得到大一点儿的饼干而争吵不休，尽管大人多次提醒他们这样的争吵不好，他们还是争吵不停。后来，海蒂的妈妈给了两个人每人一块奥利奥饼干，很明显孩子们都看得出来，奥利奥饼干每块都一样大。但即使如此，海蒂还是执着于刚才的争吵，并说："哈哈，我得到的和你得到的一样多，但你还想多要些。"这就是50对50婚姻规则中深藏在"儿童"内心里的想法。

因此，想要挽救婚姻的夫妻应该共同努力解放"成人"。只有这样，才能对双方"儿童"中的"不好"信息和"父母"中制造麻烦的内容进行考察，从而发现这些陈旧的信息如何持续地影响并破坏他们今天的相互关系。

通常关系的破坏者总是绝对地认为"这就是我做事的方式——不要试图改变我"，他还会抱着这样的固执想法："在喝第一杯咖啡之前我的脾气坏透了"，从而把一个人的问题归咎于他的本性，而不是从本性角度分析他的问题。"喝咖啡前的坏脾气"让许多家庭的几乎每个早晨都变得非常糟糕，早晨应该是一天中最美好的时光，但痛苦、敌对的混乱场面代替了亲热的告别。孩子们哭泣着去上学，丈夫气急败坏地冲出去上班，妈妈因为失去了争吵的对象而感到非常失望。只要每个人的"成人"得到解放，他们都会有全新的选择，无须在喝第一杯咖啡或其他任何时候大发雷霆。

一首古老的法国歌曲唱道："……爱是自由的子女。"婚姻中的爱也需要"成人"中的自由去考察"父母"，根据目前的环境特点决定它的取舍；同时也考察"儿童"的态度、惹是生非的情况和游戏，由"成人"决定是拒绝、摆脱还是抛弃"我不好"这一负担。

已婚夫妇出于不同的目的来参加团体治疗，有些人已经听过人际沟通分析理论，来看看"是否能学到新的东西"。另一些人来到这里为一些模糊而令人不安的问题寻找答案，这些问题包括"人生是否还有其他的东西"等。一些人因为自己的孩子出现问题来参加治疗，但更多的人因为婚姻出现麻烦而参加我们的团体治疗。在我4年治疗过的37对夫妻中，很多人一直在思考，或至少已经讨论过将离婚作为解决问题的唯一办法。一些人已经诉诸法律程序，通过律师或法官将问题交由民事法庭处理。其中17对夫妻（占46%）所面临的危机是，婚姻中的一方因严重的抑郁萌生自杀企图，或因为自杀未遂而被送进医院。住院的患者中14个是妻子，2个是丈夫，还有一对夫妻双方都在住院，因为他们要求"任何事都平等"。这些夫妻的婚龄都已超过10年，都有孩子，有一些人还有孙子。

他们在医院的团体小组或我的诊所开设的个别咨询中学习P-A-C模式，当夫妻双方都理解这些概念后，他们都急迫地表示要参加由5对夫妻组成的夫妻治疗小组。每对夫妻平均接受17次治疗，每周大概治疗一次，总计持续4个月。夫妻治疗小组通常安排在某天快下班前的最后1个小时，治疗时间为1个小时，但有时会拖得更久。

据我所知，这37对夫妻中有35对仍然保持着婚姻关系，只有2对离婚了。35对夫妻中，4对中途退出治疗小组，因为他们决定放弃他们之间的"游戏"，不再玩这些"游戏"了。另外31对夫妻报告他们的婚姻关系有所改进，夫妻双方都开始积极地寻找新目标，放弃以前破坏性的游戏，并重新建立了亲密关系。就实现治疗目标，即挽救婚姻而言，这一组患者的成功率达到84%。

许多婚姻关系就是复杂、混乱的游戏，不断积累的怨恨和痛苦产生了诸多复杂、重复出现的游戏版本，如"争吵""都是你的错""缺点""如果不是为了你，我可以"等。在伯恩所著的《人间游戏》这本书中，他详尽地阐述了各种游戏的规则和刻板语言，这本书对治疗中的夫妻而言是一本最好的指导手册。这些游戏均派生自早年儿童期的"我的更好"的游戏，该游戏的目的在于克服因上当受骗而产生的恐惧。爱德华·阿尔比（Edward Albee）在《灵欲春宵》（*Who's Afraid of Virginia Woolf？*）中对游戏的存在进行了才华横溢的分析，并由此使世人开始关注游戏。这个剧本说明游戏除了带来绝望外，还可以带来一些次级好处，在某种意义上，游戏促进了婚姻关系的维持。一些婚姻因为夫妻中的一方"生病"而得以保持，如果一方病愈，不愿再卷入过去的游戏中，婚姻关系就会随之瓦解。一对夫妻，妻子在医院住了10天后回到家里，丈夫给我打电话，语气十分惊恐，他说："我妻子看起来幸福、健康多了，但我现在根本无法再跟她相处了。"婚姻就像身体的姿势，如果肩膀开始低垂下去，身体的其他部位也需要相对的下垂，这样才能保持人体的平衡性。婚姻关系也是如此，如果一方改变了，另一方也需要随之改变以保证婚姻的完整性。这正是以往精神分析的一个主要不足所在，治疗师只对夫妻中的一方实施治疗，甚至经常拒绝与另一方交谈。只强调治疗师和患者关系的建立，忽略了婚姻关系本身。当患者的忠诚度和行为开始改变时，婚姻关系往往会受到冲击，因为另一方对所发生的事毫无准备，他们也不知道自己的愤怒和绝望是如何累积的。

最后，如果患者的经济条件允许的话，他可能会去寻找另一个治疗师，但这只会使夫妻关系变得更疏远，因为他转移了情感目标。由于夫妻双方缺乏沟通，"我的更好"就会以一种更新、更巧妙的方式出现，如"我的治疗师比你的治疗师更好""我比你更快地克服移情"，或"在周三的治疗之后，我会决定是否与你继续在一起"等。夫妻双方都以排他性的内省方式放纵自己的"儿童"，尽管这种治疗方法可以帮助夫妻双方了解自己情感的来源，但却忽略了这样的一个事实：婚姻关系中有两个人存在，而不是只有一个人。

在《萨克拉门托蜜蜂报》(*Sacramento Bee*)中有这样一句话，尽管有点极端但很中肯："许多精神病学家坚持认为，如果人们不能面对现实，就不可能获得心理健康。如果是这样，为什么精神病学家让患者躺在容易做白日梦的躺椅上呢？可能躺在钉着钉子的床上会更好一些。"

夫妻双方都必须承认他们要对婚姻出现问题负责。在爱默生看来，"都是你的错"的观点无疑非常荒谬，他观察到"除非通过我自己的行动，否则没有其他人可以靠近我"。如果丈夫对妻子辱骂了10年，而妻子也忍受了10年，那么妻子也是以自己的方式参与了这种婚姻关系的构建。如果夫妻双方都否认自己存在责任，那么婚姻关系改善的可能性极其渺茫。

阿瑟·米勒（Arthur Miller）的剧本《堕落之后》（*After the Fall*）描述了一个女人的故事（剧中主人公与作者的妻子玛丽莲·梦露〔Marilyn Monroe〕极其相似），他在剧本中写道："人类不愿意或缺乏足够的能力发现自我毁灭的种子就存在于他们自己身上"。

> 人类总是无休止地在挣扎：接受自己是罪恶的帮凶会使人出现无法忍受的恐惧，多数人宁愿相信世上有两种人，即无辜的受害者和邪恶的煽动者。我们不惜任何代价保持自身的清白，可是在这个世界上，哪里有绝对清白的地方？也许只有疯人院才会有？那里的人生活在完全的清白之中，根本看不见自我。实际上，完全的清白就是疯狂。⊖

当人们认识到承认自己是共谋，意味着给导致各种问题的"我不好"的感觉增加新的沉重负担时，我们就能理解这种想法给人们带来的"令人无法忍受的恐惧了"。承认自己有罪是很困难的，这是对可怜的"儿童"的最后冲击，德国神学家迪特里希·朋霍费尔（Dietrich Bonhoeffer）对这一额外的心理负担的解释是："这不就是把另一副更沉重的担子放在人们肩上吗？这就是当人们的灵魂和肉体在人为教条的枷锁下呻吟时我们所能做的一切吗？"⊖

理解结构分析——"父母""成人"和"儿童"的本质，帮助我们找到了一条摆脱困境的出路，这一困境是不承认共谋就不可能改变，承认就意味着有罪。在实际生活中，我们可以看到一个人的言行给人们带来的影响有很大的差异。如果一个人说："你是一个古怪、坏脾气、难以相

⊖ A. Miller, "With Respect for Her Agony—but with Love" *Life* 55:66（Feb. 7, 1964）.

⊖ D. Bonhoeffer, *The Cost of Discipleship*（New York: Macmillan, 1963）.

处和令人讨厌的人，这就是你婚姻出现问题的原因"，这种责备只会强化他的"我不好"的感觉，使他变得更加古怪、坏脾气、难以相处和令人讨厌。或者，他会因此出现深深的抑郁。相反地，若一个人用富于同情心的方式说："因为你的'我不好'的儿童使你陷入麻烦之中，使你变得古怪、爱发脾气，是它毁掉了你今天的幸福"。这种说法使问题客观化，这个人不会将自己看成完全无价值的人，而是将问题看成是过去正、负经验的综合。而且，这种说法使人们有机会做出选择，无须遭到毁灭性的打击就可以认识到真实的自我。这种承认可以增加"成人"对"父母"和"儿童"的考察功能，并帮助"成人"发现记录在旧磁带上的以前的暴虐。

如果一个人拒绝承认"我应对我们的问题负上部分责任"，那么人际沟通分析或游戏分析就演变成发泄不满的另一种方式：你和你该死的"父母"，"你淘气的'儿童'又出来了，亲爱的"，"看吧，你又在玩把戏了"。然后在一个"给游戏命名"的新游戏中更加聪明地辱骂或使用以上的句子。这些问题的出现，使我们开始理解阿瑟·米勒在一篇讨论戏剧的文章中所谈到的观点："尊重她的痛苦——但用我们的爱。"

因此，如果参加治疗的夫妻想在婚姻中创造出一些有价值的东西，他们就必须接受上述的观点。接下来的问题是：停止游戏后，我们该做些什么？除了游戏外还有什么可做？我们可以借助解放了的"成人"做些什么？

目标的建立

毫无目标的船只能在海上漂浮，随着海水的起伏而上下颠簸、随波逐流。当汹涌的海浪来临时船只发出呻吟，而在风平浪静时显得平静而悠闲。很多人的婚姻就与此类似，他们随波逐流，毫无目标，做决定时首先考虑的是别人会怎么做。在服饰、住房、养育孩子、价值观念和思考方式等方面，他们都遵从着自己社交圈子的标准。"只要大家都这么做，那就没有问题"，这是他们的处世标准。如果"每一个人"都买某个牌子的豪华汽车，他们也会买上一辆，尽管他们的家庭预算已经入不敷出。他们不会根据自己的实际情况建立一套独立的价值观，因此经常出现错觉并负债累累。

只有"成人"才会对大吵大闹、为了使自己"更好"而要求任何事都要"更大""更好"和"更多"的"儿童"说"不"。只有"成人"才会问这样的问题：如果4双鞋可以令你快乐，那么10双鞋可以使你更快乐吗？通常的规律是，物质财富每增加一次所带来的快乐都要少于上一次。如果快乐可以衡量的话，一双鞋给儿童带来的快乐要多于一辆新汽车给成年人带来的快乐。而且，第一辆车子带来的快乐多于第二辆，第二辆又多于第三辆。H. L. 门肯（H. L. Mencken）说："一个人总是难以忘记他的初恋，之后，他的恋爱就以成捆来计算了"。⊖我们内在的"儿童"需要成捆的东西——如同在圣诞节的早上，孩子坐在一堆礼物中间大哭："只有这么点儿礼物吗？"在一个儿童电视节目中，一个孩子被问到圣诞节他都收到什么礼物时，他愁眉苦脸地说："不知道，太多了。"

"成人"在考虑家庭状况时，会衡量获得某种东西（或快乐）是否比得上抵押贷款的金额、百货商店账单的数组，或值得将准备花在别处的钱挪过来使用。"成人"也会迁就"儿童"获得成捆东西的需要和收集癖好，例如收集邮票、钱币、书籍、火车模型、瓶子和石头等。"成人"会分析收集这些东西的支出是否合乎现实，如果是，"成捆"的收集就具有无穷的趣味，并且无害；如果它让家庭破产（如收集别墅、跑车或毕加索的真迹等），"成人"就会对"儿童"的癖好说"不"。

无论是爱好、财产、居住在哪里、买什么东西，都需要根据一套价值

⊖ H. L. Mencken, *The Vintage Mencken, gathered by Alistair Cooke*（New York: Vintage Books, 1956）.

观和现实的婚姻状况来决定。如果婚姻的目标尚未建立，这些决定就很难一致。治疗中的夫妻可能已经学会发现"父母""成人"和"儿童"的差异，但他们仍然生活在原来的社交圈中，如果他们不能及时确定目标，尽管他们已经拥有一定的洞察力，他们仍可能重蹈覆辙，像过去一样随波逐流，继续着过去的游戏。只靠获得知识并不能集中力量斩断时代的潮流，必须由"成人"建立可以达到的目标。人们既可能走上一条新的道路，也可能重新落入随波逐流的旧模式中，究竟是何种结果，这与有多少种解决问题的方案无关。

婚姻中要考虑彼此的价值观、道德和宗教信仰，这一点非常重要。夫妻双方一定要对彼此认为最重要的东西进行一番探索，威尔·杜兰特（Will Durant）以问题的形式来看待道德中的基本问题："做一个好人和做一个强者，哪一个更好？"㊀婚姻生活中可以用这种方式提出很多问题：善良好，还是富有好？花时间与家人待在一起好，还是参加社会活动好？鼓励孩子忍让好，还是鼓励他们勇敢地还击好？是及时行乐好，还是把每一分钱都存在银行为将来做打算好？是让别人觉得你是一个体贴周到的邻居好，还是做一个知名的社区领导者好？

除非是"成人"提出这些问题，否则会产生无望且令人不快的争吵。即便对"成人"来讲，这些问题他们也很难回答。仅知道婚姻双方"父母"对这些问题的看法是不够的，仅知道彼此"儿童"的需要和感受也是不够的。如果婚姻双方的"父母"和"儿童"信息存在不一致，那么一定要有彼此都接受的道德准则，这些准则可以指明婚姻的发展方向，这对婚姻中所做的任何决定都意义重大。俗话说："爱情不是互相凝视，而是从同一角度看待这个世界"。婚姻双方的"父母"和"儿童"会导致更大的分歧和冲突，只有通过"成人"才能使彼此的目标一致。但是，如果没有道德和伦理方面的考虑，婚姻的目标也无法实现。在面对婚姻陷入僵局的

㊀ W. Durant, *The Story of Philosophy* (New York: Simon & Schuster, 1926).

夫妻时，我常常不问他们"现在准备做什么"，而是问他们："你们最想做什么？"

这超越了一般的科学评价方法，考察的是一些事物的发展优于原来状态的可能性。什么是相爱？什么是爱情？哪些词意味着"应该"和"必须"？这些问题我们将在第 12 章中做深入分析。

第 9 章

P-A-C 模式和儿童

忘记过去的人注定要重蹈覆辙。

——乔治·桑塔亚那（George Santayana）

第 9 章　P-A-C 模式和儿童

教育孩子最好的方法是帮助父母。如果父母不喜欢孩子做的事，那么需要改变的就不仅仅只有孩子。如果约翰尼是个烫手的土豆，不能指望将他从一个专家扔到另一个专家就可以帮助他冷却下来，除非先对他家的火炉做点儿事。本章专为帮助父母教育自己的孩子而写，通常专家无法做父母能做的事。

诚然，我们现在有很多儿童教育问题方面的专家，包括儿童精神病学家和儿童心理学家，他们对儿童进行智力测试和治疗。在英国，将对儿童实施洗礼称为"把孩子交给上帝管理"。同样，把孩子送到精神病学家那里接受治疗意味着将孩子交给别人改造，可能成功也可能失败。除非父母同时改变，否则我认为这样的努力只不过是白费时间和金钱。我相信大多数的父母凭直觉感受到了这一点，但一些父母不知道除此之外还能做些什么，或者不愿意被拖累，只要他们经济上负担得起，他们就会宁愿把孩子送去接受治疗。其他一些父母羞于从陌生人那里获得帮助，认为他们的处境就像潘多拉的盒子，最好不要去打开盒盖。他们阅读了最新的书籍，向报纸专栏作家咨询和求助，并在早上喝咖啡时玩"这不是太糟糕了吗"的游戏。他们抱着侥幸的心理希望孩子能"度过这个时期"，并将他们的希望建立在"任其发展总是好事"这样不确定的原则上。他们寻找的答案不是一蹴而就，在他们辛苦地抚养孩子的过程中小小的慰藉是"哦，至少我比他强大"。一些父母粗暴地表现着他们的"强大"，以殴打或其他暴力的方式让孩子们按照他们的要求做事。然后，当青春期来临，当"他比我强大"时，还账的日子到了。于是，灾难降临到父母和孩子身上。当然，事情并非都如此，本章旨在通过 P-A-C 模式勾勒出儿童成长的前景，不仅涉及父母和孩子的关系，还涉及孩子们之间的关系。

近年来，儿童精神病治疗得到了较大的发展。尽管理论精神病学家早就强调早期家庭氛围对孩子发展的重要影响，但他们在治疗时并未直接将该理论应用到孩子身上。原因之一在于与小孩子的沟通存在很多困难，其他原因是如果在治疗中不考虑孩子成长环境中的重要他人，通常是父母的参与的话，治疗的效果会很差。

第一个对孩子实施治疗的综合性临床机构成立于20世纪20年代，就是声名远扬的儿童心理指导诊所。这里可以同时对父母和孩子进行治疗，通常对孩子实施游戏治疗，而父母则接受社会工作者的咨询。治疗的核心在于使父母和孩子同时有机会表达他们的情绪，目的在于消除亲子间的隔阂，避免出现消极或破坏性的行为。通过玩具和其他象征性媒介，治疗师鼓励孩子转向攻击令他们痛苦的人——通常是父母，然后将他们的痛苦尽情地发泄出来。这样，当孩子将玩具妈妈扔进马桶或折断玩具姐姐的手臂时，这些信息都会被记录下来，并在下次讨论会上讨论，这些对诊所工作人员非常重要。这种治疗方法的假设是，父母在与社会工作者工作后获得新的洞察，在此基础上，孩子情感的发泄将为他们积极情感的产生开辟一条道路，孩子在表现出相对数量的"我恨你"情感之后将会出现"我爱你"的情感。但是，由于父母不了解这些行动和相互关系，因此情况并没有什么改变。事实上，当孩子们被告知"表达情感是一件好事"后，情况可能会变得更糟，家庭变成战场，而孩子则充当了发号施令的指挥官。这就像使用滴鼻液一样，尽管能暂时改善鼻子的堵塞，但对预防明天的鼻子堵塞却毫无帮助。一些人终生都在表达情感，无论是哪种情况，但结果却事与愿违。不是说表达情感或使用滴鼻液在治疗中没有效果，而是因为除此之外还有其他的一些方面也很重要。

早期治疗重点关注孩子能获得什么、他的行为会如何改变等问题，尽管当时大家已经对父母必须参与治疗有一些了解。人际沟通分析的重点关注父母能做些什么，从而使父母和孩子之间关系的本质得以改变。一旦这种改变发生了，儿童的改变也将随之出现。

每一个人都意识到今天的世界文化和社会结构越来越复杂，许多压力会削弱甚至瓦解家庭的功能，使家庭不再成为满足儿童需要的地方。在不确定的冲击、新闻和媒体的大量涌入和无数的要求下，现代的妈妈必须随时严阵以待，她们在与挫折的斗争中处于崩溃的边缘。她们身边所有的事情似乎都是冲突，她们的敏锐性变得麻木迟钝，在数秒钟内，电视节目从恐怖的战争报道一下子跳到超人辉煌的新生活。她们的"父母"与丈夫的"父母"在少年棒球联盟的准确记分上发生了冲突，她们内在的"父母"在与自己的"儿童"对话时，采取了高高在上的姿态，这使她们感觉自己是失败的母亲。她们的孩子互相争吵，也朝她们吼叫，她们阅读了大量的书籍想获得更多的教育信息，但这些信息本身就自相矛盾。一个专家说"要体罚"，另一个专家则说"不要体罚"，可能还有一个说"有时可以体罚"。此时，她们已经烦躁得不得了，内心中只想着"狠狠地揍那个小坏蛋一顿"。房间里到处是家电设备，可以在最大程度上帮助她们料理家务。但她们最需要的是在混乱中帮助她们理出头绪的方法，以决定哪些目标很重要，哪些不重要，并对这个不断困扰自己的问题找到合理的答案：我如何才能正确地教育孩子？

对这个问题，老祖母可能会明智地建议说："在这些现代心理学书籍出现之前，我们根本就没有这些麻烦。"老祖母认为过去的时代有着无数的优点，格塞尔（Gesell）和伊尔克（Ilg）说：

> 在过去的旧时代中，自然界和人类社会以一种相当有秩序的方式发展着，与孩子成熟的步调基本一致。那时的家庭很大，家庭成员众多，经常会有孩子出生。但总是有人可以就近照顾学龄前的儿童，当孩子的要求逐渐增多时，也有人带着他完成学业直至进入更广阔的世界。家里四周有很多可以自由活动的空间，一片农场、一块草地或一片果园。牲口棚、家畜栏、饲养场和牧场上养着各种动物，这些动物和孩子一样年轻，他可以照顾它们，触摸它们，甚至有时可以拥抱它们。

> 时间改变了环境。在公寓里成长起来的孩子，甚至今天住在郊区的孩子，都已经被剥夺了这些以前的伙伴——人和动物。家

里的生活空间被缩小到几个房间、一条走廊、一个院子，也可能缩小到只有一间房，房里有一两扇窗户。○

他们哀叹今天的孩子失去了"与朝气蓬勃的生命、其他孩子以及各种大人广泛的亲密接触和联系"。

今天我们不仅失去了过去的美好经验，而且令人恐怖的各种信息汹涌而至。尽管过去的年代里也有战争和暴行，但这些从未在客厅的电视机上发生过。在孩子还完全不具备足够的能力应对家里的各种困难时，它们就已经被推到了被我女儿称之为"疯狂的世界"里，到处都是种族骚乱、青少年犯罪、凶杀案件、各国首脑讨论着世界被毁灭的可能性。这一切使孩子分辨什么是事实、什么是幻想的困难大大增加，孩子们不知道这是新闻还是电影？那个人是骑兵队长还是州长？吸烟是会致癌，抑或是春天的气息？

1962年古巴危机事件发生时，我的女儿海蒂在上幼儿园，她在幼儿园里学习了"防原子弹训练"，回到家后，她对妈妈说："妈妈，我们来谈谈战争和炸弹之类的事情吧"。妈妈回答说："好，海蒂，我们说些什么呢？"海蒂回答道："妈妈，把你知道的都告诉我吧，我一点儿也不懂。"

这就是我们所见到的世界，不再是一首由小羔羊、黄花和《好船棒棒糖号》（*Good Ship Lollipop*）组成的田园诗，而是充满了愤怒和喧嚣，其强度之大使我们产生了要关闭它的念头，我们再也不在乎超人和犯罪之间的区别，也不管总统遇刺和盗马贼滑稽之死的差别。

威尔·罗杰斯（Will Rogers）曾说："现在的学校与以前不同了，它们再也不会回到原来的样子"。同样，也许过去美好的日子也再不会回来，孩子们从未像今天这样这么早、这么深地接触邪恶。这些问题仍然存在，但对父母来说有一件事非常急迫，他们需要一种工具帮助孩子尽早地发展

○ Arnold Gesell and Frances Ilg, *Infant and Child in the Culture of Today*（New York: Harper, 1943）.

成一个"成人"，以应对这个世界。

从何处开始

最理想的情况是从头开始。对怀孕的父母实施人际沟通分析教学方案非常有效，自 1965 年以来，萨克拉门托市的欧文·艾希霍恩（Erwin Eichhorn）教授和他的妻子一直致力于此。欧文·艾希霍恩教授是名妇产科医生，他的妻子是萨克拉门托市立大学的护理学教师。为准备婴儿的降生，通常产科的准备工作包括为准父母，尤其是母亲提供必要的指导，讲解怀孕、阵痛、婴儿出生以及如何保护婴儿身体健康方面的知识。通常还会有几本书或录像带作为补充材料，它们描绘了新生婴儿的生活。可能也会讨论分娩过程的消极部分，如产后抑郁症、疲劳和腹痛等，但很少能深入探讨孩子出生后夫妻、新妈妈和新爸爸与那个漂亮、有时又有点儿害怕的小宝贝之间的关系。大多数妇产科医生愿意在这方面帮助年轻的夫妇，但缺少系统地教授易于理解和能迅速应用的方法。很多妇产科医生充满同情地与夫妻长时间讨论家庭遇到的困难，通过回答问题缓解夫妻的焦虑，试图通过提供善意的支持缓解夫妻的恐惧。其他一些妇产科医生则像父母一样，他们好像在说："你们听我的话，按照我所说的去做，一切都会好起来的"。然而，如果夫妻关系出了严重的问题，这种方法可能暂时压抑了问题的严重性，毕竟，孩子的出生才是最重要的。但这些问题并未因为孩子的出生而解决，在孩子生命的最初几个月或几年间，它们仍然是父母愤怒和疏离的来源，这一切都在孩子身上留下了深深的烙印。

艾希霍恩夫妇都是人际沟通分析委员会的委员，他们在 1965 年开始向怀孕的父母讲授 P-A-C 模式，每周都安排丈夫和妻子参加晚上的聚会，听课是自愿的，但大多数夫妻每周都来。除了一般性地讲解怀孕、阵痛和分娩知识外，他们还教授人际沟通分析的基本知识。这些知识都是为了每对夫妻即将拥有孩子这一现实而特意教授的。尽管 P-A-C 模式是专为某一特定目的而设定，但夫妻们发现这种方法可以解决婴儿降生后出现的各种问题。通常每对夫妻要花 24 个小时学习 P-A-C 模式，但一旦夫妻掌握了这种语言，就可以在准妈妈以后进行产前检查时对该问题进行进一步的讨论。一般情况下，准妈妈都由丈夫陪同而来，这样丈夫会更能感觉到自己是一个参与者，而不是一个旁观者。

我们已经发现，在怀孕早期学习 P-A-C 模式可以帮助夫妻了解一些新的、相对复杂的、不完全积极的情感来源。这些"父母"中包含着许多重要、未分化的有关性行为和怀孕记录的年轻人，在了解了 P-A-C 模式后，当他们的夫妻生活中出现以上记录的重现时，他们就不会对此感到非常惊讶。即使已经早早地计划并着急等待受孕的年轻夫妇，他们仍然会感到"无法解释"的周期性抑郁。结婚证书和白色小屋无法抹去妻子"父母""磁带"中的信息——怀孕实际上是一个可怕的事情；也无法改变丈夫"父母""磁带"中的内容——是我让你怀孕的，这一记录以古老的方式进入丈夫的意识。

伴随着怀孕还会出现很多其他的强烈感受，吉拉尔德·卡普兰（Gerald Caplan）认为怀孕期间"是危机的高度敏感期，是问题以高强度方式呈现的时期"。[一]除了外在的经济和社会状况发生变化外，内在的新陈代谢和情绪也会发生改变。妻子必须承担起一个新的角色——母亲，尤其是当这个孩子是他们的第一个孩子时，她不仅需要独自忍受阵痛，还要面对独自一人在家照顾孩子的问题，如果她以前是一位职业女性，这个问题显得尤为突出。她需要发展出新的能力安排好时间，还要在头脑中深刻地意识到，她已不再是一个小女孩，她已跨越了人生的界线成为年长的一辈，她现在是一个母亲了。正是感叹生命的短暂和时间的一去不复返，人们才会在婚礼上哭泣。在人生这一神圣时刻，通往未来的门打开了，而

[一] G. Caplan, *An Approach to Community Mental Health*（New York: Grune and Stratton, 1961）.

通向过去的门则随之关闭，再也无法回头。这也正是年轻母亲们的强烈感觉。

有时，这种抑郁的感受会变得非常强烈，发展成所谓的"产后抑郁症"。在这种情况下，母亲的"儿童"完全控制了一切，它打破了界限，严重地污染了"成人"。此时，母亲完全无法处理自己的需要，也根本无力照顾孩子。

我有个患者，在她生下第一个孩子后患上了急性的产后抑郁症，我正是在此期间对她开始了第一次咨询。在经过三个星期的 P-A-C 模式治疗之后，她康复出院了。她已能开始照顾她的孩子，在持续参加后续的团体治疗后，她的"成人"变得越来越强大。两年后她第二次怀孕，这正是对她的"成人"实力的真正考验。鉴于第一次的经历，她提心吊胆地度过了怀孕期。但她能用 P-A-C 术语与产科医生讨论她的忧虑和担心（事实上，为保险起见，她的两位医生，一位产科医生，一位心理医生，都用同样的术语与她交谈）。她顺利地生下了孩子，在整个产后期，她的精神状态都很好（每次怀孕产后抑郁症都会复发的情况并不多见）。

P-A-C 模式可以帮助我们了解并克服一些情绪。当丈夫和妻子有能力共同使用他们新习得的语言后，他们就能提前享受很多乐趣。艾希霍恩认为，当医生扮演了"成人"的角色时，丈夫就更容易成为父亲。一些产科医生和患者的"父母—儿童"关系，实质上将父亲的角色排除在外。母亲和医生似乎认为他们所参与的活动具有某种特权，丈夫只能在休息室里焦急地踱步。现在，很多医院都允许丈夫在妻子阵痛时陪伴她，一些医院甚至同意丈夫进入产房。艾希霍恩报告说他已经着手尽快地建立起父亲—孩子间的关系系统。在妻子阵痛时，丈夫可以参与其中做他力所能及的事情，可以为妻子按摩缓解身体的紧张感，可以使妻子在阵痛时避免出现孤独感。在妻子的"成人"感到疲劳和担忧、"儿童"开始占上风时，她可以依赖丈夫的"成人"渡过难关。如果夫妻用这样的方式共度危机，那么，他们就能战胜未来人生中可能遇到的其他危机："如果我们这次能够成功，以后我们可以战胜一切困难"。这些父亲很快就会谈起"我们的"孩子，父母双方都会感觉良好，这种情绪也能传递给婴儿。

正如卡普兰所做的，这些父亲们在妻子怀孕早期就认识到：

> 怀孕的女性需要更多的爱，正如她需要额外的维生素和营养品一样，在怀孕的最后几个月和哺乳期尤其如此。在怀孕期，妻子变得内向、依赖，她越能意识到这种状态，从周围的人那里得到的爱和关怀越多，她给予孩子的母爱也会越多。专家不能给予她所需的爱，但他们可以激发她的家人，尤其是她的丈夫给予她爱。在我们的文化中，丈夫和其他亲戚很担心会"宠坏"待产中的母亲，我们需要特别努力消除这种偏见。[⊖]

对早有心理准备的夫妻来讲，分娩时待在一起最理想不过。即使无法做到，向他们介绍 P-A-C 模式仍很重要，不仅可以帮助他们度过怀孕期，还能在最大程度上避免夫妻出现冲突，这对婴儿早期教育尤为重要。母亲不再受到"我不好"感觉的影响，她可以从内在的"父母—儿童"对话中解脱出来，成为一个温柔、能给予孩子积极安抚的母亲。她解放了的"成人"可以分辨是非，不再理会"无知老妇人的无稽之谈"，因此可以完全按照母性的本能拥抱和爱抚孩子，而不用考虑这样做是否合适。在待产父母团体中，最常听到的"父母"的话语是：不要老抱着孩子，那样会宠坏他们。如果每次在新妈妈准备安抚自己的孩子时，类似的"磁带"声音都会在母亲耳边响起，那么就会带来冲突，这种冲突在某种程度上会传递给孩子。母亲的"成人"会考察这些教条，并坚持自己在这个问题上的看法，该想法相当于：在孩子小的时候要多照顾他，当他长大以后就不必像对待小孩一样照顾他了（在我看来，"宠坏"孩子或"养成坏习惯"这些话，运用在人类身上实在太过粗鲁和残忍，它们好像是童话故事中住在荒野里黑

[⊖] Gaplan, *An Approach to Community Mental Health*.

暗、阴冷潮湿的城堡中的恶毒的继母创造出来的)。

具有强大"成人"的母亲，可以应付来自外祖母和婆婆的压力，并将这种破坏性的交错沟通降到最低。这样的母亲能够意识到自己的外祖母也有她自己的 P-A-C，而 P 和 C 很容易被勾出来。或者母亲的"成人"可以告诉她的婆婆，他们可以找个女佣做家务，而她自己应该去照顾孩子。当她想去照顾孩子时，她能把其他的杂事放到一边，即使是富有的艾格莎姨妈今晚带着礼物来拜访她们也不例外。总之，新的父母面临这样的选择，即如何看待他们这个新的小家庭的存在，这个家庭中有一个新出生的孩子、一个新父亲和一个新母亲。

在抚养孩子时，父母充分意识到"我不好—你好"的心理地位尤为重要。凭借着母亲的"好"，孩子才能安然无恙。一般孩子感觉自己"不好"，不过只要母亲是"好"的，孩子就可以依赖母亲。对孩子来讲，父母的安抚对他的意义程度相当于他对父母的喜爱程度。当母亲的"儿童"占据上风时，她就会卷入一场"儿童"对"儿童"的大战中，处在这种环境下的孩子会用一种扭曲的方式看待世界。一边是"不好的儿童"，另一边还是"不好的儿童"，如果这种人际沟通分析方式在儿童生命早期一直占据主导地位，就会使儿童产生"我不好—你好"的心理地位，极端情况下儿童会出现"我好—你不好"的心理地位。

父母需要对自己身上"不好的儿童"保持敏感性(尤其是母亲，因为她对儿童的生命影响最大)，只有当父母，尤其是母亲具备必要的敏感性，并有足够的能力和兴趣将 P-A-C 模式运用到儿童教育中时，我们才能指望这种"我不好"的恶劣影响得到控制。如果母亲"我不好"的感觉很强烈，并且容易被生活中的困难、障碍、失望或感觉"我不好"的孩子的顽劣行为所勾起，那么父母的"儿童"就会统治他们的行为，结果是母亲和孩子的关系退回到"我的比你好"的古老的游戏中，母亲通过"我比你大"赢得了最后一个回合。

显然，只有通过"成人"才能使孩子学会更有效的生存方式。但孩子也可能会问：如果我从来没有见过"成人"，我怎么能发展出它呢？孩子通过模仿进行学习，对孩子来说，让他发展出"成人"最有效的方式之一是给予机会观察他的父母，当父母的"儿童"被唤起并大肆地宣泄时，观察父母如何用理性和体贴的"成人"控制自己的"儿童"。

用行动示范什么是"成人"远比定义"成人"概念重要得多。这就带出这样一个问题，即父母是否应该把P-A-C模式教给孩子。根据接受过P-A-C模式训练的父母判断，孩子在很小的时候，也许三四岁时就能理解P-A-C模式的基础知识，通过让孩子观察父母的人际沟通分析模式就能达到此目的。当父母非常喜欢用人际沟通分析模式理解事件时，孩子就会在潜移默化中理解它们的含义。许多三四岁孩子的父母都报告，他们听到自己的孩子能正确地使用"父母"和"儿童"等概念评论一些事情时感到非常吃惊。

当一个5岁的孩子说："爸爸，别把你的'父母'都用光了"，这表明他明白爸爸由多个人格部分组成，也拥有可以被唤起的"父母"和"儿童"。当爸爸对这个5岁的孩子说："如果你再这么做，你就会勾起我的'父母'，那咱们都会不好受"，这是"成人"对"成人"的交流方式，它联结了孩子和父亲之间的情感，并且使他们的感情有可能发展得更深。如果父亲冲着孩子吼叫："如果你再这么做，我就要打你这个傻瓜了"，那么"成人"与"成人"的关系就不可能建立起来。这些做法只能使孩子心中的"计算机"关闭，他不再对他正在做的事情深思熟虑，也不再权衡这些事情的利弊，他只是在考虑他将成为挨打的傻瓜这个事实，至此，这场教训结束了。每个父亲可能都从自己的父亲那里听到过这些，并可能将它们一直延续下去。

在这里，谨慎显得尤为重要。当孩子们的"儿童"出现时，父母所说的任何一句与P-A-C模式（尤其是游戏的名称）有关的话，都会被孩子当成"父母"。一句简短的命令会变成"父母"中的内容，从而削弱了家庭中"成人"与"成人"关系建立的可能性。你无法向一个愤怒、肾上腺素亢奋的孩子讲授P-A-C模式。当孩子生气时，父母的应对方案是当一个"成人"。然后在其他的场合再以学术性的态度讨论P-A-C模式，这样就能给孩子一些有用的信息，孩子可以从自己的经验中认识到：嗨，看我做了什么。使用这些词汇可以使孩子学会用语言表达自己的情绪，而不必以他们唯一的工具——情绪来发泄他们的挫折感。

如果一个人意识到在儿童时期发展"成人"，存在着几乎不可超越的障碍时，他就不会对目前大量的无理和倔强感到惊奇。儿童的好奇心、对知识的需求，这些都是正在发展"成人"的表现，敏感而有觉知的父母应对此予以保护和支持。但是，父母却很难提供这些，因为他们把自己的"父母"和"儿童"的需求摆在第一位，因此他们感到自己的孩子要求太多难以承受，只有从古老的数据中解放出来的"成人"才能保持着一种积极的态度，例如将耐心、善良、尊重和体贴作为一种选择。父母的选择对孩子未来的发展可能会帮助颇多，也可能会严重地打压孩子，使他们深陷古老的"父母"的灾难性恐怖中，而这正是世世代代父母自以为是的产物。

哲学家常习惯性地追问："接下来是什么？"父母也会本能地追问："以前发生了什么？"最初的沟通关系如何？谁讲过什么话？孩子一般不会避开问题不回答，通过正确地问问题，并倾听孩子的回答，父母很快就能找到问题的根源。如果一个孩子哭着来找妈妈，通常妈妈有两件事要做：安抚难过的孩子，并让自己的"成人"发挥作用。妈妈可以说："我看到有人使你这么难过……，做一个孩子真不容易……，有时你唯一可以做的只有哭泣……。你可以告诉我发生了什么事吗？是因为有人说了一些话使你这么难受吗？"运用这样的方法，孩子很快就会向妈妈报告问题的来龙去脉，这样，妈妈和孩子就会以"成人"对"成人"的方式进行交谈。有时我们发现孩子们相互利用，例如，姐姐用5美分的硬币换妹妹的10美分的硬币，因为"5美分的硬币更大"。我们会因为姐姐的欺骗行为而惩罚她，但同时我们也要扪心自问："她从哪里学到这一套？"这可能是她自己本能的发明，也可能是从父母那里学来的：聪明点儿，要想着挣大钱，赚钱比人更重要（即使是妹妹）。

我们常常忘记自己的价值判断会很快地反映在孩子的行为上。H.艾伦·史密斯（H. Allen Smith）讲述了一个9岁女孩所写的故事：很久以前，有一个小女孩叫卡娜丽莎·南希·艾莫金·拉罗丝，她没有头发，脚很大，但她非常富有，所以其他事情就变得很容易了。

除了问"以前发生了什么"之外，"成人"也可以询问现在最需要考虑什么。父母总是过分唠叨，举出各种理由说明一个人必须如何、应该如何、一定不能如何等。这种如同从水龙头里冲出的大量的训斥，其结果只能使孩子充耳不闻。而"成人"则不同，他能选择最好的观点，而不是列举出所有的观点。

对孩子来讲，有一种人际沟通分析模式尤其令他感到混乱，在这种模式中，父母在回答孩子的要求时唠唠叨叨地说了很多乏味、冗长的理由，唯独不简明扼要地说明孩子为什么不能做这件事。如果这个理由不够充分，不能用简单的语言表达出来，那么它就不够具有说服力，孩子可能就会拒绝。

一个6岁的孩子走进厨房，后面跟着4个伙伴，时间是下午4点45分，妈妈在准备晚餐，她边做边品尝食物，这个6岁的孩子说："妈妈，我们可以吃点东西吗？"

妈妈满嘴都是食物，却回答说："不行，快到晚餐时间了，你吃了太多的糖，这对你的牙齿不好，你将来要去补牙的（事实上孩子已经补牙了）。如果你现在吃东西，晚餐时就吃不下别的东西了（妈妈正在吃）。现在出去玩吧，你总是把厨房弄得乱七八糟，你为什么总是不把东西收拾好？"对母亲的"父母"来讲，这是一次绝好的用一连串的"而且"式说教教育孩子的机会，孩子生气地离开了，但10分钟后又回来了，这次孩子要求更多。

妈妈生气的真正原因是："为什么你一定要把邻居家的孩子带到家里来？我可不想把所有的冰棍都给他们吃，这样我们家的冰棍就所剩无几了。"在那个特定的时候，这才是真正的原因，也是一个正当的原因。但是妈妈无法直接说出口，因此她用了一堆次要的理由让孩子喘不过气来。如果在这种沟通关系中长大，孩子就会变得畏缩，并学到使用拐弯抹角（或扭曲）的方式抗争社会习俗的约束。如果妈妈因为"礼貌"的原因无法说出真正的原因，她本可以简短地对孩子说："不行，我们一会儿再说。"然后，在其他孩子不在时，妈妈可以把真正的理由解释给孩子听。或许她可以不用这么昂贵的冰棍，而改用其他的方法招待孩子和他的朋友。

否则妈妈就会使这种沟通关系变得前后矛盾，会在孩子的头脑中产生诸多疑问："为什么你可以吃我却不能吃？补牙有什么不好？你也补牙了，你也把厨房弄脏了，你也吃糖。多少的糖算太多？"对孩子来讲，这是难以忍受的，尽管她的愤怒没有发作，但这犹如一个成人向老板请求升职，结果却被迫听别人从头到尾向他读"十诫"一般。

要证明一种观点，人们应选择最好的证据，而不必在无关的事情上绕来绕去，这一原理同样适用于父母。如果父母能在最好的理由上坚持己见，就会取得教育的成功，它给了孩子的"成人"一些有价值的东西进行加工，这样孩子的"计算机"就不会被前后矛盾的信息弄得负载过重，孩子有机会感受到自我尊重而不是大量的"我不行"，由此跳离最初不良的沟通关系。如果你不向你的员工读"十诫"是因为尊重他的"成人"，那么若你希望孩子的"成人"成长，你也必须尊重他。

学龄儿童

在一个5岁的孩子勇敢地迈进幼儿园大门的第一天，他随身携带着一张记录着25 000小时信息的"双面磁带"。一面是他的"父母"，另一面是他的"儿童"。他还拥有一台效能极佳的"计算机"，只要它不完全深陷于解决"我不好"的问题，就可以迅速做出反应并提出各种高明的想法。

一个活泼开朗的孩子一定得到过大量的安抚,知道使用并信赖自己的"成人",也知道自己的"父母"好,即使在感到自己"不好"时仍能坚信这一点。他会学到"成人"的折中艺术(尽管他有时仍会故态复萌),他会从成功地战胜各种困难中获得信心,也会对自己感觉良好。与之相反,一个害羞、退缩的孩子,他的 25 000 个小时"录音磁带"上记录的是不和谐的、刺耳的训斥和批评,伴随着低沉、稳定的旋律"我不好""我不好""我不好"。这个孩子也有一台性能极佳的"计算机",但他没怎么使用过。路易吉·波朋塞尔(Luigi Bonpensiere)曾写过一本关于弹钢琴的著名的小册子,里面谈到我们对人体这个奇妙机器的使用极其地少:"这正如一台完美的仪器,它本是为一位高级科学家而设计和建造的,但最后却交给一个几乎未受过训练的工程师使用,而工程师还在抱怨仪器的局限性。"⊖

如果孩子不能使用他的"计算机",可能是因为他从未见别人使用过,或者从来没有人告诉他该如何使用。如果他在学校里表现很差,他就会抱怨自己在智力上的限制:"我太笨了",他的父母会说:"他没有发挥出潜力",问题的核心是"我不好—你好"的感觉严重地影响了他。除非一所学校拥有真正有能力的老师,否则这就是一个令"优秀的人更优秀,差的人更差"的地方。很显然,一个在学校里有明显问题行为的孩子,比如破坏性行为、白日梦或学习很差等,我们可以在这些孩子的身上找到持续性的"我不好—你好"的偏见。学校是一个竞争激烈的地方,"儿童"面临着很多确定的威胁,而减少"我不好"感受的机会很少,即使在开学初用学习成绩提高孩子的自信心也很难达到目的。在最初的学校生涯中,孩子开始重新检验沟通关系,他更强烈地感受到"我不好",伴随这种感受的还有无用感和绝望感。这种状况最急迫之处在于人们所有的生活都处于竞争之中,从家庭生活开始,到整个学校生涯,直至跻身于成人的世界中。

⊖ L. Bonpensiere, *New Pathways to Piano Technique* (New York: Philosophical Library, 1953).

孩子在家庭和学校中建立起来的"我不好"的心理地位,将一直伴随着他进入成人时代,否定着他的成就和满意度,后者是基于他感觉到自己能够自由地主宰自己的命运而产生的。

我建议那些孩子出现学业困难的父母学习 P-A-C 模式,认真地接受该模式,并以"成人"对"成人"的方式与孩子互动,必要时再接受治疗的帮助。父母必须时刻记住"我不好"的深远影响,而有效的规则是:有疑问时,马上对孩子进行安抚。该规则可以使惊恐、焦虑的"儿童"得到放松,并使"成人"能够面对现实。但是,孩子们对现实的感知通常是模糊不清的。萨克拉门托市州立大学教育系教授、人际沟通分析学会理事沃伦·普伦提斯(Warren Prentice)博士认为,若一个孩子带回家一张写着"再努力一点儿"的考卷,他们通常将此解释为父母的未分化的批评"你不好",而他需要知道的是"再努力一点儿做什么?"。"太慢"的说法也涉及一个问题,即多快算快?普伦提斯博士说我们需要帮助孩子认识到他可以在哪些范围和领域内获得成功,笔试通常无法达到这一目的,因为它会唤起孩子"旧磁带"中的记录"我做不到这一点,为什么还要尝试?",只有在倾听孩子并与孩子交谈中才能达到此目的。他说,当一个孩子在学校里遇到麻烦时,想用参加暑期学校或周末补习班的方式帮助他根本无济于事,除非是把某一特定的问题分离出来并加以解决。"父母"说:"多做点儿","成人"问:"多做点儿什么?"⊖

这使人联想到在《堪萨斯城明星报》(*Kansas City Star*)上发表的一篇评论,该评论谈到一位政府官员认为啤酒馆里的未成年人太多了,评论指出:"他说啤酒馆里的年轻人太多,但他并未说明啤酒馆里应该有多少年轻人才算合适。"

一次,在面向教育者进行人际沟通分析的演讲后,有人对我说:"我们需要将这种理论引入学校",我非常同意这种观点,许多父母对此也表

⊖ *The Center Circle*, Newsletter of the Institute for Transactional Analysis, Vol. 1, No. 7 (October 1967).

示同意。当我们问 66 位完成了为期 8 周的人际沟通分析课程的父母这样的问题——"人际沟通分析理论应该被引入学校吗？"时，94% 的父母同意将人际沟通分析理论引入高中教育，84% 的父母认为应将该理论引入初中和小学教育中。

教育被视为治疗世界弊病的灵丹妙药，但有些疾病已深深地嵌入到我们的行为中。因此，通过简单易懂的理论，如 P-A-C 模式等对行为进行教育显得尤为重要，它有助于解决困扰我们、威胁我们甚至可能摧毁我们的诸多问题。有些任务超出了我们的理解范围之外，但我们需要在某一点、以某种方式，突破人类无情地趋向疯狂或其他源自童年期的自我毁灭。

青春前期少年的治疗

青春前期被一些父母视为青春期荷尔蒙和青春发型出现前的最后一道防线，它使青少年与父母间业已困难的关系变得更加复杂。在这个时期，年轻人通过学校和社会接触，最大程度地形成有关世界的新奇观念，这也是年轻人发明新的方法补偿童年游戏的时期，许多父母被这个时期搅得心慌意乱，一些人甚至要去就医。我们需要记住，"儿童"需要通过关联、一致、安抚、认可、赞许和支持获得安全感。一些孩子发现获得安全感的有效方法是顺从和合作，如果父母允许，还可以加上创造。另一些没有学会使用这种方法获得安抚的孩子，仍然重施 3 岁时的伎俩，如发泄、试验、对抗、逃避、偷窃和诱惑。这些伎俩可能导致家庭解体，尤其是当一个青春前期的少年用他聪明的大脑将这些伎俩发挥到极致时，问题将变得尤为糟糕。

我在 1964 年组织了一个面向 9～12 岁青春前期孩子的团体培训，这个团体每周活动一次，孩子们的父母每两周的晚上聚会一次，这些小组持续了整整一个学年。年底时,每个孩子和他们的父母都填写了一份有关团体培训效果的问卷,调查结果相当惊人,大多数孩子报告他们甚至连外表形象都发生了变化。很多孩子尽管在面部表情和身体姿态上还带着"我不好"的痕迹,但二者都有了显著的积极改变。所有的家庭都报告亲子间的沟通有所改进,孩子们认为他们可以自由地谈论感受并说明自己的观点,而不必担心会引来父母的咆哮和出现冷场的僵局。父母们发现他们可以对孩子提出合理的要求和限制,而不会导致孩子们强烈的反抗。青春前期的孩子和父母都渴望使用"契约"的方法,这是在"成人"与"成人"交往的基础上提出并讨论相互的期望。如果契约很清楚,包括许多"可以做""不可以做"和违背契约的后果等内容,那么亲子之间的关系就会得到显著的提升。我认为契约是最好的工具之一,它可以确保父母指令和纪律始终保持一致。由于契约由"成人"制定,"成人"可以经常重新检查契约,保证契约不断更新,并具有足够的灵活性以满足不断变化的现实的需要。许多父母用对待4岁孩子的方法对待青春前期的子女,一些父母希望保持严厉的父母权威,但更多的父母则未意识到自己的孩子逐年发生的巨大变化,也未认识到孩子运用自己"成人"的能力在逐年增强。毕竟,"成人"帮助孩子们学会自我控制,当孩子们意识到他拥有一个"成人",而不再是一个"愚蠢的小孩",这一改变通常会立即带来很多家庭关系的摩擦。

我所治疗的一些青春前期的病人轻而易举地学会了P-A-C模式,他们发现该模式很有意思,并且有用。在对此感兴趣的父母的支持和关注下,孩子们对人际沟通分析的理解发展得很快。当内、外在的"父母"与"儿童"的对话变得不那么对抗时,"成人"开始得到自由,并能积极地探索生活。这个时期,少男少女们都梦想着将来要成为一个什么样的人,他们开始树立远大的理想,并与自己的朋友建立亲密关系;这个时期,他们开始提出有关是非的复杂问题;这个时期,是汤姆·索亚和哈克贝利·费恩"发血誓"的时期,他们对生活的追求也越来越多;这还是孩子们对父母的生活尤为敏感的时期。在青春前期，只做好父母是不够的，父母们更要成为一个好人，对生活充满了巨大的兴趣和创造力，而不是仅仅担心和关注"我的孩子、我的家庭，以及我是否是好父母"。

前任英国国教牧师和东方哲学专家阿伦·瓦兹（Alan Watts）这样形容自寻烦恼的父母："他们呆坐在家里，每天担心是否为孩子尽了全力，好像生活的唯一目的就是抚养好一个孩子"。他说："麻烦在于，许多家庭的父母常因不知自己是否正确地了抚养孩子而感到内疚，让孩子有一个好结果是他们做这件令人尊敬的事情的唯一理由，就像是为了快乐而去追求快乐。但是，快乐只是一种副产品……"[1]

假如有一个好孩子，他长大后唯一的希望是成为一个"照料孩子"（像他一样的孩子）的父母，那么他为什么会有这样的想法呢？父母最好询问一下自己：我在孩子心中是怎样一个人？而不是问：我是一个什么样的父母？父母应该问：我希望孩子快乐，但我们家有快乐吗？我希望孩子富有创造力，但我会对新事物充满兴奋吗？我希望孩子学习知识，但上个月、去年、几年前我读了几本书？我希望孩子能结交朋友，但我对别人有多友好？我希望孩子有理想，我有吗？我的行为能否体现出我的理想？我告诉过孩子我的信仰吗？我希望孩子慷慨大方，而我是否对别人的需要富有同情心？人类之间相互吸引，不是因为他们"要"什么，而是因为他们"是"怎样的人。同样，人们抚养孩子也不在于他们"要"孩子变成什么样的人，而在于孩子"是"什么样的人，在孩子身上有着父母的影响。只有在父母"离职"之后，孩子才能找到一条带领他离开"我不好"偏见的道路。这条道路不在父母的身边，而在外面的大千世界中，随着越来越强大的"成人"逐渐处于支配地位，孩子将获得丰富的体验并开始出现"我好"的感受，以抵消童年时期"我不好"和绝望的负面感受。

---

[1] A. Watts, "A Redbook Dialogue," *Redbook*, Vol. 127, No. 1（May 1966）.

被领养的孩子

　　青春前期对那些在额外负担之下苦苦挣扎的孩子而言，显得尤为困难。例如，即使父母苦口婆心地告诉被领养的孩子他们来到这个家庭是被精心"挑选"过的，这些孩子仍然会突然变得非常叛逆。长久以来，领养机构的标准做法是尽早告诉孩子他是被领养的，尽管那时孩子的"成人"还不太理解这些事情。孩子逃离家庭的全部理由在于他与别的孩子不同，在三四岁时，孩子不可能明白领养意味着什么，他需要知道的仅仅是他属于谁，他属于父母。对那个年龄的孩子详细解释生物学角度的血缘关系意义不大。但一些养父母却偏偏谈及领养这个问题，对孩子说："我们从所有的孩子中选择了你"，将一个沉重的心理负担留给孩子"你不能辜负我们"。言外之意是，我对你这么好，选择并领养了你，你该如何回报我？这是一种轻视，正如一个人对另一个人给予了最起码的礼貌，后者就应该感激不尽地对前者说"谢谢"一样。类似的例子是，一个老年人因为一个年轻人对他说"你好"就必须向他表达谢意。被领养的孩子这种不同于别的孩子的感觉会强化他"我不好"的心理地位，直到他在一片混乱和挫折中彻底被摧毁。我的看法是，应该延迟与孩子讨论领养问题的时间，在孩子六七岁，有了较强大的"成人"时才是最好的讨论时机。养父母们通常不同意这个观点，并以"要对我的孩子百分之百的诚实"为理由进行辩解。但比抽象的诚实更重要的一条原则是，三四岁的孩子无法理解并加工这些复杂的信息，这个原则才是对孩子真正的关爱。我们总是保护孩子远离那些他们无法理解的事情，那么，我们为什么不在这个问题上保护孩子免于受到无法理解的"真相"的伤害？

　　但养父母们会这样反驳"他们可以从邻居的孩子那里知道自己被领养的事"，是的，这确实是事实，但这一信息对孩子的影响在很大程度上取决于父母的反应。如果一个4岁的孩子走入屋子说：邻居的孩子说我是被领养的，什么是"领养"？妈妈应该再次向孩子保证"你是属于我们的"，然后将话题转到其他无关紧要的事情上。如果孩子真正感受到他属于父母，他就可以在以后的生活中逐步发展出强大的"成人"，并能理解当初父母推迟告诉他被领养细节的原因在于避免让他陷入混乱和麻烦之中。

我们需要分析一下我们的绝对观。百分之百的诚实是否是最好的？看起来是这样，但特伯拉德指出："当我们只强调众多原则中的一两条时，我们常会因将问题变得过于简单而感到内疚"。⊖他用以下这段话揭示这样一个问题：对人类幸福的关注是比抽象的诚实更高、更有价值的标准：

> 想象在任何情况下都说真话的结果。假设你生活在一个极权主义的国家中，一个有崇高理想和非凡勇气的人被抓到监狱中。你碰巧看到他正沿着一条大街逃跑，监狱的狱卒四处抓捕他。你当然知道如果他被抓住送回到监狱中，将会受到严刑拷打。当狱卒问你是否在这条街上看到他时，你只能简单地回答"是"或"否"，在这种特定情况下，你的道德责任是什么呢？

在这种情况下，我们需要进行艰难的权衡之后才能做出最后的决定，这也正是在面对养子女时，养父母必须考虑的问题。告诉孩子他是被领养的非常困难，同样，不告诉他也很困难。当然，最后他们会知道真相。但养父母可以选择恰当的时间、方法和细节告诉孩子被领养的问题，以免加重他"我不好"的感觉。我们很难告诉养父母在每个情境下该怎么说，因为每个家庭都不一样。但我们可以帮助父母认识到他们自己的"我不好的儿童"，以及 P-A-C 模式对他们的影响。借助于这些知识，父母可以根据孩子自身的特点——即"如他所是"来爱他们。

对孩子处境的理解可以帮助父母做出正确的决定，包括如何最大程度地安抚孩子、如何减少"我不好"的感受、如何强化孩子"你属于我们"的信念等。这种理解还可以帮助养父母对自己"不好的儿童"保持

⊖ Elton Trueblood, *General Philosophy* (New York: Harper & Row, 1963).

敏感性，很多不能生育孩子的父母对自己产生了强烈的"不好"感觉，因此他们会对养子女提出过度要求，如这个孩子不能给家庭丢脸等。

领养来的孩子"我不好"的心理负担更大，但对任何一个孩子来讲，我们都必须实事求是。我们无法让时间倒流，也无法用不存在的东西重新构建一个新环境。P-A-C 模式的有效性在于它可以帮助我们区分"父母""成人"和"儿童"，使选择成为可能，从而帮助我们从一片混乱的情绪中理清头绪。过去多年里，我一直在萨克拉门托州立福利院儿童福利所担任顾问，因此有机会接触到大量的被领养的孩子和他们的养父母。我发现如果能让父母和孩子都对他们自己的"父母"和"儿童"保持敏感，就能找到最好的方法，帮助孩子克服在早期创伤岁月里形成的强大的、具有破坏性的"我不好"的记录。

离婚家庭的孩子则是另一种风暴中的孩子，惊吓、压抑的情绪风暴让家庭解体。离婚也是一种"我不好"的情境，它必定会勾起所有相关者的"我不好"感觉。在这种人生的不幸事件中，"成人"对此几乎不发挥任何作用，这就是问题所在。父母在交叉沟通中相互争斗，孩子被扔在一边独自面对遇到的各种麻烦。即使父母关注到孩子，他们通常也无力提供足够的帮助，确保孩子可以平静地度过家庭的解体，而眼泪和屈辱大大增强了孩子"我不好"的信念。在这种情况下，正如孩子面对人生中其他重大的压力事件时，如果能帮助孩子意识到他们拥有一个"成人"，孩子就可将自己从过去生活的混乱中解脱出来，积极地面对自己的现实，并在一片情绪丛林中找到属于自己的道路。

被殴打的孩子

被殴打的孩子就像被"编程"要成为杀人者，这些孩子经常遭人毒打，甚至被打得皮开肉绽。

在遭到这样的毒打时，这些孩子的"父母"和"儿童"中会记录什么内容呢？

"儿童"中记录的是惊恐、恐惧和仇恨等灾难性的情感，孩子在这个噩梦中搏斗和挣扎（试着把你自己放到他的位置上想一想），内心充满狂怒：如果我长得像你那么大，我一定会杀了你！这种情况下，孩子的心理地位发生了变化，出现了精神病态式的"我好—你不好"。孩子的"父母"中记录的是对残暴（甚至杀人）的默许，以及如何残暴的具体方法。

在孩子以后的生活岁月中，在遇到足够大的压力时，就可能会回忆起这些记录：他具备了杀人的愿望（"儿童"），也获得了"父母"的允许。于是，他真的就这么干了。

美国许多州都颁布了禁止殴打孩子的法律，法律规定，如果医生怀疑就医者的身上有被殴打或其他暴力的痕迹，应立即向政府部门报告。问题是，下一步会发生什么事？我认为预后的效果会很差，除非这个孩子在他青春前期之时就接受密集型的治疗，从而清楚自己残忍情感的来源，并且知晓，尽管他有着不堪回首的过去，但他仍然对未来拥有选择的权利。如果我们的社会不能对被殴打的孩子做到这些事情，就如同在把玩一把上了膛的手枪。

当然，殴打有程度轻重之分。我坚信，所有遭受身体虐待的孩子都会产生暴力情绪。因为身体虐待记录下的指令是：当其他办法都不行时，反击！结果就是暴力的出现。我不赞同打孩子，只有一种情况例外：孩子太小，不懂得什么是危险。在这种情况下，打孩子的屁股是避免让他跑到大街上的唯一办法。只要不是每天都因为一些不危险的小事而体罚孩子（如撒了牛奶或打了妹妹），在上述情况下，打孩子是一种相当有效的方法。需要记住的是，我们无法通过暴力的手段教给孩子不要使用暴力。

但较富有同情心的父母很少对孩子大动拳脚，父母和孩子可以用P-A-C模式沟通各自的感受，从而在小事上建立富有建设性的关系。例如，父母和孩子可以沟通如何使一些事情不再发生。对父母而言至关重要的是，他们需要认识到体罚意味着被"儿童"接管，这种训诫通常不会带来积极的后果。

布鲁诺·贝特尔海姆（Bruno Bettlheim）说：

> 让我们停一下做一个简单的练习，为"训诫"下一个定义。如果打开韦氏字典，你会发生它与"门徒"有相同的词根，门徒不是一个你可以在他的脸上打他耳光的人，而是指自愿给一个师傅当学徒、与师傅在同一个职业中工作以学习手艺的人。这才是训诫的真正意义。因此，当你通过身体力行告诉孩子："当你生气的时候就打对方，这是解决问题的最好方式"，他就会加以模仿和学习。然后，你又会抱怨在我们的城市中到处都充满了暴力。⊖

向弱智儿童教授 P-A-C 模式

当我们认识到所有的孩子都在"我不好"的重压下挣扎时，我们就更能理解智力落后的孩子所背负的压力有多大。这些孩子不仅感受到"我不好"，事实上，他们在智力上也比一般孩子差得多。智力落后同时还伴随着身体缺陷和其他明显的残疾，他人对此的反应导致智力落后孩子的自我评价大大降低。在与其他孩子竞争的过程中，"我不好"的心理地位一次次地得到强化，肆意发泄情绪又加重了这些孩子的问题程度。由于受到"我不好"的持续强化和破坏性影响，这些孩子无法使用自己有缺陷的"计算机"。

在我们这个充斥着比较和竞争的社会里，智力落后者往往无法在社会上立足，而需要接受福利机构的照顾，那里的竞争通常是最少的，但情感

⊖ B. Bettelheim, "Hypocisy Breeds the Hippies," *Ladies Home Fournal*, March 1968.

上的混乱一直折磨着他自己和他身边的人。对智力落后者开展心理治疗的效果问题，至今仍然颇具争议，在精神病学文献上也鲜见治疗智力落后者的报告，团体治疗的报告也很少。传统的治疗技术包括父母温和的控制、合理安排时间、避免过度竞争、在他力所能及的工作中为他提供相对成功的机会等。这些技术成功地为智力落后者提供了安全的环境和片刻快乐的生活。但是，这些技术大部分关注"父母"和"儿童"间的沟通，却无法成功地帮助孩子建立内在的控制力以提高他的"成人"力量。通常要花大量的时间帮助智力落后者处理情绪问题，这是医院工作人员一直面临的一个难题。

1966年1月，丹尼斯·马克斯（Dennis Marks）在萨克拉门托市实施一项面向弱智儿童教授P-A-C模式的计划。马克斯是一个儿科医生，同时也是劳雷尔·希尔斯（Laurel Hills）基金会的主任，他建立了一个拥有100张床位的弱智儿童医院。马克斯本人也是人际沟通分析委员会委员，他发现P-A-C模式是一个很容易理解的系统，可以向他医院的患者传授这些内容。这个医院中智力落后者的年龄跨度为6个月到47岁，代表了几乎所有年龄的智力落后者。参加P-A-C小组的患者智商水平为30～75分，其中1/3的患者有严重的身体残疾，很多人有痉挛性的疾病。1/3的患者由私人送来就医，另2/3则由福利院等公共机构转介而来，个别患者由缓刑机构送来。他们分别来自自己的家庭、领养家庭，少数来自州立医院或青少年拘留所。从生理年龄来看，大多数人是青少年和青年人。

由于小组中有生活不能自理的智障儿童，因此应将那些无法控制自己攻击性行为的儿童排除在小组之外。同时，开放式管理（不锁门）也要求小组中不能包括有极端破坏性行为、严重反社会行为以及意图逃跑的儿童。但是，这种组织结构却给予那些非常好动和吵闹的孩子相当多的自由和接纳。

因此，有两个最重要的问题是，如何让那些易激惹、好斗的孩子冷静下来，以及如何预防孩子逃跑。马克斯报告，人际沟通分析方法可以非常成功地解决这两个问题。

　　小组治疗包括 30 个孩子（这里的"孩子"指的是所有年龄段的患者，因为找不到一个更好的一般性术语来代表），小组每周在医院的大客厅里活动一次。他们围坐成一个圆圈，每个人都可以看到马克斯和黑板。小组的契约（一个使他们感到很舒服的术语）是：我们在这里学习 P-A-C 理论，它能帮助我们理解人到底是怎么回事，这样我们才能在业余生活和活动中尽情地玩耍。小组活动之初，马克斯向孩子们介绍了 P-A-C 模式中的基础知识：一个人可以分成 3 个部分，包括"父母""成人"和"儿童"，分别用三个圆来表示。当有小组成员发言时，马克斯帮助孩子们分清此时是发言者的"哪个部分在说话"。例如，他会这样问小组成员："现在谁在说话"？"这是约翰的'父母''成人'还是'儿童'"？用这样的方式，孩子们还学会辨别词语的含义。例如，"如果你看到一个水果，它已经烂了，你说'水果坏了'，这是'成人'。如果你看到有人在绘画，你不喜欢它，你说：'这画不好'，这是'父母'，因为它带有批评的性质，你在做判断。如果你哭着跑进游戏室大叫：'每个人都对我不好'，这是'儿童'。通过这样的方式，孩子们很快就学会了辨别词语和行为。他们对此非常满意，增长了见识，并意识到他们拥有'成人'——一台'计算机。'"

　　"计算机"是另一个让这些孩子感到舒服的词语。理解"成人"就像一台"计算机"后，他们开始能够公开谈论智力落后，这个问题在大多数医院里都很少涉及。马克斯用以下的方式向他的小组介绍 P-A-C 模式：

> 　　有些孩子拥有价值一百万美元的"计算机"，另一些孩子拥有价值一万美元的"计算机"，但我们不必为此感到担忧。我们要做的是找到最好的方法使用自己所拥有的"计算机"，毕竟，我们不是一定需要一台一百万美元的"计算机"才能让自己变得可爱或做好工作。

整个课程中不停强调的是"我好—你好",在每次活动的开始和结束前,孩子们都要大声地背诵这句话,这已成为孩子们日常生活中稳定情绪和开启"成人"的钥匙。在小组中,孩子们知道"比较"是"儿童"的行为,马克斯这样解释道:

> "儿童"想说:"我的比你的好",或"我的'计算机'比你的好",这是让"儿童"感到舒服的方式。"儿童"总在担心谁更聪明,但"成人"知道,如果聪明是生活中最重要的东西,那么世界上只有极少数人会快乐,如最好的画家、最好的数学家或音乐家,而其他绝大多数人都不快乐,因为他们不够好。运用这样的讲解方法,孩子们理解并接受了这种观点。

至于攻击性行为的控制问题,马克斯说一个极易被激惹、好斗的孩子能在短短的两、三分钟时间里安静下来。他认为解决该问题的关键在小组之中,约束的方法有3种:"父母式""成人式"和"儿童式"。他让一个孩子站起来,假装准备攻击他:

"然后我抓住并握紧他的胳膊",马克斯说,"我问小组里的孩子:'我是怎样约束乔的?'"孩子们都同意这是"成人式"约束方法,因为他只是阻止乔打人。接着,马克斯假装打乔的后背,孩子们很快分辨出这是"儿童式"约束。然后,马克斯让乔弯下腰,假装要打他的屁股,显然这是"父母式"约束。马克斯认为,这种理解方式可以应用到情绪的控制上,他说:

> 有一天,我走进一个房间,看到三个大人紧紧地抓住一个孩子,孩子情绪非常激动,因为狂怒而浑身发抖,他挣扎着要打身边所有的人。这个男孩的智商是50分,但他平时大多数时候很讨人喜欢。我走到他的身边,用手臂紧紧地搂住他,他一边发抖一边尖叫:"走开,走开……"这样持续了20多秒后,我说:

"汤姆，我现在是怎么约束你的，是'父母式''成人式'还是'儿童式'？"

他喊道："父母式。"

我说："不对，汤姆，我没有打你的屁股，那样做才是'父母式'。我也没有和你打架，那样做是什么？"

他说："那样做是'儿童式'。"

"那么，我是怎么约束你的，是'父母式''成人式'还是'儿童式'？"

汤姆回答："是'成人式'。"

"很好，汤姆"，我说，"现在我们给这些人看看我们可以怎么做，拉住我的手，我们一起说平时我们常说的那句话。"他拉住我的手，嘴巴咕哝着："我好—你好。"然后我们一起走入电视间，我建议他和大家一起看电视节目。

整个事件，从最初看到一个浑身发抖、肾上腺素亢奋、暴怒的孩子，到我们一起走入电视间，总共花了3分钟左右的时间。解决问题的关键是关闭"儿童"，打开"成人"，我只是问了一个简单的问题："我是怎么约束你的？"就解决了问题。我们无法对付生气、情绪亢奋的"儿童"，那个时候显然也无法得知是什么让这个孩子如此烦扰，当时我的做法只是调整他的行为，让事情先过去。当他的"儿童"处于支配地位时，任何"道理"都听不进去。

传统的"父母"处理这种情况要花相当长的时间，而由于孩子认为自己是个"坏孩子"，因此"不好的儿童"更加痛苦。正因为如此，当一些"好"的感受由"成人"引入时，孩子就会获得自我控制的成就感，然后就可以回到小组中继续活动。

孩子们很容易对"接通'成人'"、关闭恐惧的"儿童"或指责的"父母"等比喻（正如对电视机一样）做出反应。

马克斯所举的第二个例子是有关逃跑的个案。这是一个18岁的害羞女孩，智商是68分，说话细声细语，平时几乎不怎么说话。一天，当马克斯路过她的房间时，发现她收拾好所有的行李准备离开。当女孩看到马克斯时，她流着眼泪冲口而出："我再也不想在这儿了，我要走！"

一般父母的反应是否定她的感受：你当然不能走，你现在要跟其他的孩子一起吃午饭，你哪儿都不能去。而且，你的车费在哪里呢？

这种反应只会令她的"儿童"更坚决、更固执和更生气，当"儿童"处于支配地位时，和"儿童"中的一大堆情绪讲道理是行不通的。

马克斯只是坐在女孩的床边，对她说："卡罗琳，你今天一定感觉'不好'，一定是什么人勾起了你的'儿童'。"

"是的。"她立刻回答。

"发生了什么事呢？"马克斯问。

"他们不让我买皮夹。"卡罗林说。

马克斯说："你知道，我喜欢你的'不好的儿童'，但我现在要跟你的'成人'说话。我要告诉你怎么做……你抓住我的手，我们一起说'我好—你好'。"然后，他们这么做了。这是问题的关键，从年初每周一次的活动开始，他们一直坚持这么做。然后，马克斯就可以跟卡罗琳的"成人"对话，而她的"成人"能够理解为何当天没有人陪她去买她喜欢的皮夹，他们或许可以在明天或后天上街去买。当她的"成人"重新发挥作用时，以上的问题就变得很简单，但如果她的"儿童"处于支配地位，要达到上述目的几乎不可能。接下来发生的事情是，卡罗琳将她的行李箱放到一边去吃午饭了，整个事件花费了4分钟的时间。

马克斯这样评论道："在以上两个个案中，我们都得到了我们想要的，我们平息了情绪问题，并增进了彼此的关系。我敢说，如果这些孩子在未来的数月、数年里拥有足够多的这种关系，他们就会更好地学会自我控制和信息处理，从而感觉到并表现出'我好'。"

总之，我们认为，不管儿童的心理地位如何，解决他们所有问题的方法与解决成人问题的方法相同。首先，我们必须认识到过去是无法改变的，我们应该立足于现在。我们能够运用"成人"将过去和现在区分开，"成人"可以根据过去的恐惧辨认出"儿童"中记录的内容，并根据烦乱的过去事件的重放辨认出"父母"中的内容。已学习并将 P-A-C 模式运用于教育中的父母们发现，他们可以帮助自己的孩子分辨 3 种不同生活的差异：观察和被教导的生活（"父母"）、感觉到的生活（"儿童"）以及真正并可能成为事实的生活（"成人"）。父母们还发现这种方法对孩子们人生的转折阶段——青春期的作用更大，下一章中我们将详细介绍这些内容。

第 10 章

P-A-C 模式和青少年

如果你想和我谈话，先定义好你的语言。

——伏尔泰（Voltaire）

有一天，我的青少年团体中一个16岁的组员说了这样一件事情："那时，我正站在街角，交通灯是红色的。我的'父母'说'别过马路'，我的'儿童'说'别管了，过吧'，正当我的内心辩论之时，灯变成绿色的了。"

青少年时期情况就是如此，青少年们面对着大大小小的决定，但是，似乎他们通常是在等待外界环境替他们做出决定，因为他们还不能自由地自己做决定。他们的大脑发展已接近完善，身体已经成熟，但他们在法律和经济上仍旧有赖于人，他们试图自由行动，但常常被自己并不能真正做决定这一事实泼了冷水。既然如此，做一个好的决定又有什么用呢？因此，在整个青少年时期他们就如此观望，等待着红灯变成绿灯。在这种情况下，"成人"无法得到发展。当他们获得了合法的自由时，如同突然被松了绑，但他们对自己想要什么仍然感到很茫然，很多人就在这样的无所适从中过着日子，希望发生一些事，或碰到一些人，然后一些事情自己就解决了。但是，至此，他们人生的1/4已经度过了。

由于内、外部的压力，青少年的沟通经常会回到旧有的"儿童"对"父母"的模式中。该时期正是青少年荷尔蒙大量分泌之时，青少年将主要的安抚来源从父母转向同伴，从同伴那里获得新的安抚，因此"儿童"中的感受被极大地放大。这样，"我不好"的"磁带"便越来越频繁地上演，但若此时采用儿时学会的减少"我不好"心理地位的应对方法，则可能带来危险。例如，一个可爱小女孩的乖巧做作现在必须要加以控制，以免这一特点从骨子里得到进一步的发展。在青少年学习自我控制的痛苦过程中，经常表现出"我的比你的好"的闹腾小男孩必须要得到很好的教养和调教，他们需要重新理解并学习沟通的方式。此时，青少年好像被推到一个舞台上，手里拿着他从来没读过的剧本，开场白也不那么容易。青少年如同一架全速前进的飞机，在上下两层厚厚的云层中穿行。下面是快速上升的云彩——翻滚着性冲动以及希望独立的反叛和挣扎，上面是盘旋着并不断压低的云朵——蕴含着父母的焦虑和不赞同。青少年感到上下云层不断逼近，拼命地寻找着出口。

主要的困难在于青少年和父母仍旧在旧有的"父母"对"儿童"的契约下互动，尽管他将自己看作大人，然而他感觉自己仍然像一个小孩子。父母可能会建议他应该怎么做，因为他们相信那是十分合理的，然而他们又会因青少年愤怒的反驳而感到挫败、困惑和受伤，这样父母自己的"儿童"则被引发出来。常见的问题是，青少年会把自己内在的"父母"错认为现在的父母，他们听不到现在的父母说了什么，因为他们的"旧磁带"中不断重放着3岁时父母的巴掌、恐怖的表情以及大喊"不可以"的情景。当外部的刺激使青少年的"父母""成人"和"儿童"都遭受打击时，问题就出现了，究竟三者中哪一个会出来处理人际关系呢？尽管在童年期，"成人"的作用因人而异，不同程度地存在着，然而"儿童"始终很活跃。在那个以情绪为主导的人生阶段里，"儿童"极其脆弱敏感，也很容易被引发。当孩子还小的时候，他的"儿童"反应会被合理化为"孩子气"，然而当他长大后，同样的表现则被父母看作具有威胁并且不可接受。一个15岁的6尺高的青少年摔门而出，远比一个5岁的小男孩摔门吓人得多。若一个少女也像愠怒的小女孩一般板起脸来，则会被视为很丑并令人生气。一个有"编故事"习惯的小男孩，到青少年时期则会被贴上"撒谎"的标签。早年的记录并没有改变，因此"儿童"中很多应对的方式也会持续到青少年时期。罗素这样写道：

> 有太多的事情在限制着我，所以我养成了欺骗的习惯，这习惯一直持续到我21岁。它简直就成了我的第二天性，我总是觉得无论做什么事情，最好只是自己知道，我一直无法克服别人一进屋我就想把正在读的东西藏起来的冲动。后来，我通过某种意志努力，才克服了这种冲动。㊀

㊀ B. Russell, *The Autobiography of Bertrand Russell*（Boston: Little, Brown, 1967）.

这种"意志努力"就是"成人"。"成人"可以辨认出旧有的记录，也可以辨认出这些陈旧的信息在青少年期重演时的不恰当和无效性。因此，我们要让"成人"在青春期发挥管理和控制作用，这样青少年就可以利用现在的事实信息而非过去的信息进行加工了。

治疗的核心在于解放青少年及其父母的"成人"，从而建立起"成人"对"成人"的约定。没有自由的"成人"，生活对于双方来说就会成为不可忍受的约束。青少年的问题在于，他的内部有很强的制造麻烦的"父母"，他被迫生活在"父母"不断干预的环境中。置身于该环境，青少年内部的"父母"不断被外部真正的父母所强化。当真正的父母感到压力和恐惧时，他们会越来越频繁地求助于自己"父母"中的"祖父母解决问题方式"。这种做法极不恰当，犹如让喷气式飞机依靠干草运行一样。如此，父母和青少年都感觉到遭受威胁，他们的"成人"都失去了应该具备的功能。青少年会表现出"儿童"的情感，父母因为害怕被自己的情感所淹没，常把处理这种沟通转托向自己的"父母"（祖父母）。如果没有"成人"对"成人"的约定，双方就无法拥有共同的沟通区域，沟通也就随之停止。

我一直很欣赏犹太人的成人仪式，它象征了一种新约定的开始，或表达了一种共同的期望。对犹太人来说，他在13岁时从男孩转变为男人，这时他们开始承担责任和宗教职责，他们不会毫无准备就开始承担这些责任。长久以来，他们一直做着准备，并将这一时刻作为坚定的目标，他们遵照犹太法律，在宗教训练和调教下已准备好承担责任了。但不幸的是，并不是每个青少年在他们的生命中都会有类似的事情发生。我知道有一个非犹太家庭，他们在儿子14岁的时候也举行了这样一个类似的仪式。这时，儿子被告知他需要对所有的决定负责。尽管他也会表达对结果的担心，但是他仍旧很严肃地接受了这个责任。对这个孩子来说，他一定会做得很好，因为从儿时开始，父母就帮他做出道德上的决定，而且他也观察过父母依据他们自己的伦理价值观做出很多困难的决定。

青少年经常被问到"你将来想干什么？"如果他们头脑中的'计算机'

仍旧充斥着"我曾经是什么"这样的未完成事件的话,他就很难给出富有创造性的答案。米拉·科马罗夫斯基(Mirra Komarovsky)以一个比喻来说明这个问题:

> 人们坐在一辆车上旅行,包括司机在内的所有人都面向车尾坐着,这在某种程度上象征了人们的生命旅程。看起来这种状况更能描述孩子的生命旅程,在积累大量的学术知识的同时,孩子也要发展情绪,但情绪的发展通常朝后看而非向前看。[一]

如果过去能得到理解和抚平,人们头脑中的"计算机"就不会一直负载着陈旧的事物,而能自由地创造并处理现实环境中的问题。这样,青少年就乘上座位面向前方的公车了,他可以有效、自由地做出选择,可以看到自己未来的方向并做出困难的决定,这种决定是依照自己的意愿做的,而不是被动、无可奈何地接受命运的安排。

在我负责的几个青少年团体中,他们每周聚会一次,父母们在傍晚时分也有机会见面。聚会的核心问题就是交流,我发现,亲子之间的交错沟通使得谈话很快就在"请递给我黄油"或"这周末我需要10块钱"之后停止了。因此,治疗的第一步就是教给青少年及其父母有关P-A-C的语言和概念,这是一种高效的分类法,很快就使青少年和父母混乱的情感及来自各自父母的禁止讯息变得有秩序。青少年和父母的感觉中都混杂着恐惧、内疚、不确定以及愿望,如果能用一种语言来解释这一切的话,青少年和父母就会发现他们之间有很多共同之处:他们都有"父母""成人"和"儿童"。对青少年来说,最能让他们内心平衡的莫过于发现自己的父母也有"儿童",而且和他们一样,父母也有很多让其痛苦的回忆。借助于这种新的语言,青少年苦恼的海洋开始平静了。我的一个青少年患者

[一] M. Komarovsky, "Social Role and the Search for Identity," presented at a symposium on "The Challenge to Women: The Biological Avalanche," University of California Medical School, San Francisco, January 1965.

说:"能在家里谈谈思想的问题,而不是仅谈一般的人和事,这真是太棒了。"另一个青少年说:"P-A-C 模式中最棒的部分在于,它使我们的关系超越了你和我两个人的范围,它把两个人扩大为六个人。"在很多家庭中,家庭成员就好像是彼此的囚犯一样。青少年说:"你无法摆脱父母,因为你没有别的地方可去。"父母说:"如果女儿是我的邻居,我会爱她的,但是我再也无法忍受和她住在同一座房子里了。"通过 P-A-C 模式,这种情况可以像普通困境那样得到讨论,在大家共同努力之下,家人可以重新生活在一起,家庭可以成为一个令人愉快和兴奋的地方。

然而把家庭从战场变为宁静的处所并非易事。有些青少年不会轻易放弃"都是他们的错"的心理游戏,即使他们可能洞察到游戏的后果,父母们也可能坚持玩"看我多么努力"的心理游戏。当情况变得特别混乱并充满敌意的时候,避免游戏的最有效方式就是让青少年去住院一小段时间,比如一个星期。这样做不仅是基于家中确实存在一些问题的事实,而且将青少年带出容易引发其"儿童"的家庭环境,进入一个有利于唤起其"成人"的支持性环境,这样他才有可能开始学习 P-A-C 模式。同时,他们的父母也被建议参加父母团体并学习 P-A-C 模式。当青少年出院后,他们会继续参加院外患者团体治疗小组。

不幸的是,一些青少年被迫来接受治疗,这使治疗的开端变得非常糟糕。一个男孩说:"我被迫来到这个团体,它勾出了'我不好'的心理地位——直到我来治疗的那个早上,我才知道我要去哪里。我们被硬塞到这里是因为我们'坏'。但后来你教给我们 P-A-C,我们的感觉好多了。只是回家后,我们还是会被取笑和讥讽,这令我们非常不舒服。当我试着向父母解释一些事情的时候,他们只会打断我并说:'别说那些 P-A-C 的废话了,我让你做什么你就做什么!'如果我的父母能对我正在学习的东西感兴趣,我就真的会感觉更好,我多么希望他们能不再像从前那样做事了。"这个男孩的父母开始时并没有参加父母团体,但最后在我们的劝说下参加了,他们非常惊讶家庭关系的改善能如此迅速。

我的青少年组员说了一些非常精彩的话。在团体中，他们如同8台或10台同时在处理数据的"计算机"，目标是挖掘各种信息的新意义。比如，在一次团体会面中，一个青少年说："我想'父母'只是对'父母'那个部分的东西感兴趣，而不是对整个人感兴趣。只有我的'成人'才理解我的'儿童'的感受，而这些感受非常重要。"在另一次会面中，一个青少年说："我们的理性总是来得晚些，我们的感受先于理性，'我觉得'比'我认为'包含更多的东西。你可以放弃原来的'我认为'，但'我觉得'却包含了一个人的全部。"另一个青少年说："只有我的'成人'能够尊重我的'父母'，我的'儿童'太愤怒了。"

很多父母不敢信任他们的青少年孩子能够用自己的"成人"做出困难的决定。一个少女的父亲说："当她5岁的时候，我看到她玩一把剃刀，我必须把剃刀拿走。现在你看到她在玩另一种剃刀，你会说什么——继续玩吧？"二者的不同之处在于，在她5岁时，她没有足够的信息充分理解剃刀可能将其割伤的严重后果。但在她14岁时，她有足够的信息了解各种各样的后果——如果她的父母这些年来不断地帮助她了解价值观、现实、人的重要性以及她自己的价值的话。

当青少年给家里带来一些可能引发父母焦虑的事情时，最具建设性的应对方式是信任"成人"。如果一个少女回家后悲伤地宣布"我怀孕了"，这可能令父母的P-A-C招架不住。父母的"父母"会产生巨大的愤怒和批判，父母的"儿童"可能会哭泣、悲伤（我又多了一个失败）、愤怒（你怎么可以这样对我们？）和内疚（内部的"父母"由于不赞成而鞭打"儿童"）。这时，父母应该怎么做呢？如果"父母"和"儿童"站在那里紧握拳头不动，那么"成人"可能是在应对这件麻烦事或正在思考应对的方法。"成人"可以分辨"父母"和"儿童"中哪些建设性的信息有助于女儿应对这个困境，对女儿受伤害的心灵最具支持性的是，她看到尽管父母在绝望的情感之下，仍可以用"成人"控制自己，并基于现实和爱为女儿打算。

在以后的几个月里，女儿也需要这种自我控制。"成人"可以加工所有的事实：父母和女儿的感受，双方内心痛苦的话，双方极端"不好"的心理地位的重现，双方必须承担的家庭耻辱，面对现实必须做出的痛苦抉择——同意还是反对结婚、同意还是反对养育这个孩子——简言之，就是对后果进行分析。

对于很多美国家庭来说，更大的创伤发生在女儿宣布"我今晚要和约翰约会，他是个黑人"时，与不同种族通婚的社会歧视通常要比婚前怀孕严重得多。很多父母可能会咆哮着处理这个问题："该死的！你要再敢和他说一句话，要是让我知道了，我一定把你那个愚蠢的脑袋打烂！"可是，那个他要打烂的脑袋知道约翰是班长、出身于一个很好的家庭、将会进大学，而且他以自己是黑人为荣。更令人左右为难的是，在高中时老师教导她人人平等，班里的同学也在思考如何结束种族偏见，并积极地声讨持有偏见的顽固者。然而，若由"父母"来处理此事，现实与理想之间的差距会被拉得更大。处理这个问题还有另外的方式——利用"成人"，它不会敌意地看待现实，而是会把现实作为考虑问题的重要基础。要在种族问题上实现"成人"对"成人"的沟通，需要人们拥有非凡的理解力、正直和诚恳。因为现实是社会不认可、亲戚也不认可。尽管美国政府宣布了很多与之相反的东西，但大多数宗教成员仍旧不赞成，但愿有一天他们可能会同意。在这种情况下，这对夫妇有足够强大的"成人"来建立一种互有尊严的关系吗？有些夫妇可以，那么这对夫妇呢？理性地看待后果是处理这种情况的唯一方式，当然可能是冒险，但也有可能会使"成人"得到加强，为其以后完全的独立做好准备。

让父母头疼的另一个例子就是婚外性行为。多少代以来，父母告诫自己的子女婚外性行为会导致怀孕和性病，这种做法或多或少取得了成功。今天，随着科学的发展，这两种后果均已经减少了。然而，一个非常真实的后果仍然存在，那就是给家庭带来耻辱。不过，由于父母和同伴以较之前更积极的态度看待婚外性经历，因此该行为已经不再像从前那么严重，甚至这类事情在《花花公子》(*Playboy*)、广告、电影及成人世界的很多方面都得到大肆颂扬。当问及"这对人们有什么影响"的时候,"成人"的观点可能与上述截然不同。福里斯特·A.奥尔德里奇(Forest A. Aldrich)牧师对这种状况做了如下的说明:

> 很多年轻人都这样认为:如果两个人都同意发生性关系,并且同意不必维持长久的关系,同时没有人因此而受到伤害,那么,这么做有什么不好呢?不好之处在于原来非常宝贵的东西——性——变得贬值了。性变得很随意,而且从中所获得的价值也大大贬低。关键问题在于人们如何安全地获得性的经历,婚前性行为的罪恶感不在于获得了某些东西,而在于没有充分地获得。㊀

一个绝对的罪恶是把人当成东西来使用,即使把自己当成东西来看,仍然是罪恶。从长远来说,短暂的结合会造成低自尊以及"不好"的心理地位得以增强。婚外性行为只能满足肉体的需求而不能令两人的关系得以持续,也不能得到令人入迷的两性关系并共享彼此无限的责任。如果在你之前他还宣称对别人投入,你怎能无限度地尊重这份关系?同样,很多女孩报告婚外性体验不让人愉快,她们很难达到性高潮。一个女孩说:"这本该是很棒的体验,但我没有得到。"当问及一个男孩他的女朋友是否达到性高潮时,男孩说:"噢,我没法问她,我和她还没有那么熟。"没有个人亲密感的性交只能导致自尊的丧失,对婚姻来说也是如此。

詹姆士·派克(James Pike)主教写过一本很好的书《青少年和性》(*Teen-Agers and Sex*),该书分析了青少年及其父母所面对的与性有关的所有事情,该书的核心思想是性的投入需要承担道德责任:

㊀ F. A. Aldrich, Lecture at Fremont Presbyterian Church Family Conference, Zephyr Point, Nevada, Aug. 30, 1966.

我们处理的不是准则和法规问题，而是一个人的决定直接对另一个人产生影响，这种影响是好是坏。就如宗教哲学家马丁·布伯（Martin Buber）指出的那样，我们与神的关系不是"我—它"关系，而是"我—你"关系。因此，人类之间的任何关系都应该是我—你：这是人不会被当作物品对待的最基本的道德标准。㊀

无论在任何情况下做的决定是什么，关键在于为做出的决定负责任。派克主教继续说：

> 从长远来说，比我们的儿女会做什么不会做什么更重要的是他们如何理解性行为本身的含义——性是一种誓言，是内在精神的爱通过外在有形方式的表达。肉体行为不仅表现了一个男人或女人在精神和情感上的投入，还是强化彼此投入的一种方式，它是一件好事情。任何对它合理的限制都需要基于这样的前提，即它是一件好事，无论是绝对主义或存在主义者，对性进行限制时，都应认为"性是一件好事"，因此任何情况下都不应滥用性。只有持有这种观念，年轻人才能以更健康的态度进入婚姻，并更可能在婚姻中达到性方面的完满。

还有一个问题仍旧存在：当青少年和父母因为沉默、尴尬、不信任、恼怒以及青少年武断地拒绝和父母谈话（"我为什么要和他谈？我知道他们又在唱高调！"）而彼此产生隔阂时，如何让前面所说的这些内容成为青少年和父母谈话的主题？下面是我和一个15岁女孩的谈话，这段谈话示范了如何用P-A-C模式和青少年讨论他们所面临的复杂的关系问题，包括性问题。在和这个女孩的会面中，我与她进行了4次个体治疗及8次团体治疗。下面是一次个体会谈的记录，其中，"D"代表医生，"S"代

㊀ J. Pike, *Teen-Agers and Sex* (Englewood Cliffs, N. J. :Prentice-Hall, 1965).

萨莉（不是她的真名）：

S：你知道，你听起来很像一个精神科医生——当然，你本来就是，但是真是太典型了。

D：那不好吗？

S：嗯，那些有关精神病学的节目，我最看不起它们，我讨厌它们。我看起来就像一个很典型的患者，我的意思是，我就是，我知道我是。

D：你为什么不谈谈 P-A-C？

S：噢，我今天不能谈了。我无法使用它，我现在也没有使用它。我会把一切事情都完完全全、彻底弄糟的。

D：你知道自己在说什么吗？

S：不。

D：你正在和这个看上去像精神科医生的人说："我怕你改变我。"不是吗？

S：我什么时候对你说了？

D：好吧，那是你暗指的。我问你，你为什么不使用你的 P-A-C，你说："我现在没有使用它，我也不打算使用它，我害怕你让我使用它。"

S：我没说永远不用，我只是说今天我没有使用和我不想使用。我很紧张，就是这样。我这几天一直都紧张。

D：所以你今天想玩紧张的游戏。

S：不，我什么都不想玩。我想要更强的镇静剂。

D：你想要更强的镇静剂？

S：为什么不？我需要更强的镇静剂。我今天本不该来的，你知道，我不想来。

D：你想要更强的镇静剂是因为你懒得使用 P-A-C。

S：我曾经用了，我确实试了，但是我脾气太不好了，并且我……

D：那么有什么新事情发生呢？

S：什么新事情？（大笑）不怎么样。我的意思是我脾气非常不好，但是我出院的时候并不是这样。

D：这是你唯一的选择吗，脾气不好？

S：不，不是的。我试着不这样，但是有时我就会这样。

D：你不能控制自己？

S：不完全是，但是我发现我变得越来越容易生气了，而我必须把生气憋在心里，这让我都感到发抖了。你明白吗？……我讨厌这一切，讨厌今天的每一个人。我要放弃精神治疗了。现在听起来是不是很像一个典型的患者？

D：笑一笑——我很高兴你笑了。

S：哦，我可以笑，我……它让我紧张。你知道我会做出什么事情吗？

D：什么？

S：如果我微笑，接着我就会大笑，然后我就变得非常不安，但是——

D：你能告诉我什么让你不安吗？

S：不！

D：你现在快要流眼泪了？

S：我希望不要。不，我很好。我今天很不安，我知道——我"讨厌"这个。这对我们没有帮助——我们为什么不停止治疗，让我吃药算了。我有什么事情呢？除了头疼和毒瘾，我还有什么问题——我的问题是什么？

D：你不想成长。

S：你曾经告诉过我一次，你说我不想长大，我觉得那不公平。

D：我不知道你说的"长大"是什么意思，我说的是"成长"，你知道是对新的知识打开你的心胸。

S：对什么知识打开呢？

D：P-A-C模式。

S：我在医院的时候就接受过这种知识，当我回家的时候，我的感觉也非常好。

D：你的"成人"今天为什么不起作用了？

S：我不知道。

D：你谈的全都是关于："我紧张，我不能，我今天本不应该来，你是个老精神科医生，我是个患者。"

S：好吧，今天的情况就是如此。

D：这倒是个事实，这就是"成人"，我们今天就是这样。

S：我不可能每天都是P-A-C。

D：嗯，不错的想法。

S：好吧。如果你能做到，那很不错，但是我现在做不到。

D：哦，为什么不能？

S：因为我——

D：你的"儿童"想接管。

S：嗯，我想有时可能会是如此。我没试过一辈子都用P-A-C，我甚至还没用到一年，我不知道。

D：你和你的爸爸相处得如何？

S：我一直——我一直对我的父母很好。

D：和你妈妈如何？

S：很好——我们现在比原来亲近了，我对他们充满了感情，现在我一直试着成为他们喜欢的那种女儿。我不知道，我现在产生了一种内疚的情绪——我觉得自己一直太堕落了，每件事都是如此。

D：好，那让我们花60秒时间在这件事上，因为我看不到它在你身上的任何表现——想想你有多么堕落。

S：如果我再继续进行这种心理治疗，那么从现在到死，我一直都需要做这种精神分析了。

D：那不好吗？

S：嗯，是的。

D：如果能找到一些答案就不那么糟糕。

S：是的，不总是那么糟糕。我有一个好朋友，我认为他几乎都疯了。他不肯找精神科医生，我认识他很多年了，他现在已经脱离现实了，很可怜。他总是对自己进行心理分析，他读了很多这方面的书。

D：他也是青少年吗？

S：是的。

D：好吧，缺少工具对自己进行心理分析是一回事，但你也可以利用P-A-C进行自我分析，P-A-C可以给予你所需的答案。

S：好吧，尽管如此——好，我告诉你一些事情。我不知道我是否总是愿意使用我的"成人"，大多数时间里我都试着使用它。但有时我就是不想用，它就好像是一场战争，你必须十全十美，在适当的时间用正确的方法处理一切事情。有时甚至都不通人情了。

D：我知道你的意思是什么，我们曾经说过，你的"儿童"可以让你变得对他人更有吸引力、更令人愉快。正因为如此，我们才不想把"儿童"剔除。但是，我们要承认P-A-C无处不在。我的意思是，"父母""成人"和"儿童"总是存在。真实的情况是，"儿童"可以排除"成人"让情绪主宰一切；或"父母"排除"成人"由"父母"来主宰一切。但我想，窍门在于即使"儿童"在表现时，"成人"也应该处于运转之中。如果"儿童"想要有所表现，那么"成人"应一同跟随，以确定所有的事情都是适当的。对于女孩来说，当她们的"儿童"主宰一切时，她们通常会陷入麻烦之中。玩游戏是非常危险的，是吗？

S：是的。你的意思是说挑逗，或者类似的什么行为。

D：嗯——

S：不知道什么时候能停下来？

D：对，不能——当"成人"不能对"儿童"说"不"的时候，"儿童"就会一直坚持存在，然后我们每个人都陷入麻烦了。

S：这对任何一件事来说都是这样的，不仅仅是对——

D：是的，每一件事。"儿童"可能想要一些不属于他的东西，或者"儿童"想利用和操控他人。

S：哦，别那么说。

D：我曾看见过小孩操控大人。

S：我操控——那是错的，是吗？

D：嗯，我不知道用"错"这个词是否恰当，但是如果你操控他人，使对方感到挫败或使他们感到不好或不安，那么我想说这是你需要改正的东西。或者说，如果我允许自己被操控，那么我将会变得不安。如果我操控他人自己却没有意识到，当他们攻击我时，我就会感到不安。你知道，我们是从什么时候学会了操控他人或允许自己被操控？是在两三岁的时候。

S：好吧。不管怎样，我的意思是它是如何继续下去的呢？因为我曾经操控我的爸爸，现在在某种程度上我还在这么做，我不知道，也许你可以不把它叫作操控他人，但是我可以——是的，我可以。是他让我这样的——因为我不知道那是什么，或者我知道——我操控他，也可能我没有。

D：好，你和你爸爸之间发生的事可能确实包含操控的成分，但是部分原因也在于你爸爸很享受你这个女儿带来的快乐。你知道，他喜欢看见你快乐，喜欢看你做事情，喜欢送礼物给你，那是一个拥有可爱女儿的父亲常要做的。但是你利用了他的这种慷慨，利用了他的情感，这对你和他都不是好事，因为会引发两人的激战。

S：我这么做过。

D：你做了什么？

S：我利用了他，利用了他的情感。我期望得到我想要的一切，我期望拥有所有——好吧，我期望的东西相当多，但是他仍旧很爱我，而我如果心情不好就不让他碰我。我会躲开他,有时真的很残忍。甚至在医院中也曾发生过,有一晚他带我去医院,我对他说了一些很可怕的话。下电梯的时候他想要拥抱我,我退开了,并告诉他不要这么做,然后还笑着说:"这让你很挫败,是吧?"这时我表现得好像真要伤害他一样,后来他说"是的",他同意了我的说法。那时,我感觉特别糟糕。

D:然后你拥抱他了吗?

S:没有。

D:真可惜,如果你的"成人"让你的"儿童"拥抱他多好,因为你的"成人"有一个准则:不伤害任何人是最重要的。

S:现在我试着不这么做了,如果他想抱我,我就允许他这么做。如果我不想表达太多的情感,我就只是让他抱我,仅此而已。但是我曾经向他表达过情感。

D:你不想用拥抱回答他吗?

S:哦,现在我会过去亲他的脸,或者做一些类似的事,我会向他表达一些情感,我会非常和善,我对妈妈也这么做。我是有意向他们表达我的情感。但是我表现得不很彻底,因为,我的意思是我觉得——

D:你看,你怕你的"儿童"把对异性的感情误会为性,你怕别人这么想。你内部的"父母"正在掌控着你的"儿童",你的"儿童"因此而害怕性,但是你的"成人"可以说,这是非常适当的,你用拥抱的方式向父亲表达情感是非常适合的,如果你可以这么做,那么就是"成人"可以掌控"儿童"了。

S:我一直都在这么做。

D:很好。

S:我一直做得很好。

D:但是你知道吗,这对青少年来说可是个问题。

175

S：嗯，我过去一点儿也不知道这个问题。

D：确实是这样的。

S：是吗？

D：如果用一个较重要的词来形容，这就叫做"禁忌"。

S：我不知道为什么？

D：不知道。禁忌——是代代相传的。如果没有血缘关系，性方面的情感和性爱是可以的，这是个巨大的禁忌。这是一种需要公开表达的信息。我发现如果我可以帮助青少年把这方面的问题公开表达出来，并用"成人"进行加工，任何一个青少年都可以自然、充满感情、友好地与父母相处。当然，在某一时期你还不能对异性表达情感，你知道，因为你们还没有真正的区分和选择能力。青少年只有理解了这一点，并公开地表达了这些信息，"成人"和"儿童"才可以自由地表达感情，"成人"也可以照顾"父母"。"儿童"不必再害怕"父母"，因为"成人"能够根据现实加工信息和数据。"父母"中的信息是陈旧的，你知道它们产生于什么年龄吗？

S：3岁。

D：对。那些信息与今天的现实完全不同。除此之外，我们都知道，你有个英俊的爸爸，当我看到你们两个在一起的时候，当我看到他看你的眼神，我能感觉到你是他生命的骄傲与快乐。

S：我不是。我有时太堕落了，太令人讨厌了。

D：好吧，你为什么会令人讨厌呢？

S：因为我给了他太多痛苦，我感到对不起他，他总被我捉弄。

D：嗯，你可能很爱他以至于你——你曾有一次告诉过我，你不得不做这些事情是要和他保持一定距离，不那么靠近。

S：我们一直都太亲密了，太亲密了，真的非常亲密，事实上太亲密了。

D：好吧，你是他唯一的女儿。

S：是的，有时他，你知道——在某些方面那也是很不幸的——如果不是男孩子，我真的想试试看。我有很多男性朋友，他们有些东西我不喜欢，因为他们在性的方面想的事情太多了，当他们看我的时候，我经常会感到他们当中的很多人都想从我身上得到些什么，并且——

D：那让你感觉怎么样？

S：不太好，我不知道，我不喜欢被触摸，除非我想被触摸。男孩很喜欢触摸女孩，那让我很困扰，但我有时很难拒绝他们。我可以拒绝，但是我就是很害怕，他们通常也看得出来，所以我必须小心些。

D：好吧，我们来看看，我们身上存有3组资料。"儿童"想玩，"父母"说"你要懂得羞愧""你需要注意你的举止"或"你最好提防些"，你知道"父母"还会有其他各种各样的告诫。"成人"既会考虑到"儿童"想玩的心理，也会考虑到"父母"不赞成的态度和一长串的标准与行为准则。但同时，"成人"需要考虑的是：在现实中，这种沟通对你来说意味着什么？例如，你从中得到了什么？有什么危险？需要冒什么风险？后果是什么？你记得在团体中那个遇到麻烦的女孩吗，她就对后果完全不知。当然，我们知道"成人"处理的是现实问题，"儿童"对现实没兴趣，它只想玩。在那些遇到问题的青少年中，有多少人在做出决定前仔细地考虑过后果呢？好吧，我告诉你有多少——零。我确实见到过有些人有很好的"成人"，他们都是在我们的团体中学习并发展自己的"成人"的。

S：对于那个，嗯，确实很难学。但是道德价值观你通常可以从自己的父母那里学到，我就是。这可以互相学习，青少年可以常常在一起讨论这些事情。

D：好吧，那些是道德价值观，但它们也是很有现实意义的，这也是"成人"价值观"让我们都不要再受到伤害"。对你来说，你是这个世界上最重要的人，你应该做自己，在某种程度上，你不应该伤害自己，

177

也不要让自己陷入可能毁掉自己的困境中。

S：你知道我做了什么吗？

D：什么？

S：我有捉弄人的倾向，事实上我曾经被男孩子们叫做"捉弄鬼"，那不是很好。

D：好吧，他们的意思是什么？他们的意思是你在引诱他们吗？

S：嗯，有点儿。一个动作、一个表情，或只是站在那儿，随便做点儿什么，有时我都没有意识到，但有时我却是故意的。

D：好，我们要从两个方面来看待这件事。一方面，你很迷人、很有魅力，他们和你待在一起很愉快，这是好的方面；另一方面，你是在引诱别人，这——

S：——是不好的，但有时我就是会这么做。

D：好的，你知道你从哪里学会这么做的吗？引诱是一种游戏，是在小女孩很小的时候学会的，因为这样她们就可以得到糖果，所以她们很小就学会了——

S：什么时候？

D：当爸爸看这个小女孩的时候，她表现得很可爱，爸爸就拿出一块糖和玩具来，这样她表现得很可爱的行为就得到了回报。

S（大笑）：估计我就是从那儿学到的，那么这是我爸爸的错了。

D：这里没有什么错误，这是让爸爸和女儿都快乐的事情。

S：是的，但是你就不对别人这么做——

D：嗯，有点儿好玩，不是么？

S：哦，是的。

D：当"儿童"玩引诱人的游戏或取笑人的游戏时，无论这个游戏你叫它什么名字，当"成人"伴随"儿童"时，若一个男孩盯着你看，"成人"就可以来处理这种关系。

S：不仅是男孩，还有男人。如果一个男人看着我时，我会感觉很得意。

如果他们不是用淫秽的表情看我，事实上，有时，大多数时间，我是希望他们这样做的。但是，当他们盯住我看时，你知道，我实际上并没有感到受到侮辱，而是感觉有些害怕，或者不是害怕，因为我通常不害怕，但是我仍然不愿看他们第二次。

D：你和他表达的意思可能是这样的，他说："看，我想得到你"；你说："我知道你想怎样，但是你不会得到我的。"所以这里我们又回到了操控的问题，你喜欢玩取笑或引诱的游戏，是因为它让你得意。这里我们再一次回到了沟通中交换感受的问题，你这么做增强了你的士气。但是，你并不真的需要它。每一个玩这种游戏的女人，都可以通过该游戏加强她们女性的形象和自信，但是让你神气的男人是想要回报的，你知道。这是"成人"需要准备好应对的，有些人会提出非常吸引人的条件，他们用重达14克拉镶着花边的金项链引诱你，这真的很难让人抗拒，还有高大、英俊、宽阔结实的肩膀，但是你所能做的是，就像我们在这里所讨论的，把所有的情况都公开，一旦你可以用"成人"进行加工，你就有所选择了。不必像有些女孩一样，自始至终都是一个样，因为那是她们唯一的选择。你有很好的"成人"，你可以选择玩心理游戏玩到哪个时刻，然后说：好吧，很高兴认识你，然后无论怎样——

S：噢，那让我害怕，我永远不希望这样的情况发生，除非是使用暴力，因为它吓坏我了。

D：为什么害怕？

S：我不知道，但是它让我害怕。

D：也许你需要一些害怕，以免你的"儿童"失去控制。但是一旦你对自己的"成人"有了自信，你就会拥有一个很好的"成人"。因为你的"成人"可以管理每一次沟通，就算是"儿童"玩得正开心，"成人"仍可以保持警觉，它会挽救你。

S：我看我的时间到了，等团体再开始的时候我会再来看你，再见。

D：好的，记住，我好——你好。（面谈结束）

在令人费心的青春期，青少年看起来对焦虑父母的话语充耳不闻。然而，他们很希望听到和感受到爸爸、妈妈对他们非常肯定的爱和关心，最近，这种渴望在我5岁的女儿格雷琴身上表现得很强烈。当妈妈走近花园时，格雷琴正在花池周围很窄的砖沿上走，她走得摇摇晃晃。

妈妈说，"小心，不要摔到花丛里。"

格雷琴说，"你是担心花还是担心我呢？"

青少年心中那个"5岁的小孩"也会问同样的问题，只是他没有用这么多的词语来表达。如果父母对青少年未曾言明的请求非常敏感，并能通过爱、关心、约束和尊重等行为不断地向青少年表明"我们关心的正是你"，父母就会发现，这样做所获得的回报是多么令自己惊喜，并且远远超过他们自己的期望。

第 11 章

何时需要治疗

只有当我们遇到问题时,我们才开始思考。

——约翰·杜威(John Dewey)

如果一个人扭伤了脚踝，他还能蹒跚而行，最终，他的脚踝也会慢慢好起来。在他跛着的时候，他还是能做一些事情的。但若他的腿断了，他就需要支撑以使骨头得到愈合。问题在于，前者可能只是受了伤，而后者则可能造成残疾。对于第一种情况，药物治疗可能很有帮助；而对于第二种情况，药物治疗就是必需的了。

我们也可以用同样的方式看待情绪问题的治疗。若一个人的"成人"被过去的记忆伤害，即使没有治疗他仍旧可以设法克服困难或解决问题。治疗只是帮助他更容易解决一些问题，如果没有治疗他仍旧能行。然而对另一些人来说，他们的"成人"被伤害到无法运行的地步，他们因重复的失败而一蹶不振或因内疚而裹足不前。通常情况下都会伴随着躯体症状的出现，妈妈不能尽妈妈的职责，工人不能做工，儿童逃学，其中一些人甚至做出违法的行为。对于这些人来说，治疗是必需的，并且他们每一个人都可以从治疗中受益。

所有的人都能成为人际沟通分析师，治疗只是加快了这个过程。用人际沟通分析理论进行治疗，从本质上来说就是让个体学习如何对信息加以区分并做出决定。这里没有无所不能的专家制造的奇迹，治疗师用语言向前来接受治疗的人介绍人际沟通分析理论以及其他知识，从而使患者可以使用同样的知识和技术。我的一个精神科医生朋友说："我知道的最好的沟通分析师之一是一个卡车司机。"我们的目标就是使每一个来接受治疗的人都成为分析自己沟通过程的专家。

精神病的治疗方法很多，彼此之间差异很大，它们在公众中的形象也必定非常不同。因此，一般而言，决定到哪里接受治疗会引发患者内心的很多矛盾。很多患者想到要把自己最秘密的问题向其他人暴露出来，他们就会体验到非常不愉快的感觉，尽管这个人是"专家"或专业助人者，比如说精神科医生，他们的感受仍会如此。当患者第一次打开咨询室的门时，他通常都会感到孤单、恐惧、羞愧，因为他的到来意味着他的失败。

尽管一个人的"成人"将他带到精神科医生的诊所，但他的"儿童"

会很快接管并发挥作用，这时出现了"父母"对"儿童"的情况。在第一个小时内，患者的"儿童"表达情感，并且希望在沟通中能与精神科医生的"父母"建立联系。精神分析师将其称作移情——即咨询情境激发了患者儿时的体验和相关的行为，并将其从过去带到现在，这时患者"儿童"的反应就如同从前他在面对父母权威时的反应一样。这种特殊的沟通在生活中相当普遍，在与任何权威接触时都会出现类似的现象，如当一个人被巡警拦住时。精神分析师认为，当患者成功地避免将这种儿时的情感转移到现在的情境时，他们就会有所改善。分析进行到此时，患者无须有选择地将自己展示给分析师，换句话说，患者不再害怕分析师的"父母"。在传统精神分析中，我们就说他已经克服了阻抗。

在人际沟通分析中，由于患者们的共同参与以及 P-A-C 模式的特点，所以避免了很多由移情和阻抗造成的阻碍。患者很快就会发现他与寻求帮助的人之间建立了平等的关系，后者以极大的兴趣促进患者了解自己。所以，在最短的时间内，患者就可以成为自己的分析师。如果患者被移情或阻抗的情感所妨碍，那么在最初一个小时内，当他熟悉了"父母""成人""儿童"这些概念后，他将可以直接处理这些问题。

从我的实践来看，我与患者见面的第一个小时已经形成一种固定的模式。在这一小时中，我会用前半个小时来倾听患者对问题的诉说，剩下的半个小时我会向他介绍 P-A-C 模式的基础。当患者理解了"父母""成人""儿童"后，我们就会用他新学的语言来讨论他的问题。用人际沟通分析中常用的通俗话语来说，这样的沟通"勾出了他的'成人'"，通常，他们希望听到医生更多的意见。然而，"儿童"并不轻易退让，在随后的个体咨询或团体治疗中，它可能会一直顽固存在或不断出现（阻抗）。每次"儿童"出现时，我都会用"成人"对"成人"的方式进行解释，指出他的表现源于"儿童"以及它给个体带来的生活上的麻烦和负担。

在人际沟通分析的初始阶段，基本上是一种教与学的过程，目的在于详细而精确地理解一些基本概念，并将之作为共同探讨"父母""成人""儿童"各自功能的基础。我认为,在治疗之初建立一种专门的语言对治疗会起到独特的作用,它有助于患者准确地表达自己的问题。例如,在第一个小时结束时,患者通常会说"我感觉好多了"或者"这种方法带给我希望"。

第一个小时也包含对"治疗契约"的讨论,我们用"契约"这个词来表达共同的期望(我在这里会教你一些东西,你来这里是要学一些东西)。但是它并不意味着保证治愈的意思,只是说明咨询师要做什么以及患者要做什么。如果任何一方偏离了最初的预期,那么只要回顾契约就可以了。这时的沟通可以用新习得的语言来促进,使沟通变得具体,患者可以用该语言来核查自己日常的沟通。治疗的目标不在于消除现有的症状,而是解放"成人",使个体不再受到过去的影响,体验选择的自由并创造新的选择。

诊断

有时,在第一次治疗时,患者会紧张地问:"我的诊断结果是什么?",就好像在等待高高在上的人的宣判一样,这是"父母"对"儿童"沟通的诱发剂。通常,我会提以下的问题以避免对上述问题做出正面回答,如:"你需要诊断结果吗?"或者"诊断结果对你来说有什么帮助呢?"我认为,心理诊断对于有些人来说是阻碍而非帮助。卡尔·梅灵格(Karl Menninger)也同意这种看法:"患者来到我们这里不是要被贴上标签的!他们是来寻求帮助的。人们可以从精神疾病的症状中恢复,但是不能从标签中得到恢复。"

在传统医学中,诊断是医生和患者沟通的有效方式。知道了诊断的结果,医生也就知道自己该做什么。急性阑尾炎、滑囊炎、肺癌、心肌梗死——所有这些术语都反映了特定的、需要特殊治疗的疾病。精神治疗的实践沿袭了传统的诊断，但是却没有实现进行交流的初衷。美国精神病学学会有一本很厚的诊断手册，但是除了少数的特例外，其他大都像超我、本我、自我这些术语一样，传递的是非常模糊的信息。比如说一个人患了假性精神分裂性、强迫—冲动、被动—依赖、慢性焦虑神经症等，如果你不花很多时间来研究它，你一点儿也不明白所患何病。就算告诉你患了精神分裂症也没有什么实质的意义，因为精神分裂症并没有精确的定义。它可能只是给患者一些安慰，让他知道他患了一种奇怪且复杂的疾病。然而对于如何治疗精神分裂，治疗师们分歧很大，甚至连观察资料的基点也很少达成一致。因此类似的诊断术语意义有限。任何没有达到沟通目的的词语都无济于事。在分析的最后阶段，我们发现是我们真正了解到的东西对治疗发挥了作用。那些使事实变得模糊的词语都应该减少使用，取而代之以简单、精确和直接的词语。在很大程度上，我们应努力找到一种能令我们更自由地进行交流的语言。

人际沟通分析的语言、遵守共同的约定（沟通）以及"父母""成人""儿童"的清晰定义，使得人们之间出现了一种全新、有意义、通俗的沟通方式，这种沟通不仅在使用这个理论的医生之间使用，也可以用在医生和患者之间。一个被"父母"所控制同时排除了"儿童"的人知道他的问题出在哪里，并且可以从他的过去中获得解脱。如果一个组员坚持想知道他的诊断结果是什么（"无论如何，我是谁？"），我通常会基于自己对他的了解以一种他能够理解的方式给予回应。比如我会这样说："你的'儿童'中包含着很多"我不好"的记录，并且'成人'中相当大的一部分被'儿童'污染了，这使得你的举止有时不太恰当，并给了你的'父母'责打你的'儿童'的机会。你觉得你所有的那些罪恶感是从哪里来的呢？"

仅仅是无聊地讨论症状可能会具有破坏作用。但我们已经发现减少内心的冲突对缓解胃痛有很大的作用。需要关注的是，要求给出诊断结果和仅仅讨论症状与"我的比你的好"或者"没有人知道我遇到了麻烦"等游戏一样，反映了人们要胜人一筹的特性。无论一个人在他的生活中遇到了何种麻烦，如果他希望问题得到解决，我们都可以教他人际沟通分析的方法以帮助他检查目前的沟通，这样他可能会发现正是遥远的过去造成了他现在的问题。

在第一个小时的会谈中，患者经常会问治疗师这样一个问题："这会花费多少时间呢？"很多治疗师——就算不是大多数——对这类问题的处理方法是"不多说"。这意味着需要花很长的时间。杰罗姆·D.弗兰克（Jerome D. Frank）指出，患者对治疗时长的预期是决定达到某种治疗效果所需时间长短的最重要因素。他以两组有类似心身疾病的患者为例，在达到相同的效果时，第一组用了6个星期，第二组则用了一年的时间，差异取决于患者自己对治疗所需时间的预期。我想，做出预期的关键在于对所要达到的治疗结果的了解。

利用我们新学习的语言，我们的治疗目标被清晰地表达了出来，患者可以知道他们正在做什么。我喜欢帮助我的患者将时间及费用等现实性局限看作挑战，而不是剥夺式的不合理负担。为此，我通常会建议他们："让我们一起来为你制定一个时间表，你每周四两点来参加团体，一共参加10次，看看我们在这段时间里可以做多少事情。"如果患者在这10次之后愿意继续参加团体，我们就会设置另外的10次，这样他就知道他可以再次回来。在我的实践经验中，一个小组的平均时长是20小时。当然由于个体差异，也会有很多不同。我们每个人的"父母""成人"和"儿童"有所不同，在生活中所遇到的困难差异也很大：如婚姻问题、工作不满意、没有休闲时间等。有的患者在经历了三四次小组治疗后就取得了巨大的突破，他们的"成人"获得了足够的自由，可以准确地将"父母"与"儿童"区分开，并将这二者与现实——外部世界区分开。

能够进行这种区分的最初标志之一就是患者说了如下的话："我'不好'的'儿童'曾经……"或者"现在……"。这样的方式标志着患者真正理解并确切地将"儿童"与"成人"区分开，这一分离既具有智慧，又透过内、外在带来人格的完善。

为什么需要团体治疗

对于人际沟通分析师来说，他们可以选择在团体中对个体进行治疗。这是好抑或不好？在团体中对个体进行治疗是"低质廉价的精神治疗法吗？"很多人对"团体"这个词的反应就好像对富兰克林·罗斯福（Franklin Roosevelt）所用的"普通人"的反应一样。谁想成为普通人？谁愿意毫无特色？谁愿意仅仅只是一个统计数字，或者只是团体中的一个组员？在团体治疗中发生了什么？在人际沟通分析团体治疗中又发生了什么？

对团体治疗的一种普遍看法是：小组中的组员会逐渐表达情感，将这些情感"从他们的身体中释放出来"，告诉别人他们是如何看待这些情感的，然后，"所有的事情都得到了解决"。事实上很多关于团体治疗的著作也支持这一看法。史雷夫逊（S. R. Slavson）是团体治疗发展过程中的开创者之一，他在《团体治疗实践》（*The Practice of Group Therapy*）一书中说到：

> 团体最主要和广泛的价值在于它允许表现本能的驱力，这一过程由于其他组员的催化作用而得到促进。在团体中，患者可以放下警惕，这里无拘无束，患者可以彼此寻找到支持，自我暴露的恐惧也因此极大地减少了。因此，患者更容易展示他们的问题，治疗的进程也被加速了。防御的减少、整个环境的自由氛围以及彼此的榜样作用使个体得到了解放，自我保护和防御性的约束也相应减少。团体不仅可以减少成人的防御，对于儿童和青少年来说更是如此。自由的表现和叙述可以使人感到满足，同时，它使患者在治疗早期就能够面对自己的问题，由此使为防止自尊受损而出现的防御大大减少了。友好的团体氛围以及彼此的接纳使得每个人没有必要进行防御，所有的人都有相同或相似的问

题，谁都不希望得到否定的反应。每个人的面子因此都得到保全，同时，这里也不用担心会遭到报复或贬低。[1]

在我个人的临床经验中，我从来没有证实过以上论述的正确性。允许"儿童"表现出本能的冲动，在治疗中任意玩心理游戏是对团体时间的浪费，对其他每一个组员的权利和意志也是一种侵害。如果允许这种状况继续下去，它就会损害到人际沟通分析中的治疗契约。只有团体中的每个成员至少能释放出一点儿"成人"时，自我表露或自我忏悔才能对团体中的个体有所帮助。只有当"成人"掌管了这个过程时，治疗才会加速，因为唯有"成人"可以辨别"父母"和"儿童"。如果只是暴露问题，如同邀请别人玩"你为什么不，是的，但是"这样的心理游戏。在日常生活中，表达感受和努力倾诉确实可以让"父母"和"儿童"获得满足。但在治疗团体中，这样的沟通会阻碍对基本概念的掌握，而这些理解和概念是让"成人"得到解放的基本要素。

"团体"这个词本身没有什么奥秘。人际沟通分析治疗的最初阶段是教与学的经验，此时，团体治疗比传统的一对一的个体治疗具有一些显著的优势。每个人在团体中所说的一切——每一个问题、每一个回答、每一次沟通都需要被组内的其他成员看到或者听到。"父母"在沟通中微妙的各种表现需要被辨识和研究。对于"儿童"，首先需要辨别对它来说构成威胁的一般性的内、外部因素，然后再辨别组内每一个人所独有的和特殊的"儿童"特征。在这里，大家会一起来面质心理游戏，面质"你生活在哪里"的事实。这与一对一治疗中与世隔绝、仅仅带着"耳朵"倾听的做法有很大不同。在团体治疗中，人们处于自然的氛围之中，每一个人都与他人相处在一起，而不是与他人分隔开。在现实生活中，完全与他人分隔是不可能的事情。用人际沟通分析方法进行团体治疗的最大好处在于，患

---

[1] S. R. Slavson, *The Practice of Group Therapy* (New York: International Universities Press, 1947).

者可以很快地迈向恢复，他们重新开始生活，开始观察并感受真实的东西，或是"成长"，但个人的目标在团体治疗中可能会有所表达。在一次激动人心的团体治疗临近结束时，一位组员说："我感觉我现在足有10英尺高了"。

但在仔细研究团体治疗的主要好处之前，我们最好先认识到，个体治疗是高收费的项目，而团体治疗解决了该问题，并解决了需要帮助的人和能够提供帮助的人数量不一致的问题。我们生活在需要关注费用和时间的年代，我们急迫地感到需要帮助那些处于困境中的人们。在寻找解决方法的过程中，我们必须仔细分析精神治疗所面对的主要批判：花费太高、时间太长、达到的效果不确定等。我们不能简单地认为持有这样观点的人不注重实际，缺乏现实感，希望借此评论就能消除以上的批判。如果一个遇到麻烦的人认为他的问题的解决之道在于拥有一辆崭新的跑车，而不是寻求更急需的帮助，我们才能这样批评他。

今天，尽管很多人完全接受"心理健康很重要"这样的观念，但是他们仍旧无法在日常开销之上再背上接受长期精神治疗的重担。很多中产阶级以及低收入群体都如此。那么，心理健康是只针对有钱人说的吗？就像我最近从一位医学同事那里听来的一样，精神治疗是一种"奢侈品"吗？或者是否能有更多的人通过团体治疗而得到帮助？精神方面的照料是否可以像急诊外科一样被看作为治疗中合理的一部分呢？

伦纳德·夏兹曼（Leonard Schatzman）博士是加利福尼亚大学医学中心的一位医学社会学家，他在1966年完成了一项现场研究，在8年的时间内研究了15所医学中心，并关注其中的精神科医生和工作人员。他的文章发表在1966年的《旧金山纪事报》（San Francisco Chronicle）中，在文章里他说道：

> 老式的、一对一的医学治疗模式是针对有钱人的，它完全忽略了广大的穷人，再也不能满足现实要求了。现在越来越多的人

需要精神方面的服务，精神分析取向的精神科医生仍旧坚持关起门来，为有限的患者提供个体服务，他们似乎只是为有钱人提供服务来赚取开业的费用。无论是好，是坏，还是不好不坏，他们都可以自豪地说这种服务专为患者量身定做并含有很高的技术成分。但谁买得起定制的服装？谁能经常在饭店享用美食、烛光和葡萄酒呢？谁又能开着专门定制的汽车呢？

在团体中对个体进行治疗可以降低治疗费用，使大多数工薪阶层有能力承担。我的经验也告诉我，使用人际沟通分析进行团体治疗可以减少治疗时间，减少患者的费用。同时，由于治疗"契约"以及治疗步骤都非常具体明确，因此团体治疗具有很大的稳妥性和保险性。如果我们可以通过给孩子买保险的方式为孩子的教育提供保障，那么契约也可以视为在行为教育上所投的一种特殊保险。

然而，从我的经验来看，比以上这些考虑更重要的事实是，个体在人际沟通分析团体治疗中的康复速度快于传统的一对一的个别治疗。"康复"指最初会谈契约中所设定的目标均得以实现，其中之一就是症状（比如婚姻破裂、疲劳、头疼、工作失败等）得以缓解，同时患者可以准确、有效地使用 P-A-C 模式。衡量一个患者是否康复的指标之一就是看他是否能用其他组员可以听懂的方式报告他的任何一个沟通发生了什么问题。如果某人告诉我他已经经历了很久的治疗并且"它很有帮助"，但却回答不出我的问题"治疗中发生了什么？"，那么我觉得他还不能驾驭自己的行为。我们可以把亚里士多德的观点应用于此："表达出来的才是印象深刻的"。如果患者能够表达出他为什么要做这些事以及他如何停止做这些事，那么他的问题就已经被治愈，因为他知道治愈的方法，并且能够一次次地反复使用 P-A-C 模式。

一旦一个人学会了 P-A-C 的基本知识，他就会发现他对人际沟通分析团体的看法与他的"父母"和"儿童"的看法差异很大。可能他在很小的时候就被教导"家丑不可外扬"或者"不要泄露家庭的秘密",这是清楚地记录在"父母"之中的信息。另一方面,"儿童"在玩"我多可怜"的心理游戏时却喜欢"抖出所有事情"。一个想玩"忏悔""精神病学"、"这不是太糟糕了吗"和"都是他的错"等心理游戏的人,很快就会发现在团体中没有一个人愿意和他一起玩。治疗师的角色是教师、培训师和提供资源的人,非常强调投入。团体是一种环境,在其中可以活动、投入并行动,这里允许大笑,提供一种放松的体验,而不会出现"令人讨厌的任务"的体验。

在 P-A-C 团体中,每一个组员的目标都很清晰、简洁、明确:将组员的"成人"从"父母"和"儿童"的负面影响以及由此所产生的混乱中解放出来,患者就被治愈了。这个目标通过在团体内教授每个组员如何认识、辨别和描述他们的"父母""儿童""成人"而得以实现。

由于团体的基本特征是教授、学习和分析,所以人际沟通分析师的治疗效果取决于他担任老师时的热情和能力,以及他对团体中的言语或非言语信息的敏感性。在团体中,"父母"以多种形式表现出来:摆摆食指、挑起的眉毛、双唇紧闭或说这样的话:"您难道不同意?""每个人都知道……""他们说……""毕竟……""我一定要坚持查出真相!"

"儿童"除了玩"我多可怜""这不是太糟糕了吗"和"我又一次这样了"等心理游戏外,他们出现的方式也很容易得到辨别,例如,哭泣、笑、羞怯、咬指甲、坐立不安、退缩和生气。团体里的组员对其他组员处于"不好"心理地位的"儿童"予以支持,而不是用"父母"的方式来指责"儿童"。团体中,其他人会满怀同情地说:"我看到你的'儿童'很伤心,是怎么回事呢?"或者"你能告诉我是什么引出了你的'儿童'吗?"

通过团体中大量的沟通,患者很快开始补充彼此"父母""成人"和"儿童"之间的信息。这是一个"团队评估",不是对埋藏已久的信息进行评估,而是对当前可观察的、公开的资料进行评估。这个团队是由患者组成，而不是由纯粹的观察者组成。泽西海滨医学中心的主任安罗姆·雅各布森（Avrohm Jacobson）认为患者不可能忍受团体治疗，也没有精神科医生可以向患者证明它的有效性，他说：

> 临床上，我们仍然继续使用团体的方法来"评估"患者。这对患者来说真是漫长、残忍的过程，其中包括社会工作者收集数据、心理学家进行测验等，然而这些对精神科医生的临床治疗效果帮助甚微……医生必须把时间花在会议上，听各种报告——这些报告是经过几个月仔细搜集起来的——时间花在直接和患者接触上才是更有用的。

他推荐阅读早期的一个临床研究，这个研究表明，医生的大多数时间都花在检查患者的病情上，而不是用在治疗上。[⊖]

在我早年使用 P-A-C 的时候，一些患者对参加团体持着非常警惕的态度。根据他们对传统治疗方法的了解，他们坚持认为自己来咨询就需要不断地叙述个人问题。他们的观点是：我付你钱就是让你听我说，这也是我来这里的原因。然而，由于对团体治疗效果的良好报告，这种态度已经极大地改变了。最近，一些患者直接被转介到团体中，另一些患者直接要求参与团体，因为他们从朋友那里听说了这样的团体。进入团体之初，治疗师不会根据诊断分类筛选组员，也不会根据相似的症状而将组员分配到同一组中。把所有的酗酒者、同性恋者或辍学者放在同一个团体中并没有什么好处，因为这有可能使他们形成这样的印象："每个人不都是这样吗？"然后治疗师就成了唯一一个奇怪的人。

因此，团体内包括各种诊断结果的个体，如低智商者和缺乏正式教育的人等。有很多"自学"的患者成了很好的人际沟通分析师。我的很多患者都有机会观察到团体中的其他患者精神症急性发作和解除的过程（不

⊖ A. Jacobson, "A Critical Look at the Community Psychiatric Clinic," *Commounity Psychiatry,* Supplement to *The American Fournal of Psychiatry*, Vol. 124, No. 4（October 1967）.

工作的"成人"），以及自由表达的各种幻觉（由陈旧的"儿童"所控制）。在团体中他们看到并听到这样的患者在幻觉中描述"父母"与"儿童"之间的对话，患者以为这些对话源于外界。如果一个患者拥有被解放的"成人"，他就不会被这种短暂的精神症状表现所打扰，他乐于用支持、安抚、宽慰的态度来对待发病的患者，不计较他们不正常的表现。

医院小组每天见一次面，而我的人际沟通分析团体每周见一次面。在出院的时候，每个患者在我的团体中所待的平均时间是两周。我们教组员警觉"儿童"的倾向，因为"儿童"会相互比较——"我比你学得快"或"你比我病得严重"。这样，一个新患者进入一个"老患者"团体时仍能感觉舒服自在，并能很快地跟上人际沟通分析的学习。团体会面时的环境令人舒服，大家对声音的敏感度也很高。组内发生的一切都可以被听到，包括叹气声。在屋内占据主要空间的是一面黑板，每次会面时我们都会使用它来进行重要内容的陈述，我们用符号来描述人格结构。

有的人可以很快掌握辨别"父母""成人"和"儿童"的技巧，并了解它们如何在当前的沟通中体现出来，另一些人则需要较长的时间。但是，那些学习较慢的人在某个时候会发现他们"不好"的"儿童"对学习进行抗拒，"儿童"纠缠在过去的现实中，不被允许进行独立思考。

意识到自己拥有处于"不好"心理地位的"儿童"，是理解自己行为的第一步也是最重要的一步，标志着一个人开始客观地评估自己的人格结构。但是在理论上理解它是一回事，在现实中看到它确实在我们身上存在又是另一回事。有人将"不好"的"儿童"看作趣闻，但我认为'不好'的'儿童'真实存在着。

团体中沟通的内容大多数与小组成员当前的问题相关联，这些问题集中在昨天或上周发生了什么，而不是很久以前发生了什么。组员通过"父母""成人""儿童"在当前沟通中的表现学习辨别和了解它们，特别是通过它们在团体中的表现来学习，这和我们已知的来自心理研究中的资料差别很大。美国心理协会会长亚伯拉罕·马斯洛（Abraham Maslow）在

1967年9月的讲话中批评说,他的同事太喜欢在研究中收集"价值不高"的事实了,他说:"他们收集的信息很有用,但是却不那么重要,都是细枝末节信息的堆积,太琐碎了……有太多的心理学者对他们的研究被试精挑细选,比如'某人眼球的左90度弧'。"[1]

不论研究的形式如何,其最终价值在于能够发现一些信息帮助人们改变。当人们的"成人"开始负责任时,他们在团体内的改变就显而易见了,其他家庭成员也会发现这种变化。但是对个体来说,有时这种改变也可能造成危险。有一个妻子参加了我的团体,她的丈夫打电话来抱怨说:"这个团体里都教什么了——我的妻子看起来比原来开心了,但是我们的婚姻却出问题了。"在这个例子中,我邀请这对夫妻进行了一次会谈,向他们解释了P-A-C的基础。通常在这种情况下,都是由夫妻双方一起来参加婚姻团体。如果只有一个家庭成员参加了团体并开始改变,整个家庭都会随之发生变化,这几乎成为一个公理,因为原来游戏的格局遭到了破坏。

比如说,如果家庭中的一员原本是"害群之马",当他开始走出原有的角色时,别人的角色,特别是他的兄弟姐妹的角色就会变得混乱、颠倒甚至不安,这就是家庭治疗通常会产生良好效果的原因。在我的青少年团体中,与组员签订的契约里要求父母同时也来参与团体。在父母小组的讨论中,反复提及的一个主题是:"什么会破坏治疗效果"。有些父母十分不愿意放弃他们与孩子曾有的"父母"对"儿童"的关系,这种关系曾经令他们一直感觉"良好",这样他们就在无意识中破坏了治疗的成效。当青少年的"成人"开始工作的时候,父母的权力地位被威胁了,除非父母也使用他们的"成人",否则他们之间将出现交错式的沟通。这样的父母将孩子的自主看作对他们控制孩子的威胁,因此他们更喜欢治疗前的生活方式。对于恐惧的父母来说,相较于冒险信任他们的青少年

---

[1] San Francisco *Chronicle*, Sept. 15, 1967.

孩子能够发展出内部的自我控制能力，继续忍受一贯的家庭痛苦更让他们舒服些。

组员也被鼓励以负责任和充满爱的方式来审视他们与外界的关系，有一些关系可能是由于心理游戏才存在。停止玩心理游戏就意味着要结束这些关系，这么做有时并不好或者不现实。比如在过去的20年中你定期去拜访祖母，你们之间进行的是"这不是太糟糕了吗"这类心理游戏，现在你可能因为无法再忍受"这不是太糟糕了吗"这个心理游戏而不再去拜访祖母。此时，"成人"可以做出选择：玩或不玩游戏，或减缓心理游戏的程度以使得它的破坏性降低，或者试着通过向对方说明你的见解使个体放弃心理游戏。毕竟我们仍然是人类的一员，因此心理游戏可能不可避免。如果我们不想被邪恶征服，那我们就必须用美好去征服邪恶。如果我们从所有包含心理游戏的关系中撤退，那么就无法用美好去征服邪恶了。

我不时地提到P-A-C模式中采取安全措施的问题。写这本书时，我面对着书架上成排成排、大本大本有关治疗主题的书，其中大多数内容都是重复乏味地讲述病态的主题，即所谓的"精神疾病"或人类痛苦，并很详细地对治疗中可能遇到的危险进行了技术讨论。书中大多数内容与移情和阻抗有关，是精神分析中非常核心的内容。然而这些著作更详细叙述的是如何保护治疗师而非如何治疗患者。在精神分析中，治疗师是英雄。在人际沟通分析中，患者是英雄。P-A-C模式中的安全措施就是治疗师与患者的互助参与性关系，人际沟通分析的专门语言构成了患者与患者以及患者与治疗师之间沟通的基础，从中我们可以详察有意义、各种性质的行为和情感。在P-A-C团体中，组员彼此之间既相互制约又相互支持。在人际沟通分析模式中，没有万能的治疗师坐在黑暗的角落里，只让他可怜的患者躺在他的面前，这种做法只会让每一方都对这个令人生畏的过程所隐含的危险保持警惕。P-A-C团体契约中还有一个方面就是允许，甚至鼓励每位参与者表现出"儿童"和欢笑，包括治疗师在内。P-A-C团体的特点是笑声阵阵，这一巨大的能量可以转化为养育型"父母"的体谅与支持，并同时拥有清醒的"成人"来寻求新的答案。

因此,危险来自治疗师不知道,或者任何人都不了解的"儿童"不好的心理地位对一个人的生活或周围人的生活所造成的影响。当一个组员宣布:"当你这么说的时候,引发了我不好的'儿童'"时,就为探究我们存在的秘密打开了一扇门,这样的结果也可能会被证明对团体内的所有组员都有帮助。

第 12 章

P-A-C 模式和道德价值观

我认为,应该用综合的方法,而不是用取消或二元化的方式来解决科学和信仰之间的冲突。

——德日进(Teihard de Chardin)

为什么你要让自己 6 岁的儿子回到原地,并"照着那个孩子打你的方式"狠狠地回打对方一拳?

为什么你要参加反对越南战争的示威游行?

为什么你要把自己收入的 1/10 捐给教堂?

为什么你知道自己的好朋友严重地偷税漏税,却不向税务局告发?

为什么你要为某个员工的过错承担责任?

为什么你赞成公平住房法,却忘记去投票?

为什么你反对女儿与一个出身卑微的朋友来往?

为什么你明明知道同事玩忽职守可能伤害到他人,却不去告发他?

为什么你不许孩子们看《离婚法庭》电视剧,却允许他们看《秘密特工》?

每一天,大多数人都要做出类似的决定,这些都是有关伦理道德的判断,即是与非的问题。影响人们做出判断的信息来自何处?来自"父母""成人"和"儿童"。当你检查了所有的"父母"数据,对其进行取舍选择后,仍然发现缺乏足够的指引做出决定,此时你会怎么办?放弃吗?如果你有一个自由的"成人",你会怎么做呢?对于伦理道德方面的问题,你是自己做出判断,还是去求教权威?我们每个人都可以成为道德学家吗?或许只有非常聪明能干的人才有资格成为道德学家?

如果我们认为自己无法把事情做好,我们还可以从何处获得新信息?我们的不足是什么?"成人"可以检查什么样的现实?

现实是最重要的治疗工具。通过研究历史和观察个体,我们可以了解现实,并建立一套有效的伦理道德体系。然而,如果我们认为,有关人的现实仅是我们自身的个人体验和理解,这种认识未免过于偏颇。有些人,由于他们见识更多、阅历更丰富、博览群书、体验更丰富、思考更多,因此他们的现实要比他人的宽广,或者他们的现实与他人截然不同。

在人生旅途中,我们需要方向的指引,正如飞行员需要导航一样。在早期的航空史上,飞行员根据他们的视觉,将其座舱下的一切——如江河、河湾、铁路和小镇，与铺在面前的地图一一进行比较，以确定自己的位置。当然，一旦视野受阻，哪怕只有一会儿，一切都靠不住了。后来，又发明了两点定位法进行导航（这两个点是特定的无线电发射台，每个点都发射出无线信号，通过飞机上的指南针通知飞行员他的飞机相对于发射台的位置）。飞行员可以在地图上用直线画出飞机距这两个发射点的距离，两条直线的交点就是飞机的位置。如果只有一条线，一个方向，飞行员就无法找到自己的位置，他可能发现自己在赤道上，但具体在赤道的什么位置，他需要从另一个方向找到答案。

我发现，许多精神病学家和心理学家在治疗中都犯了"单方向定位"的错误，他们将所有的注意力都集中在关注一个事实，即患者过去的生活经历上——"他曾做过什么"，而完全忽略了对其他现实的考察，这些现实可以帮助患者了解"他应该做什么"。

如果我们认为心理健康只与"我之所以如此，是因为我3岁住在辛辛那提时，妈妈在圣诞前夜用我的坐便盆狠狠地打爸爸"等诸如此类的事件有关，那就太可悲了。这种考古式的治疗使我想起了H.艾伦·史密斯讲述的一个故事，故事里的小女孩给奶奶写了一封感谢信，感谢奶奶在圣诞节时送给她一本有关企鹅的书："亲爱的奶奶，非常感谢你在圣诞节时送给我这本好书，书中有关企鹅的知识超出了我愿意知道的范围。"

我们可能穷尽一生挖掘过去的生活经历，似乎这是现实的唯一所在，完全忽略了其他的现实，这些现实之一是：我们需要并且确实存在一个道德价值体系。

很多"心理科学家"将建立价值判断看作对科学方法的可耻背叛，因此应不惜一切代价避免做任何价值判断。一些人坚持认为，科学方法无法应用到价值判断领域，"这是价值判断，因此我们无法对它们进行检验。""它们属于信仰范畴，我们不能采用似是而非的数据。"他们忽略了这样一个事实：科学方法本身完全依赖于一个道德价值，即科学家的可信度。为什么科学家所说的就是实话？仅是因为他可以在自己的实验室里加以证明吗？一些人认为科学家与道德价值观无关，对此，纳撒尼尔·布兰登（Nathaniel Branden）特意撰写了一篇论文回答这个严重的问题：

> 心理学这门科学的核心问题是"动机"，这门科学要回答以下两个基本问题：为什么一个人会出现这样的行为？怎样才能让他的行为有所改变？动机问题的答案就在于价值观领域。今天心理学的悲剧之处在于，将价值观问题摒除在心理学研究领域之外。仅让患者了解自己的内心冲突就可以解决他们的问题，这种认识并不正确。伦理道德问题的答案并非不言而喻，而是需要经过复杂的哲学思考和分析。有效的心理咨询需要自觉、理性、科学的伦理道德准则——一套以现实为基础又符合人类生存需要的价值体系。[⊖]

布兰登指责说，如果精神病学家和心理学家声称"哲学和道德伦理问题与他们无关，科学不能进行价值判断"，如果他们"用沉默断言绝不可能存在理性的道德准则，借此逃避他们的职业义务，甚至扼杀人类的精神"，那么他们就必须承担巨大的道德责任。

什么是理性的道德准则

对这个问题最常见的回答是："如果每个人都遵守圣经中的黄金箴言，一切都将变得秩序井然。"这样的答案并不令人满意，因为我们给予别人的，以及别人以我们希望的方式给予我们的，都可能是具有破坏性的。例如，一个人想通过不停地玩"踢我"的游戏解决他的"我不好"的问题，也许没有人愿意帮他实施这个"解决办法"。黄金箴言不是完美的生活指南，不是因为该理想有瑕疵，而是因为大多数人都不清楚他们需要什么，

⊖ Nathaniel Branden, "Psychotherapy and the Objectivist Ethics," delivered before the Psychiatric Division of the San Mateo County Medical Society, Jan. 24, 1966.

以及他们为什么有这些需要。他们无法认识到"我不好—你不好"的心理地位，也意识不到他们正在玩的缓解他们心理负担的游戏。当人们通过自己的亲身经验发现这些黄金箴言和许多相似的"信念"不起作用时，他们就不会严格地遵守它们了。

罗素这样写道：

> 许多成人在内心中对他们童年时被教导的东西仍深信不疑，当他们的生活方式与从主日学校学来的箴言不符时，他们就会感觉到罪恶感。其危害不仅表现在意识到的理性人格（"成人"）与无意识的童年人格（"儿童"）间的分裂，而且还造成他们对传统道德中的有效部分产生怀疑。这种危害与道德价值体系紧密相关，该体系教给年轻人很多信念，但是当他们成年后，大多数的信念都被抛弃掉了。⊖

罗素所说的"传统道德中的有效部分"真的存在吗？"成人"的重要功能之一在于对"父母"数据进行考察，以决定"父母"中的哪些数据值得接受，哪些需要抛弃。我们必须谨防全盘否定"父母"的做法——难道还有什么值得留下来的吗？显然，"父母"中的很多信息是值得信赖的，毕竟，我们的文化通过"父母"代代相传。

道德价值首先出现在"父母"中，"应该""必须"等都是"父母"的语言。本章的核心问题是："应该""必须"可以成为"成人"的语言吗？

是否可能有一致的道德价值观

是否存在着一种全人类都认可的客观的道德准则？或者我们必须根据具体情况建立各自不同的价值观？维克多·弗兰克尔（Viktor Frankl）这

⊖ B. Russell, *Why I Am Not a Christian*（New York: Simon & Schuster, 1957）.

样评论今天年轻人的绝望：他们生活在自称的生存真空中，在这种状况下，每个人都是自我世界的核心，拒绝接受任何"外部世界"给他们提出的要求。[一]在真空中，任何道德准则都是主观的。如果真是如此，今天这个世界将存在着 30 亿种"道德准则"，每个人都各行其道，完全否定存在着指导人际关系的客观的道德准则。但事实是，追求客观的道德准则、渴望人际间的关系却是一个普遍的现实，这也是每个人都从自己的经验中感受到的现实。事实上，人们不能、也不愿独自存活于世上，不与其他人互动。那些沉溺于 LSD（一种致幻剂）毒品的人报告说，他们热衷此道是因为可以从幻觉体验中获得超脱，在"超然物外"中发现将人们联系在一起的基本要素。尽管这种追求超脱的方法受到争议，但我们需要注意到这种与人联结的渴望以及一体感的能量。正是因为人类需要相互间的互动和联系，人类才进化成今天的样子。

尽管人类对相互联结的渴望已成为一个不争的事实，但控制人类相互联结的原则却无法从经验中获得。特伯拉德用强有力的论据表明，伦理道德的客观性不是经验性的，而是辨证的。他说：

> 当我们仔细面对这一切时，发现主观相对论已经成为荒谬，我们不得不相信存在着道德准则，尽管在不同时期、不同文化下，我们对道德准则的理解总是模糊不清的。那么，所谓的客观的道德准则到底是什么呢？我们认为存在一个现实参照点，当一个人对自己的行为或他人的行为做出错误的判断时，根据这个参照点，可以找到这个人的错误。结论是，确实存在这样一种辨证意义上的道德准则，但这并不等同于人们已准确或大概理解了道德需要的本质。当人们的道德标准不一致时，并不意味着他们需要放弃努力，不去寻求一致的标准。[二]

[一] V. Frankl, address, Sacramento State College, May 5, 1966.

[二] Elton Trueblood, *General Philosophy*（New York: Harper, 1963）.

那些否认存在一种客观的道德准则，即整个社会都"应该"遵守的准则的人们，应仔细考虑否认本身的困难。存在主义者否定该准则的存在，萨特（Sartre）认为，人类经过不断地选择和行动形成了自己的本质。他坚持认为，人类通过行动本身创造了他对人类的定义。一言以蔽之，人类的存在先于本质。人类不仅创造了自己的本质，同时还造就了全人类的尊严。因为他只能选择对自己有益的选择，而这样的选择势必对全人类都有益。

但是，约瑟夫·柯里格兰（Joseph Collingnon）提醒我们，事物还有另外一面：

> 人不仅要为自己、还要为全人类的每一个行动负责。因此，萨特和所有的存在主义者都感到"痛苦、放弃和绝望"，这并非毫无道理。当一个人面临抉择时，若没有一个人、没有任何一种信条可以帮助他做出某种具有重要意义的决定，那么，这个人很容易产生这种失望哲学……存在主义对年轻人具有巨大的吸引力，一想到这个世界是荒谬的，他们就会激动不已，这给了他们超越现存秩序以及掌控自我的感觉。因此，世界对他们而言已不再是一成不变的哲学统一体，而成为一个由他们自己创造人类尊严的行动场所，尽管他们只是为了自己才去进行这种创造。
>
> 不幸的是，幻想破灭了。在一年前的一次有关存在主义的讲座上，我发现许多学生对这一哲学体系抱有极大的热情。最后一次讲座因肯尼迪总统遇刺的爆炸性新闻而中断，在令人窒息的沉默之后，一个刺耳、急促、尖声的声音响起：这是一次完完全全的存在主义行动。班级里很多同学在哭泣，尽管这一氛围使说话的人不敢再开口说什么，但这一认识却一直在延续：是的，这是一次完完全全的存在主义行动。有个性、自由的行动自然无可厚非，但谁又能来控制这样一个刺杀年轻总统的自由行动呢？总统

将他的大部分年华都奉献给了国家公共服务事业，在李·奥斯瓦尔德（Lee Oswald）看来，刺杀总统行动只是他自由表达个人意愿的一种方式，但对国家和世界而言，这一行动又意味着什么呢……[1]

如果这个世界没有一个普遍性的"应该"原则，那么我们就不能说阿尔贝特·施韦泽（Albert Schweitzer）比阿道夫·希特勒（Adolf Hitler）好多少。我们只能说，阿尔贝特·施韦泽做过什么，阿道夫·希特勒做过什么。尽管我们可以进一步说明，阿尔贝特·施韦泽挽救了这么多的生命，而阿道夫·希特勒发动了对上百万人的大屠杀，但这也只是记载在历史某一页上的统计数字而已，对旨在改变人类行为的道德反思没有什么实质意义。毕竟，人或人类的价值无法用科学加以证实，阿尔贝特·施韦泽可以认为自己做得对，阿道夫·希特勒也可以认为自己是正确的，但如果他们两个都是对的，那就是明显的自相矛盾。那么，我们应该用什么样的标准来确定谁是谁非呢？

人的价值

我要提出这样的一种理性认识——人是重要的，这一认识是客观道德准则或最终真理的近似表达。这意味着所有的人类紧密地联结在一起，这种联结超越了个人的存在。这是一个合理的假设吗？要回答这个问题，最有效的分析方法是比较二者的困难：相信"人是重要的"固然困难，而相信"人不重要"却更加困难。

否定人的重要性，如同否定我们为之所做的所有努力。如果人不重要，我们为什么还要费尽心思地做精神病学上的努力呢？"人是重要的"

---

[1] J. Collignon, "The Uses of Guilt," *Saturday Review of Literature*, Oct. 31, 1964.

是一个道德理念，缺乏该理念，任何对人性的理解都徒劳无用。我们无法靠着演绎推理证明人类的重要性。古今历史所详细记载的黑暗面以及人类的破坏性行为，无不从反面证实着"人是微不足道的"这一现实。假如人的存在是没有目标和方向的，那么，生活在世上的数亿人的生死和痛苦更加证明，为理解人类的心灵、改变人类的行为所做的所有努力都是徒劳的。我们无法证明人是重要的，只能凭着信念认为人的重要性，因为要相信人不重要更为困难。

德日进写道："只有受到某种强烈的兴趣的驱使，一个人才会持续不断地探索和研究，这种兴趣基于一种信念，严格地讲，该信念无法用科学来证明，但它却令人类看到了宇宙存在着既定的目标。"[⊖]

事实上，这种"强烈的兴趣"贯穿了整个人类发展史，包括大屠杀的黑暗年代、战争和集中营等，如果我们漠视这一事实，我们就不是诚实的科学家。关于"宇宙的目标"的说法，我们可以相信，也可以不予理会。但作为一个有理性的人，我们无法忽视这样的事实，即人类重要性的问题一直是哲学研究上的一个谜。如果我们不能证明人的重要性，又不能合理地否定此问题，那么我们应该怎么办呢？

由于每一种文化对人的价值的认识均不相同，这些认识由"父母"往下传递，因此我们无法从"父母"中找到有关人的价值的一致性看法。在很多文化里，包括我们自己的文化，杀人可以得到"父母"的宽恕。例如，战争中杀人是可以的，在许多国家，包括我们自己的国家，死刑是合法的。因此，人的价值是有条件的。在许多早期的文明中存在着杀婴儿的陋习，这种做法是确保最强壮的婴儿存活在世上，甚至到20世纪该陋习仍然见诸报端。例如，在马达加斯加的塔纳拉人中，存在着两个肤色迥然不同的部落，除此之外，这两个部落其他的生理特征、文化和语言习惯基本相同。这两个部落被称为"红色部落"和"黑色部落"，"红色部落"的成

⊖ Pierre Teilhard de Chardin, *The Phenomenon of Man*（New York: Harper, 1959）.

员肤色为浅棕色,"黑色部落"的成员肤色为深棕色。如果"红色部落"的父母生出肤色较黑的婴儿,人们就会认为,这个孩子长大后或者是个巫师、小偷、犯乱伦罪的人,或者是个麻风病患者。这样,这个婴儿就会被处死。⊖他们关于"那种人"的价值观念,通过"父母"得以代代相传。大多数西方文化的"父母"不赞同这样的做法,但这些文化容忍其他形式的歧视,这些歧视最终也会导致生命被扼杀。

依靠"儿童",我们同样无法找出人的价值的一致性。因为"我不好"的心理态度而使活力得到削弱的"儿童",对自己的价值都无法做出积极的判断,更谈不上去判断他人的价值。任何文化中的"儿童"在被完全激惹的状态下,都可能演变出杀人的暴行,或者谋杀自己,甚至可能演变出集体大屠杀。

只有解放了的"成人"才能在人的价值问题上与他人解放了的"成人"达成一致。"良心"这样的词语表达很不确切,我们应该问:我们内心深处细小的声音是什么?我们遵从的"良心"是什么?是"父母""成人"还是"儿童"?

从不墨守教条的罗素说:"这种内在的声音,即促使'血腥玛丽'烧死新教徒的所谓上帝赐予的良心,难道就是人类这一理性生物应遵守的教条吗?这一想法简直是太疯狂了,我会竭力按照理性行事"。⊜

我很重要,你也很重要

在我们的人格中,只有"成人"才会选择"我很重要,你也很重要"这一立场。"父母"和"儿童"均没有充分的自由做出这种选择,一方面源于在特定文化下的学习和观察受到限制,另一方面是因为感受和理解同

⊖ Ralph Linton, *The Study of Man*.
⊜ B. Russell, *The Autobiography of Bertrand Russell*(Boston: Little, Brown, 1967).

样也受到束缚。

一个"成人"严肃地声称:"人是重要的",这与一个紧握双拳的女患者情绪激昂地说:"我爱大家"迥然不同。她的这一陈述及其他类似言行均来自她的适应性"儿童":"亲爱的,现在去吻一下艾斯丽姨妈"。尽管艾斯丽姨妈让这个4岁的女孩感到非常厌恶,但她还是照做了。当她这么做时,她在心里不断强调:"我爱艾斯丽姨妈"。然后,她的内心在自我推崇:"我爱大家。"她确实这么做了,但同时她却握紧了她的双拳。

我们必须考察所有的"我爱大家"的版本,以便理解我们真正的感受,并找出这种感受的来源。大多数人都会声明自己的某种信念,但这些信念通常是由"父母"灌输给"儿童"的,而不是"成人"根据自己的资料自觉做出的结论。

相比而言,"成人"透过以下的方法决定人的价值:

我是一个人,你也是一个人。如果没有你,我就不能成为一个人。因为有了你,语言才变为可能;因为有了语言,思想才变为可能;因为有了思想,人性才变为可能。你使我变得重要,因此,你很重要,我也很重要。如果我贬低你,实际上我也在贬低我自己。这就是"我好—你好"心理地位的理论基础。正是这种心理地位的存在,我们才成为人,而不是物品。这种心理地位要求我们要对别人负责,也为别人负责,这种责任感是对全体人类的终极要求。由此,我们得出的初步结论是:不要自相残杀。

这行不通

一天下午,一个同事在医生专用停车场遇见了我,他笑嘻嘻地对我说:"既然我好你也好,为什么你还要锁车?"

邪恶的问题也是我们这个社会的一种现实。在面对世上的一切邪恶时,第四种心理地位——我好—你好——似乎成为一种虚无缥缈的梦想。

我们的文明可能马上就要遇到一个前所未有的问题：或者我们互相尊重对方的存在，或者我们同归于尽。如果历经千古才建立起来的文明最终以毁灭告终，即使我们的态度再超然，那也无异是一种耻辱。

德日进惊喜地发现，整个世界是优化和趋同演变的过程，该过程今天仍在持续。尽管如此，在他的伟大著作《人的现象》(*The Phenomenon of Man*)的结尾处，他仍以沉痛的语气谈到世界上的邪恶："如果人类的演变并没有增加因人间灾难或最初的人类行为偏差所造成的巨大影响，那么为什么所有的痛苦、失败、眼泪和流血都没有达到极限，这是我们的理性所无法理解的。"

或许人类的演变出现了错误？或许人类发展中这些惊人的事件预示着未来更加巨大的变故？德日进说，人类历史上的第一个人意识到自身存在的那一瞬间，无异于是"一场从无到所有一切的前所未有的突变"。

也许我们正在接近又一个转折点，出于自我保存的需要，我们要经历又一次突变。我们需要一次大的飞跃和反思，在领悟了我们是如何走到一起之后，我们满怀着新的希望认识到"我很重要，你也很重要""我好—你好"。

我相信，人际沟通分析理论可以为人类的困境提供答案。尽管这只是我个人的观点和假设，但 J. 罗伯特·奥本海默（J. Robert Oppenheimer）的观点给了我勇气。他认为，"存在着一种共同语言，使科学家的世界与大多数一般民众（如艺术家、农夫、律师和政治家）的世界相互联系。"1947 年，他写下了以下这段话："……由于大多数科学家与其他学者一样，有成为教师的可能，因此他们有责任将他们发现的真理告诉其他人。"有人对他 1960 年的观点做了进一步的阐述："从事高尖端领域研究的人，也应该对一般文化的发展做出贡献，不能仅限于研究和讨论自然界的事实……还应该讨论人类困境的本质和人类的本质，讨论法律、善恶、道德、政治道德和政治。"⊖

⊖　Thomas B. Morgan, "With Oppenheimer," *Look*, Jan. 27, 1966.

因此，我们有责任将我们对人际关系方面的发现，应用到更广阔的、促进人类自我保存的事业中去。

最初的游戏即原罪

根据手头的资料，我可以对邪恶问题提出一些新的看法。罪恶、犯罪、邪恶或"人类的本性"，不管我们如何称呼人类的缺点，它们在我们每一个人身上都存在着。我们不能只是简单地指责人类的这一"顽疾"。我认为，普遍的问题是，每一个小婴儿，不管他出生在哪种文化背景中，由于他的处境（即人类的处境），他都会用"我不好—你好"的心理地位，或其他两种心理地位（我好—你不好，或我不好—你不好）来考虑问题。这是一个悲剧，但在第一个游戏开始之前，它还没有演变成真正的邪恶，这种有意的指向他人的第一个举动，目的在于减轻"我不好"的心理负担。第一次的别有用心的尝试证实了他"内在的邪恶"，即原罪，因此他被告知他需要忏悔。他越是抗争，罪孽越重，他的游戏玩得越有技巧，他的生活变得越隐秘，直至他感到与现实越来越疏远和分离，这就是保罗·田立克所定义的"原罪"。[⊖] 但对一个人来讲，他做了什么（即游戏）并不是最重要的事情，重要的是他如何看待自己（心理地位）。田立克说："在原罪成为事实之前，它是一种状态。"在一个人开始玩游戏之前，他已经拥有了某种心理地位。我们应该承认"我不好—你好"的心理地位是我们生活中的主要问题，它是我们在童年早期，在受压迫、缺乏正当程序和辩护律师保护下所做出的决定。但一旦我们看到这种心理地位的实质，我们就可以重新"开庭"并做出新的决定和判决。

我的一个患者说："我在玩一个'内在法庭'的游戏，我的'父母'

⊖ P. Tillich, *The Shaking of the Foundations* (New York: Scribner's, 1950).

是法官、陪审团和刽子手。这是一个结果已定的审判，因为我的'父母'已提前判决我有罪。我从未意识到被告也有权请律师，我从未尝试过保护我的'儿童'，我的'父母'不允许我对判决结果存有任何怀疑，但我的'计算机'最终提醒了我，并使我意识到我还有另一种选择——我的'成人'可以对我所处的形势做出评价，并为我的'儿童'求情。我的'成人'是一个律师"。

通过启发让每一个人意识到"我不好"是一个错误的决定，人们内心对自我的判决即可缓期执行，之后，他就会意识到放弃游戏是安全的。

P-A-C 模式和宗教

在大多数西方的宗教中都存在着非常突出的"父母—儿童"特点，那些受人尊敬的宗教领袖们勇于用他们的"成人"追求真理，对教会"父母"的清规戒律进行变革，由此导致了宗教改革的成功。只要经过一代的时间，很多好事就会变成坏事，经验性的推论就会变成教条。教条是真理的敌人，也是人类的敌人。教条说："不要思考，不要表达个人的思想。"尽管教条中也蕴含着优秀和睿智的思想，但教条本身是有害的，因为它未经检验就被当成真理。

绝大多数宗教的核心问题是，"儿童"在"成人"介入很少，或几乎没有介入的情况下接受了权威的教条，并将之作为行动的真理。因此，当道德归入到宗教范畴时，它必然以"父母"的形式出现。而且它往往是陈旧的、未经检验以及自相矛盾的。⊖前面我提到过，由于不同的文化在评价人的价值时各有差异，而这些信息是由"父母"传递的，因此我们根本无法依靠"父母"找出人的价值的一致性。"父母"式道德不但不能改进

⊖ See James A. Pike, *You and the New Morality* (New York: Harper, 1955).

普遍性的伦理道德思想，反而会阻碍普遍性的伦理道德思想的建立。如果"我好—你好"的心理地位一定要以你接受我的信念为前提，那么这种心理地位根本不可能建立。

下面我仅以自己对基督教的观察为例，因为我只对这个宗教观察和了解甚多。基督教最核心的观念是博爱，"博爱"是一个意味深长的词，很难用其他的词语来代替。正如基督教现代神学家之父保罗·田立克对博爱所下的定义一样，博爱是神学角度的"我好—你好"。这不是指"你可以很好"，或"你将被接受"，而是"你已经被接受了"，并且是被无条件地接受。

保罗·田立克用一个妓女去见耶稣的故事对此进行了说明。他说："并不是耶稣宽恕了那个女人，但他宣布说她已得到了宽恕。她的诚心、她对爱的狂热说明她已经发生了一些变化。"田立克接着说："这个女人来见耶稣是因为她已经得到了宽恕，而不是她将要被宽恕。"⊖如果她不是已经确信耶稣一定会出于关切和博爱（或我好—你好）而接受她，她是不会来见耶稣的。

这种思想令很多信徒难以理解，因为只有"成人"才能领悟这一点，许多信徒属于"父母"支配型。"父母"总是对他人持有保守的态度，并抱着这样的信条——"也许你会很好"。另一方面，"儿童"设计了很多游戏逃避"父母"的判断，例子之一即"虔诚的蠢货"游戏，该游戏由伯恩所描述的"蠢货"游戏演变而来。⊖这个游戏中有一个罪人，他在一个星期中干了很多坏事：赶走房客、克扣雇员工资、贬低妻子、冲着孩子大喊大叫、到处散布竞争对手的坏话，到星期日时，他以虔诚的声音对上帝说："对不起"，然后以"一切都过去了"的轻松心态离开教堂，仿佛一周所做的坏事已经一笔勾销。

不是所有的"罪人"都玩这样的游戏，但他们内在的宗教对话都主要

⊖ P. Tillich, *The New Being* (New York: Scribner's, 1955).

⊖ Eric Berne, *Games People Play* (New York: Grove Press, 1964).

围绕着"父母—儿童"展开,因为他们会一直焦虑地纠缠在善恶的评价上,永远无法明白他们的信仰到底是什么。保罗·突尼尔(Paul Tournier)说,若用宗教道德"代替博爱(我好—你好)的心灵体验,人们就会深陷害怕犯错误的恐惧之中。"⊖

如果我们将人类的主要问题理解成一种状态(一种隔绝、"不好"的心理地位,或原罪、怪异),而不是一种行为(原罪的行为、克服心理地位而玩的游戏或其他罪恶的行为),那么即使是重复的"忏悔认错"也无济于事。田立克说,一些人认为博爱就是"神圣的君主和父亲一次次心甘情愿地原谅他们的臣民和孩子的愚蠢与缺点。我们必须反对这种对博爱的理解,因为这是对人类尊严的孩子式的破坏。"⊖这样的观点只会增加"我不好"的心理地位,这种心理地位正是我们需要"忏悔"、认错和解决的,然后,我们才有可能理解游戏,并轻松地放弃游戏。

"成人"的"忏悔"与"儿童"的"忏悔"完全不同。"儿童"会说:"我很抱歉……我不好……请原谅我……这不可怕吗",但"成人"则能够判断如何使改变成为可能并将之付诸实践。忏悔而不改变就是一种游戏,不管是在教堂、牧师的书房还是在精神病学家的办公室中皆是如此。

以非"成人"的方式传播基督教教义,已成为博爱观念的最大敌人。在历史的长河中,任何一种文化都扭曲过博爱观念以满足自身游戏的需要。"我好—你好"的观念也被一次次地扭曲成"我们好—你们不好",由此,犹太人遭到迫害、种族歧视变得既符合道德观念又合法、宗教战争连续不断、女巫被活活烧死、异教徒被杀害。坐在上帝右手边享受着天国的荣耀、观看着炼狱之火奇观的艾尔默·格兰翠斯(Elmer Grantrys)和乔纳森·爱德华兹(Jonathan Edwardses),用该死的"父母"式和狂怒的"儿童"式宣扬着他们自己的教条,由此使得博爱的观念(我好—你好)根本无法让人们接受。

⊖ P. Tournier, *The Seasons of Life* (Richmond, Va.: John Knox Press, 1961).

⊖ Tillich, *The Shaking of the Foundations*.

很难用游戏的方式使人们悔悟。如今，很多牧师对个人的罪过和忏悔都反应冷淡，他们将攻击的焦点转向社会的罪恶，试图令社会悔悟。这些"攻击"行为从发表温和的社会学演讲到愤怒地抨击社会的不公平现象等，但尽管如此，美国的贫民窟、少数民族聚居区和镇压并未因此而减少，除非贫民窟和游戏从人们的内心中永远消失。1964年人们对加利福尼亚州14号提案的投票结果就是一个最有力的例子，该提案反对公平住房。"社会"的立场很清楚：该州几乎所有的官方认可的大机构都反对这个提案，这些机构包括几乎所有的宗教组织、教育委员会、大的政党、商会、工会、州律师协会、家长和教师联谊会等，这里还仅列出了一小部分机构的名单，但这个提案最终却以二对一的选票通过。可见，社会应该做什么是一回事，个人敢做什么是另一回事。

由于在很多相关领域的努力都失败了，因此很多牧师感到绝望，他们中的很多人离开了神职工作，另一些人则重新回到老路，接受了"保守的观点"。尽管口头还在宣扬崇高的教义，但有些教堂实际上已成为"父母"指令的陈列馆，这些指令都是让事物维持它们原来的状态，如与商会合作、为建筑教堂捐款、施洗礼、主持婚礼或葬礼等。教堂中的很多活动是有益的，但考虑到世界的现状，以上这些活动显然不够。今天从神学院毕业的年轻牧师们，都曾受到朋霍费尔、德日进和布伯的激励，但最后发现自己受雇于教堂只是充当教堂活动的仲裁者、照顾婴儿、为年轻人设计社交活动以及防止年轻女孩怀孕时，他们就会感到沮丧和失望。潜在的规则是：我们真的不需要改变，毕竟，我们都是好人。可能的情况是，星期日的早礼拜仪式已经背离了真正的耶稣。耶稣曾被人们认为是个酒鬼和贪吃者，因为他喜欢与普通人聊天。而20世纪盎格鲁—撒克逊（WASP）[⊖]新教徒们的"父母"说："你会被你的朋友们所评价，所以不要与他们来往。"耶稣说："供养我的教徒"，"父母"说："这是给牧师的报酬"。耶稣说："贫

⊖ White Anglo-Saxon Protestant.

穷和谦卑是福","儿童"说:"我的比你的好"。耶稣说的最重要的戒律是"必须像爱自己那样爱着主和我们的邻居",而"父母"说:"我们不愿意他们成为我们的邻居","儿童"也这样认为,因为"儿童"害怕他们。

不幸的是,很多人的"成人"无法认同言行不一和伪善,因此他们把"婴儿"和"洗澡水",即基督宗旨和基督教信仰一起倒掉了。今天,新神学家开始致力于清除机械主义教义,并重新解放人性。

如果个人的解放是社会变革的关键,如果真理能使我们自由,那么教堂的主要功能就应该演变为人们聆听真理的场所。真理是我们所观察到的真实信息的整体,如果人际沟通分析理论也是真理的一部分,可以用来解放人们,那么教会就应该采用它们。许多受过人际沟通分析训练的牧师同意并亲自为他们教区的百姓讲授人际沟通分析课程,很多牧师还将之应用在牧师咨询之中。

宗教体验是什么

宗教体验是否真的存在?或者这种体验只是精神失常?难道真的如弗洛伊德[⊖]所说,希望使我们"失去了理智"?或者这并非仅仅只是幻想?

特伯拉德说:

> 许多文化和多个世纪中的人们,包括那些被公认为最优秀和最智慧的人,都报告他们曾经有过直接的宗教体验,这就是有关我们这个世界的最重要的问题之一。他们的报告如此惊人,并形成了如此广泛的影响,任何一个哲学家都不能忽视这些问题的存在。我们只有在认真考虑了世界上所有问题的内在联系之后,才

[⊖] See Ernest Jones, *The Life and Work of Sigmund Freud*, Volume 3 (New York: Basic Books, 1957), pp. 349-360.

能建立起一种可靠的宇宙观。我们不能轻率地宣称宗教体验没有客观参考价值，任何一种具有如此重要性的事物都有可能是真实的，因此我们应抱着严肃的态度研究这些问题。如果宗教体验的说法真实可信，那么以马虎态度对待的人应受到严厉的谴责。不认真分析就傲慢地拒绝宗教体验，这大概就是一些教条主义的做法吧。㊀

反思宗教体验本身就意义重大。有关上帝、来生、先知的观点都从何而来？难道仅是因为对无知的恐惧而杜撰出上帝的说法吗？难道最初对宗教体验的报告，只是为了宣称自己具有超自然的能力而控制别人吗？难道上帝的说法得以演变和生存，仅是因为它与适者生存说有着某种联系？

德日进在《人的现象》一书中，对这种进化论观点做了阐述：

> 我们必须放弃用适者生存理论解释每一个问题，或将之解释为对环境和需要的机械性适应。我遇到的这类问题越多，对它们的思考越充分，就越坚信这样的一个事实：我们面对的不是外在力量，而是内在心理的影响。根据现在的科学思维，人们认为一种动物因为臼齿变尖、爪子变锋利，才使它出现食肉本能。我们是否可以把这个说法反过来看呢？换句话说，为什么不能说老虎臼齿变尖、爪子变锋利是源于血缘遗传，它是继承、发展和传递了"食肉动物的本质特征"？

显然，在人类的发展历程中，人类的特点发生了一些变化，这首先表现为超越存在的观念，然后才是超越存在本身。

德日进在同一本书中对此做了深入阐释：

> （上帝的）法律是正式的，在我们谈论生命起源时我们曾谈

㊀ Elton Trueblood, *Philosophy of Religion* (New York: Harper, 1957).

到这一点。在这个世界上，没有任何一个物体可以无限制地增长，任何变化迟早会达到关键点。

在人类发展的历程中，第一个剧变发生在人类跨越思维门槛之时，德日进将之称为关键性变化，即人类"从无到所有的突变"。正是有了思考的能力，细胞才演变成"某人"。他说，这个门槛必须一步跨过，这是人类感性的空白，对此我们无法从科学角度进行解释，但之后，我们发现自己演变到全新的生物等级。

既然思维的出现使人类获得了"不可能的空前的"发展，那么，为什么"不可能的空前的"超人的出现就完全没有道理呢？

超越是一种超越自我和外在世界的体验，也被称为"神""主"或"上帝"。它并非像前哥白尼时代的绘画一样"向上发展"，最好是用深度的概念来理解它。在《新人类》（*The New Being*）一书中，德日进对此做了如下解释：

> 无限、无穷尽的深度，以及一切存在的基础是，神。神的含义就是深度，如果你觉得这个词不恰当，那么你可以用自己的方式进行翻译，说出你生命中的深奥之处、你存在的根源、你的终极关注、以及你毫无保留的坚定信念。当你这么做时，你必须忘掉你所学的所有有关神的传统观念，甚至要将神这个词忘掉。当你认为神意味着深度时，你就会对他了解更多。你可能无法再将自己称为无神论者或无信仰者，因为你不能说：生活没有深度，生活是狭隘的，存在是肤浅的。如果你能十分严肃地这么说，那么你就是一个无神论者，否则就不是。

那么，宗教信仰到底是怎么回事？我认为，宗教信仰是将"父母"完全排除在外的"儿童"（亲密感）与"成人"（终极反思）的独特的结合体。这种完全被排除的"父母"就是"神性放弃"或"无我"状态。按

照派克主教的观点,"无我"是一切神秘体验的共性特征:

> 正如我们所看到的,基督教和禅宗佛教对神秘体验的说法有相同之处,在这两种信仰流派者的体验模式中,我们可以观察到共同的因素。我们能看到这样的事实,今天的禅宗佛教哲学家与保罗和其他神学家一样都使用同一个希腊词语来描述体验的过程,不管在东西方,他们都发现有一条主要的途径通往人格的圆满,这个词就是"神性放弃",也就是"无我"。[1]

我认为被"清空"了的是"父母"。如果一个人的"父母"中保留着"我不好"的记录,他怎么能体验到快乐和喜悦呢?如果早年被拒绝的感受今天仍然存在,我们如何才能出现被接纳感呢?诚然,生命之初,母亲带给我们亲密感,但这种亲密感并不持久,且是有条件的,因此它"永远不够"。我认为宗教体验中的"成人"具有排除"父母"的功能,由此重新唤醒"自然的儿童",并发现上帝赋予的自我价值和美丽。

孩子往往认为"父母"是"好"的,从宗教角度看,是正义的化身。德日进说:"正义者的正义是坚决和自信的。"(这就是孩子看待自己父母的方式,虽然以旁人的眼光看来,事实并非如此)。德日进接着问:"为什么孩子们会逃离他们正直的父母,丈夫会逃离正直的妻子,并且反之也如此?为什么基督徒会逃离他们的牧师?为什么人们会逃离他们正直的邻居?为什么很多人会逃离正直的基督教,逃离基督教所描绘的耶稣和所颂扬的上帝?为什么他们会投入到不正直的人的怀抱?通常,人们这么做都是因为他们想逃避判断。"[2]宗教体验意味着无条件的接纳,这也是一种逃避判断的方式。"父亲的信仰"不等同于我的信仰,尽管透过我们自己的信仰,可以发现我们与父辈有着相同的体验。

---

[1] James A. Pike, *If This Be Heresy* (New York: Harper & Row, 1967).

[2] Tillich, *The New Being*.

还有一种完全不同的宗教体验，不是借着排除"父母"，而是借着对"父母"的完全适应而获得巨大的解脱感。"我愿意放弃自己所有的邪恶，完全按照你（'父母'）的希望做我自己。"一个皈依的女子证明自己得救的第一个举动就是擦去嘴上的口红，得救不是人与至高无上的神之间的直接体验，而是获得了规矩制订者的认可，因为"上帝的意志"就是"父母"的意志。弗洛伊德认为宗教狂热属于以下这一类："儿童"把自己交给全能的"父母"，因此感到自己也是全能的，这种心理地位是"只要我好就行"。这种安抚给人带来了心旷神怡的感觉，以至于人们希望这种感觉再度出现。由此所导致的"堕落"为下一次的皈依经历铺平了道路。"成人"不会沉浸在这种体验里，一般孩子的宗教体验多为此类。由于没有特定、客观的方法知道别人内心的真正想法，因此我们无法判断别人的宗教体验。我们不能说某人的体验是真实的，而另一个人的体验是不真实的。但主观评价使我相信，建立在"父母"认可基础上的宗教体验与建立在无条件接纳基础上的宗教体验完全不同。

如果如前面所述，在宗教体验中我们将"父母"清空，那么人格中只剩下"儿童"和"成人"。到底是"儿童"还是"成人"感受到了上帝呢，这是一个很有意思的问题。据说哲学家的上帝与亚伯拉罕、以撒和雅各的上帝不同，哲学家的上帝是用"思想"建构的，是"成人"对意义的追求和上帝存在可能性的反思。而亚伯拉罕、以撒和雅各"与上帝一起走路并交谈"，他们体验到了超越的存在，感觉到了上帝的存在，他们的"儿童"也参与到了这种感觉和体验中。

神学属于"成人"。但宗教体验也包含"儿童"，可能宗教体验完全就是"儿童"。毕竟，亚伯拉罕并没有读过托拉，却追随上帝走出乌尔城，保罗皈依基督教并非得益于《新约全书》。他们都报告了宗教体验，由于这种体验，他们的生命都发生了变化。

"将我们的所见所闻向你们宣布"，约翰这样写道。早期教会的自发性和活力可能源于这样的事实：当时尚未出现正式的基督教神学。早期的基督教文献主要记录的是所发生的事件和言论。"从前我是个瞎子，但现在我看到了"，这里记录的是体验，而不是有意思的神学思想。早期基督徒见面时谈论的是令人兴奋的邂逅，包括遇到一个叫耶稣的男人，他和他们一起聊天、欢笑、哭泣，他对人类的开放性和同情，正是"我好—你好"最具代表性的佐证。

H. G. 威尔斯（H. G. Wells）说："我是一个历史学家，不是一个信徒。但作为一个历史学家，我必须承认，这位来自加利利的身无分文的传教士是历史上毫无争议的中心人物。"

早期的基督徒信任他，信仰他，然后他们的生活发生了变化。他们互相谈论着所发生的事情，那时还没有今天教会的繁文缛节和非体验性活动。哈佛大学神学院的哈维·科克斯（Harvey Cox）博士在接受联合基督教会出版的月刊杂志《对话》(*Colloquy*) 的采访时说：

> 耶稣的追随者最初的聚会……并没有现代宗教礼拜仪式那么隆重，这些基督徒齐聚在一起是为了分面包，即分享一顿共同的晚餐。
>
> 他们有面包和葡萄酒，回忆着耶稣所说过的话，读着耶稣使徒和其他基督教团体的来信，交流思想，唱歌并祈祷。这种礼拜通常人声鼎沸……更像是今日庆祝自己足球队获胜的庆祝会，而不像我们今天所说的礼拜仪式。[⊖]

这是一种以共同信念和相互接纳为基础的全新的革命性的生活方式，如果基督教只是一种理性的思想，鉴于它刚诞生时的脆弱性，它绝无可能生存至今。我们可能无法理解宗教体验，我们可能互相用完全不同的方式解释宗教体验，但如果我们够诚实，我们就无法否认数世纪来那些历史名人所报告的宗教体验。

[⊖] "Worship:Clack or Celebration—An Interview with Harvey Cox," *Colloquy*, Vol. 1, No. 2（Februaty 1968）.

对人类的回顾

增强"成人"分析"父母"数据（这些数据会极度地压制"儿童"，尤其是宗教信仰问题）最有效的方式是，退后几步，用更大的视野获得更开放的观点。

特伯拉德说，宗教信仰不是盲目地跳入到虚无状态中，而是按照我们自己的认识在审慎思考之后迈出步伐。这种见解的一部分就是认识到宗教信仰中的世界，要比我们个人所理解的世界大得多。仅这一认识就足以让我们变得谦卑，并放弃我们自以为是的真理。

我回忆起一位哲学家的话："当白色、黑色、棕色和其他肤色的人都决定像基督徒那样生活在一起时，这时，也唯有这时，所有的动乱才得以结束"。这种说法对他自己具有一定的意义，但对今天从不知道基督是谁、从未听过他的名字的15亿人来讲，这种说法又意味着什么呢？

这促使我们寻找另一种方式看待人类。在不久前的一次布道中，我听到以下的一些统计数据：

如果世界上的30亿人口能用100个人的社会来代表：

其中有6个人是美国人，94个是其他国家的人。

这6个人拥有世界上一半的财富，其他的94个人分享另一半。在这94个人中，实际上是其中的20个人占有着一半财富。

这6个人所拥有的物质财富比那94个人的多15倍。

这6个人所拥有的食物超过需要量的72%，而在那94个人中，2/3的人拥有的食物少于最低标准线，很多人处于饥饿之中。

这6个人的平均寿命是70岁，那94个人的平均寿命是39岁。

在这94个人中，33个人生活在信仰基督教的国家。其中24个人是天主教徒，另9个人是新教徒。

在这94个人中，不到一半的人听过基督的名字，但他们中的绝大多数人知道列宁。

在这 94 个人中，有三份关于共产党的文件的发行量超过圣经。

到 2000 年，每两个人中就有一个是中国人。[二]

人类的发展历经了漫长的历史，今天人类的思想已变得多种多样。如果我们没有看到这个事实，仍继续对神或人类泛泛而谈，那么我们就会深陷迷惑之中。对一些人来讲，这些信息是很可怕的，他们可能会大叫："没有希望了"。我宁可接受特里哈德的观点。一次，当人们问他什么会令他高兴时，他说："因为地球是圆的，所以我高兴"。那些界线、拐角或角落不是物理性的，而是心理性的。如果我们将每个人用来保护"不好的儿童"的心理围墙拆除，那么就没有任何障碍阻止我们和平地生活在一起了。

什么是现实疗法

在本章的开篇，我谈到现实是最重要的治疗工具。现在，我已经对好几类现实做了讨论，在结束本章之前，我要简短地将人际沟通分析理论与威廉·格拉瑟（William Glasser）创立的现实疗法做个比较。[三]格拉瑟认为人类的基本问题是道德问题，因为心理健康的基本要求是负责任。

我认为，人际沟通分析理论和现实疗法都可以被认为是精神病治疗的新突破，这种突破源于人们对精神病学和临床心理学的效果不佳、脱离现实、治疗中忽视道德问题等现状的不满。人际沟通分析和现实疗法都强调人们应对自己的行为负责，但二者之间仍然存在着本质的区别。格拉瑟认为过去的经历对今天的行为没有影响，对此我并不赞同。我不赞同"考古学"游戏或没完没了地挖掘过去，但我也不认为我们应该完全忽视过去的经历。在我看来，忽视过去的人，就如同让这个人站在雨中，浑身上下都

[一] Michael D. Anderson, sermon, Fremont Presbyterian Church, Sacramento, Dec. 27, 1964.

[二] 作者写作本书时为 1968 年。——译者注

[三] W. Glasser, *Reality Therapy* (New York: Harper & Row, 1965).

湿透了，然后争论他的衣服到底湿了没有。告诉一个患者他应该为自己负责任，与他真正成为一个负责任的人是两回事。从某种意义上讲，人际沟通分析也是一种"现实疗法"，但它所提供的答案却是格拉瑟无法提供的。例如，当一个人无法感知现实或他们的感知出现扭曲（污染）时，到底这个人出了什么问题？对那些"知道应该做什么，但总是做不成"的人来讲，问题的答案到底是什么？

格拉瑟说："我们不关心那些无意识的心理过程……，我们不去分析患者的历史，因为我们无法改变已经发生的事情，也不认为他被过去所限制是事实。"

诚然，我们无法改变过去，但过去总是通过"父母"和"儿童"影响着我们现在的生活。除非我们明白了这一切发生的根源，并承认这个事实，否则我们不会有自由的"成人"出现，无法像格拉瑟劝告我们的那样成为一个负责任的人。在我们关闭过去之前，我们需要学习 P-A-C 理论。如果一个治疗师告诉我们"必须如何"时，这就是"父母"。如果我们自己做出选择，因为我们明白为什么要这么做，这就是"成人"。我们的决定是否具有"持续性的力量"，完全取决于该决定是"父母"还是"成人"做出的。

我对现实疗法的另一个保留意见是，该疗法没有一种特定的语言解释"所发生的事情"。格拉瑟说："治疗师与患者建立联系的能力是现实疗法中最主要的技术，但这一点很难用语言来描述。在两个陌生人中，如何才能用语言快速地建立起紧密的情感联系呢？"

在人际沟通分析理论中，我们拥有这样的专门语言。治疗之初，患者扮演"儿童"的角色，把治疗师看成"父母"。在最初的一个小时里，治疗师对"父母""成人"和"儿童"等概念进行界定，然后用这些专门语言订立契约或相互对治疗的期望。其中，治疗师教，患者学习。契约是"成人"对"成人"的关系。如果治疗师问患者："发生了什么事？"他就可以用这些专门语言解释发生了什么事。他学习如何界定自己的"父母""成人"和"儿童",以及如何分析他的沟通模式。他获得了一种解放并强化"成人"的工具,只有这个"成人"才会负责任。

我完全赞同格拉瑟以"责任"作为他的学说的核心内容,正如我同意十诫和黄金箴言观点一样。但现实却提醒我,为什么这些训诫无法造就负责任的人?仅仅用新的方式重新解释这些训诫无法找出解决问题的答案。

"我不好—你好"的心理地位是人们玩弄各种复杂、破坏性游戏的根源,只有帮助人们认识这一心理地位,我们才能培养出负责任的人。在理解心理地位和游戏之后,自由的反应才可能真正出现。只要人们被过去所束缚,他们就无法自由地对他人的需要和渴望做出反应。威尔·杜兰特说:"我们是自由的,即意味着我们知道自己正在做什么。"⊖

⊖ W. Durant, *The Story of Philosophy*（New York: Simon and Schuster, 1963）, p. 339.

第 13 章

P-A-C 模式的社会含义

历史上总是充斥着一些做出令人不可思议行为的暴君。而契机总是存在。

——《寻找人类》(*In Search of Man*) 纪录片,美国 ABC 电视台和沃尔普制片厂如果我们理解了个体行为的原因，我们是否就能明白群体行为，如国家行为的根源呢？这个问题尤为重要，因为如果我们不能提出这个问题并很快给予解答，我们对个体的关注就显得意义不大。

"你真的认为人类是理性生物吗？"参议员威廉·富布赖特（William Fulbright）在参议院国外事务关系委员会听证会上提出了这个问题。

当集体和个人行为模式通过"父母"代代相传时，对现存的制度和传统做法保持审慎的态度对一个国家来讲尤为重要。美国为这种批判性态度提供了很大的自由空间，但如何有效而真实地实践这些自由仍然是一个问题。有时，我们过于盲目地保护自己的国家或集体的"父母"，而忘记了其他国家也可以这么做。我们把自己的保护称为"爱国主义"，而把他们的自我保护称为"奴性"。从某种意义上来讲，所有的国家都生活在一个舞台幕布之后，其幕后是一样的。

加利福尼亚州学校教育督导马克斯·拉弗蒂（Max Rafferty）对好公民做了如下的定义：

> 一个好公民与国家的关系正如好儿子与母亲的关系一样。
>
> 他听从母亲的话，因为母亲是长辈，因为在她身上体现着很多人的幻想，因为她有生育和教养之恩。
>
> 他对母亲的尊敬胜过任何人，在他的内心深处为母亲设立了一个"壁龛"，尊敬和钦佩使"壁龛"前的蜡烛长明。
>
> 为了保护她，他可以和一切敌人作战，愿意牺牲自己而保护她的利益。
>
> 最重要的是，他深深地爱着她，但不炫耀。尽管他知道他需要与他人分享这一特权，但他的这份情感是独一无二、是完全属于他个人的，这种情感来自他内心的最深处，他会得到同样的回报。
>
> 这就是好公民的典范。当一个国家中处处都有这种好公民

时,一个伟大的共和国才能繁荣昌盛。[1]

对这样的观点,深思熟虑后的反应是:"视情况而定。"我们是否要听从、尊敬和保护我们的母亲、我们的"父母"或我们祖国的"父母",取决于这是什么样的"父母"。有时,尽管我们必须遵从某种信仰,但我们往往不清楚这种信仰到底是什么。

正是这种盲目的信仰,才使印度人容许他们本已有限的粮食被老鼠吃掉20%,或让一个印度女子生育10个孩子并让孩子在大街上挨饿,因为她的"父母"不允许一个男性医生在她的子宫里放置避孕工具,从而使印度的人口急剧增加。这些女子的"父母"不反对她们采取避孕措施,但反对由男性医生来为她们实施避孕手术。在全国范围内,仅仅由女性医生开展此项工作远远不够。在我们这个世界上,处处可以看到这种"盲目"的痕迹,只是我们还没有意识到在所有的人身上都存在着这种"盲目"。正如第2章中的那个小男孩一样,他不相信他的所见所闻,盲目地相信一个相反的信念"警察都是坏的",正是由于小男孩最初的恐惧和依赖感迫使他不得不接受父母的教导以获得生存。我们应对他的困境表以同情,如果我们关注的不是令我们"与全世界为敌"的"父母",而是怀着重建"成人"与"成人"关系的希望关注我们的"儿童",我们就可以就如何建立更美好的世界提出恰当而非狂乱的评价。

我们内心的恐惧束缚了我们,例如,美国只看到了中国的"父母",充满威胁并且强大。但艾瑞克·赛瓦瑞德(Eric Sevareid)在1964年评价威廉·富布赖特对中国的立场时,提出了这样的观点:

> 通过对历史和不确定性的研习,富布赖特发现对中国的恐惧是极其幼稚的。与时任联合国秘书长的吴丹一样,他将中国的很多行为视为一个充斥着困难的政权的正常行为,这种困难来自中

---

[1] Max Rafferty, *California Education*, Vol. II, No. 8 (April 1965).

国国内，同时还受到了苏联和美国力量的重重"包围"。富布赖特的心理过程是这样的：如果中国军队在墨西哥南部作战，他们的飞机在里奥格兰德40英里区域内投掷炸弹，他可以设想出此刻他的国家的反应会是什么。

他努力用新的方式解决国际问题，不仅要考虑到对手的基本利益，还要设想对手内心的感受。他认为，如果不这么做，整个世界将会变得极度危险。⊖

对于富布赖特提出的人是否理性的问题，约翰霍普金斯大学精神病学教授杰罗姆·弗兰克博士在参议院国际关系委员会听证会上指出："我们的理性是限时的，我们在巨大的恐惧和紧张之下做事，这妨碍了我们清晰地思考，我们有权利对核武器抱着害怕的态度。"

一个小男孩也有权利害怕被残暴的父亲殴打，但我们更关心的不是这个孩子是否有权利害怕，而是关心他可以就此做些什么。当恐惧占据了他生活的全部时，他不可能对数据进行准确的加工，从而建立一种健康的心理地位（个人或世界范围的）——我好—你好。

在富布赖特1964年的一次演讲中，他再一次表明了同样的观点（括号中的插入语为作者所加）：

> 由于人类心灵（被污染的"成人"）的缺失，客观世界（自由的"成人"所看到的）与人们所感知的世界（"父母""儿童"或被污染的"成人"所看到的）之间不可避免地出现了分歧。只要我们的感觉更理性地接近客观现实（未被污染），我们就能以理性或恰当（"成人"）的方式解决我们的问题。但如果我们的感觉无法跟上事实（过时），某些事情使我们不快（"父母"）或恐惧（"儿童"），或它们仅仅让我们觉得陌生，我们就拒绝相信它

⊖ An interview with Senator William Fulbright, *The Congressional Record*, April 20, 1966.

们时，事实和感觉之间的裂缝就会变成深渊，我们的行为就随之变得落伍和非理性……。○

我们能够变得多么没有理性

在揭露了第二次世界大战期间纳粹德国的暴行之后，绝大多数人都感觉到了恐惧。伴随着这种感受的是自以为是的假设：这种情况永远不可能再发生，我们绝不能容忍如此令人发指的残暴行为的再发生。

这种情况真的不会再发生吗？纳粹德国到底发生了什么事？所有的人都变得毫无理性了吗？他们缺乏理性到何种程度？谁能定出这个界限？

最近我读了一系列令人深思的文章，其中一篇文章是精神病学家拉尔夫·克罗肖（Ralph Crawshaw）为弗雷德·J. 库克（Fred J. Cook）的新书《堕落之地：现代美国的社会道德》（*The Corrupted Land: The Social Morality of Modern America*）所著的书评，该书由麦克米兰公司出版。克罗肖这样写道：

> 库克在《堕落之地》一书中所谈到的核心主题是，美国公民已经为集体、制度化的道德放弃了他们自己的个人道德准则。他们妥协于伤感的情绪和名望，放弃了自己深思熟虑的信念，这就是顺从。这是一杯苦药，我们总是以这样的事实为借口：他没有统计学证据，这只是他个人的印象，因此，放弃了也没有什么。真的是如此吗？○

○ W. Fulbright, "Foreign Policy—Old Myths and New Realities," *The Congressional Record*, March 25, 1964.

○ Ralph Crawshaw, "But Everybody Cheats," *Medical Opinion and Review*, Vol. 3, No. 1（January 1967）.

我引用了这篇书评中的大量内容，其中，克罗肖报告了耶鲁大学的斯坦利·米尔格拉姆（Stanley Milgram）开展的一个研究项目，该研究结果对上述问题的答案提供了很好的证据：

　　斯坦利·米尔格拉姆在耶鲁的研究为库克的推论提供了很好的科学依据。米尔格拉姆开展了一系列有关服从的心理学研究，抽样的被试是康涅狄格州布里奇波特市的20~50岁的成年男性公民，从蓝领工人到教授，什么职业的被试都有。实验的目的在于发现当一个人在别人的命令之下惩罚另一个人时，他的惩罚力度能达到多大？这个实验以布里奇波特研究协会开展科学研究为幌子，告诉被试研究的目的在于学习技巧。研究人员随机选择被试，并付给他们4.5美元作为他们付出时间的报酬。

　　在实验中，研究人员先让被试（充当老师）坐在"电椅"上，感受45伏特的电击，让被试亲身体验到"电椅"的电击效果。然后，把一个学习者用皮带绑在"电椅"上。接着，被试（老师）走到隔壁的房间，对学习者的每次错误回答予以电击惩罚，电击的强度可以逐渐增加。事实上，学习者并没有受到电击，但随着电压的逐步升高，研究人员会播放一盘有关呻吟、气喘、恳求和尖声喊叫的录音带给被试听。研究人员在研究之前已经设置好答案，因此，阻止被试给予最大强度电击的唯一限制性因素就是被试对痛苦中的人类的同情心。对权威的服从以及被试内心中有关自己不应该伤害他人的信念在老师（每一个被试）身上发生了冲突。

　　有百分之几的被试会给予学习者最大程度的电击？在你猜测该结果之前，请先听听一个被试在打开开关时所说的话：

　　电压达到150伏特时，被试问：你要我继续吗？（命令是继续加大）

电压达到 165 伏特时，被试说："那个人在大声喊叫了，离最高电压还很远，他好像有心脏病，你要我继续吗？"（同样的命令）

电压达到 180 伏特时，被试说："他忍受不了了，我不想在这里杀死那个人。你听到他在大声喊叫了吗？他正在尖叫。他不能再忍受了，如果他出事了怎么办？你知道我的意思吗？我的意思是，我拒绝负这个责任。"（研究人员同意承担这个责任后），被试说："好吧。"

195 伏特、210 伏特、225 伏特、240 伏特等。

被试服从地完成了研究人员的指令。在 1000 个教师中，有百分之几的人完成了全部的实验过程呢？在令你大为震惊之前，先估计一下可能的数字。参与该项研究的 40 个精神病学家预计会有 1/1000 的人将使用最高电击，但在真正的实验中，62％的被试完全遵从了研究人员的指令。你猜到的数字是多少？

米尔格拉姆总结说："我们可以看到，好人们麻木不仁地屈服于权威的命令之下，做出如此冷酷无情和凶狠的行为。那些日常生活中富有责任感和教养的人们，在权威的圈套下，在他们自己知觉的控制下，毫无异议地接受了研究人员所设定的情境，做出了残酷的行为。实验室中所观察到的事实令这位作者非常不安，**它说明这样的一种可能性：人类本性，或更确切地说，美国民主社会所展现的特性，不能阻止公民在恶毒权威的命令下做出残暴和不人道的行为。**"（黑体字为作者所加）[1]

如果我们认为该实验结果与人性中某些不可救药的特征有关，那么该实验的含义确实令人惊恐。但是，运用人际沟通分析理论，我们可以从另

---

[1] S. Milgram, *Human Relations*, Vol. 18, No. 1（1965）.

外一个角度来讨论这个实验。我们认为，62%的被试缺乏解放了的"成人"以帮助他们分析研究人员"父母"的权威性。显然，被试们未经检验就做出了这样的假设：不管什么实验，只要是研究需要就是好的。也许，正是同样的假设帮助"令人尊敬"的科学家参与到纳粹德国令人发指的实验室研究中。

当我们还是小孩子时，大多数的人都接受了这样的教导：对权威要尊敬。权威包括警察、公交车司机、牧师、教师、邮递员、校长以及实际生活中很难接触到的政府官员、议员、将军和总统等。许多人对这些权威人物的反应是自动化的，例如，如果你正在高速公路上高速驾车，突然瞥见一辆巡逻车，在你的意识层面告诉你最好慢一些的时候，你的脚已经自动化地离开油门踏板。当"最好当心点儿"的老记录完整地在你的脑海中出现时，你的"儿童"自动化地做出了反应，而且每次反应都是如此。通过反思和回忆，"成人"意识到遵守有关速度的法律是必要的，因此，这种情况下的自动化反应是好事。

不是所有对权威的自动化反应都是好的。如果"成人"无法在变化无穷的世界中处理新的数据，服从可能会隐含着巨大的危险。因此，尽管战战兢兢，我们仍然希望看到我们的国家中具有批评和质疑的氛围。年轻人的刁难提问意味着他们不愿意盲目地遵从权威，不愿意毫无异议地接受与正义和生存相悖的法律，这是健康和力量的体现。法律不等于百分之百的真理，既有好的法律，也有糟糕的法律，很多糟糕的法律就是在我们今天所看到的抗议的影响下才有所改变。如果我们不重视这些抗议，我们就会看到"儿童"控制下的骚乱和暴力逐渐升级的现实。如果我们不对理性做出反应，我们的反应就会越来越被恐惧所掌控。同时，我们必须考虑到民主进程的需要，没有法律，民主就不会发挥应有的作用。正如丘吉尔所说："在我们创造出一种更好的政治之前，民主政治是最糟糕的一种形式。"但是，只有智慧的选民才能令民主政治发挥应有的作用，智慧的选民正是具有解放了的"成人"的人。"父母"的、"父母"治、

"父母"享的政府将从这个世界上消失。

年轻一代有什么不一样

许多父母因为今天年轻人的独立自主而倍感困扰。那种把自己置于父母压力之下的想法已经过时，一些父母说，如果有什么事情发生，我们必须更加重压力。许多父母根本不相信在那些留着长发、带着抗议徽章的年轻大学生的头脑中会有什么建设性或实际的东西，尽管这些父母也无法对他们自己的短头发、兄弟会的入会仪式以及鸡尾酒会提出什么令人印象深刻的解释。"但这些被宠坏的孩子正在大肆破坏我们努力建立的东西"，一个怒气冲天的父亲对加州大学伯克利分校的自由言谈运动做了如上的评论。这些话里有正确的东西，年轻人可能会具有破坏性，他们中的一些人确实也具有破坏性。他们可能会偷税漏税，也未对正在攻击的制度做任何事情。另一方面，他们没有选举权，但社会要求他们付出比税更重要的东西，如为他们中的很多人并不支持的战争付出生命的代价。

以 P-A-C 模式分析今天的大学生，我们就能对他们的特性建立新的理解。我认为，这种认识有助于我们从传统的对抗（老一代与新一代的对抗）、折磨人和消极的"这不是太糟糕了吗"等游戏中解放出来。

1965 年世界知名学府加州大学伯克利分校里响起了巨大的吵闹声，全世界都报道了这个新闻。显而易见的是，许多学生的反叛"儿童"举出了这样的标语："不要信任任何 30 岁以上的人"。在这一事件中我们也可以看到"父母"的影子，学校董事会主席对学生们明目张胆地使用肮脏用语表示了极大的愤慨。同时，我们还看到了大学校长克拉克·科尔（Clark Kerr）令人印象深刻的"成人"，他于 1967 年 1 月被解雇。（"成人"的决定也无法保证得到别人的欢呼、欢迎和一致性接纳，对那些因被现实过度惊吓而再也不敢面对现实的人来讲尤为如此)。

在伯克利校园中到底发生了什么事？这些脏话的真正意思是什么？为什么在这所以自由而著称的大学中，学生们会用吵闹和喧嚣的方式反抗校方的权威并争取无限的自由？《财富》(Fortune)杂志的马克斯·韦尔斯(Max Ways)在谈到伯克利的骚乱时做了以下的综合性分析：

> 没有一所教育学府会像加州大学那样更应该获得暴君的称号。该校学生可以住在校外，他们的行为不受到学校的监控，事实上绝大多数学生也是如此。在学校里，学术的选择范围很广，学生几乎不受课程表的束缚。事实上，该校很多学生的抱怨，听起来是对更多自由的追求，事实上是大学中一些保守的教育者认为学校已经给了学生过分自由的缘故。[1]

韦尔斯还有更深入的发现："由于过去很少接触到制度化的权威，导致很多学生将大学和社会视为暴力机构"。

"过去的接触"是一个重要概念，我们来分析一下绝大多数大学本科生的生命前5年历程，他们中的很多人即使没有积极投入到学生反抗运动中，至少也对该运动持着同情的态度。这些大学本科生的年龄通常为18~22岁，许多抗议学生出生于1943~1946年年间，他们的个性或者形成于战争期间，或者形成于战后的最初几年里。这一时期的时代特点是，家庭结构很不稳定，从一个地方搬迁到另一个地方，父亲阵亡或音讯全无，母亲焦虑、疲倦、倍感困扰，而社会的普遍特点更加剧了家庭的不稳定性。许多年轻的父亲从战场上返回后，根据美国的相关法律进入大学学习，对这个向他们要求过多的世界做了冷静的反思。他们受到刺激和受伤的心灵促使他们表达对战争和破坏的憎恶，他们不会轻易屈服于僵死的制度和诸多有关这个世界应该如何的陈词滥调。他们的孩子，也就是现在的

---

[1] M. Ways, "On the Campus: A Troubled Reflection of the U. S.," *Fortune*, September-October 1965.

大学生不会将生活看成给他们带来家庭宁静的避难所，也不会从民主政治中看到世界的安全。在他们很小的时候，他们就看过集中营的照片，这些照片中折射出的人类善恶问题牢牢地记录在他们的头脑中。这些信息记录在孩子们的"父母"中。

另一方面，许多孩子充当了父母富裕的接受者，他们穿着干净，吃得好，食物中富含维生素，牙齿得到很好的矫正，还有接受高等教育的保障。但所有的优越条件也无法抹去早期生活的记录，在抗议学生的非理性活动中我们可见一斑。需要严肃指出的是，这种说法不能泛化到所有的学生中，或者泛化到所有的抗议学生中。当然有例外情况，有些抗议者的年龄稍大一些，一些人来自整个战争期间家庭生活仍然很稳定的家庭，对这类人的分析仍然也是很有价值的。正是透过这种调查，我们才能更好地理解年轻一代。

早期生活中遭遇到困难和不确定的环境，并不意味着年轻人就可以不为他们的行为负责任。但是，了解记录在这些学生"父母"和"儿童"中的内容，有助于我们理解他们的态度。我们认识到，古老的数据不仅源于反叛、焦虑的"儿童"，同时也来自"父母"，数据内容包含着大量的焦虑、反叛、不信任和令人厌烦的世界的信息，如果没有战争，这些内容不会长久存在。许多学生从未和可令他们信任和服从的权威人物在一起生活过，现在他们准备好要对抗所有的权威，包括大学的权威性。他们安于接受大量的物质享受，却没有找到充分的证据支持这样的论点：人是重要的，生活是有目的的。他们的"父母"支离破碎，他们的"儿童"感到抑郁，他们的"成人"急切地问：生活中还有什么别的东西吗？

在有关大学的争辩中，常见的批评之一是"大学发展得太大了"，世界人口也呈现出同样的问题。加州大学洛杉矶分校校长富兰克林·墨菲（Franklin Murphy）同时也是一名医生，他用了一个令人印象深刻的生物学隐喻对这个问题予以回答，这也是对这个"发展过大"的世界的重要观察：

不，不是太大了。但最近几年中，发展得确实非常迅速。当务之急在于对大学这个"动物"进行"解剖"，而不是仅仅只是关注生理学问题。如果身体的发育先于神经系统，动物就会失去协调——有时它就会走得跟跟跄跄。今天的大学也需要发展"神经系统"以处理各种复杂性问题，在各种"器官"间促进信息的交流。大学需要更多、更好的分权，也需要更多、更好的相互协调。

大学"神经系统"的功能与人类神经系统的功能一样——沟通。神经系统的另一个功能在于将世界连接起来，沟通可以得到促进，也可以被阻止，从而使我们能在阳光下创造出全新的东西，这是古老的暴力手段、战争、警察行动或武力干预所无法达到的。

不管是国际还是国内问题的解决者，他们总是在谈论"对话的需要"，却从未考虑过要定义这个名词。在人际沟通分析中，我们发展出了一套独特的系统，其特点在于：（1）界定一些术语，（2）把行为压缩为一个可观察的基本单元。如果我们希望对话能得到什么，我们必须在考察什么这个问题上达成一致，并使用一致的语言描述我们所观察到的事实。否则，我们就会在对话上磕磕绊绊。一个认识西尔汉·西尔汉（Sirhan Sirhan）的人说："他对他的国家和所有的政治事务都极度崇拜——但不是反复无常。"在分析和预测行为时，"极度崇拜"和"反复无常"等词语不能发挥任何作用，由于同样的原因，我们的很多对话毫无意义。说的很多，但了解得太少。

国际关系的沟通分析

如果人际沟通分析能促进两个人之间的交流，那么，这套语言可以用于理解国与国之间所发生的事件吗？与个人情况一样，只有沟通图上的向量平行时，国家间的沟通才可能互补。"成人"对"成人"的沟通也是唯一令沟通得到互补的方法，这种关系在今天世界上正发挥着作用，因为连最小的国家也开始自我觉醒，希望拥有自主权。在大国和小国之间一度有效的"父母—儿童"关系今天已不再呈现互补性，小国发展了，再也不愿意充当"儿童"了。有时小国会提出苛责，对此我们的反应是：我们已经为你们做了那么多，为什么你们还会有这种感觉？

联合国是最有希望用人际沟通分析解决国际事务的机构。当一个大国的总理用他的鞋子敲击桌子时，沟通随之停止。当我们听到"他们会埋葬我们"时，我们的"儿童"被随之"勾出"。但我们不必用"儿童"做出反应，也不必用剑拔弩张的"父母"做出反应，我们有其他促进改变的可能。

人们会一再地对孩子说："我爱你"，但是只要说过一次"我恨你"，父母就要终生用更强烈的爱来消除这种否定带来的影响。如果孩子可以理解"我恨你"源于何处——他们父母心中的"儿童"被诱发，以至他们会对自己所钟爱的孩子做出如此不理性和破坏性的举动——那么，孩子就不会耿耿于怀，并将这句话作为最终的真理。

不需做多少历史研究，我们就可以发现，包括我们自己国家在内的许多国家领导人都有过一些大错特错的话语与行动，我们必须学会对其他人类似的言论和行为做出反应，不是用受惊吓、准备应战的"儿童"来反应，而是用可以发现真理的"成人"。"成人"可以看到别人"儿童"中的恐惧，理解他们在文化"父母"控制下的痛苦感受。如果完全听命于"父母"，我们就无法为人类的生存利益做点什么了。同时，我们也许要稍微站远一点儿，看看美国文化的"父母"。美国的"父母"中有很多伟大的成分，但也有不少缺点，如邪恶的奴隶制，现在又以种族歧视的丑恶面孔出现在我们面前——在白人和黑人之间。艾尔顿·特伯拉德这样写道：

在面对今天的困境时，我们就如同棋手一般受制于某种状况，每走一步都是有害的。我们开始悲观地看待所发生的一切，之所以如此，部分源于道德法律的可怕作用，但我们很难相信并理解这一点。㊀

用另一种方式也可以表达这种道德法律，如果一个人不断地羞辱另一个人的"儿童"，那么这个人就可能成为恶魔。一个常见的事实是，无休止的羞辱已经在美国制造出很多令我们惊恐的"恶魔"了。

在洛杉矶骚乱后，对华特城暴乱原因的解释五花八门（包括警察行为、失业和贫穷等），一个黑人妇女对此的看法是：如果他们一定要问为什么，他们可能永远也找不到答案。

我认为，如果我们受惊吓的"儿童"和自以为是的"父母"不把"成人"排挤掉的话，我们就会知道所有的原因。

需要做什么是另一回事。我想，我们需要使用一种共同的语言描述人类的行为，这种语言就是人际沟通分析。心理学一直被认为是当代伟大的科学，但它对今天我们社会的争斗没有太大贡献。在回答美国参议院国际事务委员会的问题时，一个研究行为和沟通的专家这样说："我无能为力，我感觉我就像一个傻瓜一样"。这种谦虚、朴实的反应不能掩盖这样的事实：那些声称洞察人类行为的人，应该谈论一下美国与别国人民的关系问题。

我希望富布赖特和所有的政府官员能从精神病学界获得更多有用的东西。我认为，如果政府领导人和选民们可以学习 P-A-C 模式，并解放"成人"，将会对理解我们所面临的社会问题和世界性问题做出巨大贡献。

通过认识"父母"对我们的控制（我们自己内在的"父母"被文化"父母"所强化），我们理解了"儿童"在面临骚乱和战争时的恐惧，理解了沦为饥荒和迷信牺牲品的某些印度人，理解了以色列人对 600 万犹太人被

㊀ E. Trueblood, *The Life We Prize* (New York: Harper, 1951).

杀害事件的恐惧和反思，理解了越南人对凝固汽油弹和刺刀的恐惧，也理解了日本人对原子弹的记忆——如果我们能将"儿童"看作这个充满恐惧的世界中的一个小人，内心唯一的渴望是从痛苦中得到解脱，那么国家与国家之间的沟通就会变得不太一样。正如朗费罗（Longfellow）所说："如果我们可以了解敌人最隐秘的历史，我们就可以发现每个人的生活都有悲哀和痛苦，这足以消弭仇恨。"

我们不能对我们的敌人内心中"不好"的"儿童"抱以同情，因为我们担心他们会用玩游戏的方式否定这种心理地位。出于同样的原因，敌人也不会对我们予以同情。我们都陷在彼此不信任的两难境地中。在世界的每个角落，人们都希望能通过协商解决问题，但人们只愿意按照自己的方式来谈。我们陷入各种细节问题的讨价还价，失去了处理重要问题的很多机会。我们可能彼此承认对方存在恐惧，但我们不知道该如何处理这个问题。

如果处理国际事务的人了解了 P-A-C 语言，如果他们都认识到"儿童"中的恐惧，都清楚我们无法通过"父母"达成一致意见，唯有通过解放了的"成人"，我们才能克服人们内心中普遍存在的"我不好—你好"的心理地位，才能超越过去的有限影响，找到尽可能多的解决问题的可能性。人际沟通分析的基本语言（如"父母""成人""儿童"、不好、好、游戏和安抚等）非常简单，尽管它们无法翻译成所有国家的语言，但我们也可以在用其他语言对它们进行定义后直接使用。"好"是一个国际性的词语，"父母""成人"和"儿童"也可以成为国际性的词语。既然现在我们拥有一种可以理解人类行为的所有人都可以掌握的概念和术语，这个概念可以用简单的词汇来表达，也可以翻译成其他文字，那么我们就可以到达这样的一种境地：放弃古老、源自过去悲剧的恐惧，开始以唯一能获得一致的方式进行交谈，这种方式就是"成人"对"成人"的方式。有了"成人"，我们就可以一起分析一些由来已久的悬而未决的问题。而未经检验的词语将使我们基于"我好—你好"的和谐生存的选择和希望趋于破灭。

and Clyde）吗？"我说不行，影片中充斥着暴力，还对一些小人予以美化。但几天后，当这部片子获得奥斯卡奖的提名时，我简直不知道该如何对此进行解释。

我认为，那些投资暴力影片的人从一些心理学家的观点中找到了某种支持。这些心理学家说，观看暴力是一种安全阀门，它可以帮助人们缓解暴力情绪而不会去实施暴力。这种观点并未得到证实，但我认为，我们可以找到充分的证据反驳此观点。这些心理学家认为，情绪的积累就如同一只水桶，应该经常清空。事实是，我们更应该将情绪视为过去记录的重放，可以根据我们的意志随意打开或关闭情绪。我们不必到处倾泻我们的情绪，我们只需要关掉它，阻止它到处泛滥破坏我们的"计算机"，我们可以将其他的信息注入"计算机"中。爱默生说："人，就是他整天思考的那个东西。"

曾经有过这样的一个时代：世界上充斥着政治谋杀、贩卖奴隶、无辜的人被施以酷刑、婴儿被杀害、有权势的人在竞技场的血泊中狂欢。有一个智慧而善良的人在写给腓力比一个民间小团体的信中这样写道："现在，我的朋友们，让所有的真实、高尚、正义、纯洁、仁爱、宽厚，一切一切的优异和值得赞美的东西都充实你们的思想吧。"⊖

有时我们太痛恨邪恶以至忘记了对美好的热爱。美国社会中有很多美好的东西，它们在过去的岁月中得到了全世界人民的赞美，也吸引了很多来自大洋彼岸的人们。1950年，时任黎巴嫩驻美大使查尔斯·马利克（Charles Malik）说：

> 每当我一想到你们（美国）的教堂和大学通过教授仁爱、宽恕和自我约束训练思维、揭示真理，每当我看到你们的工业让整个物质世界成为减轻人们负担的工具，每当我想到你们的家庭和社区通过富有个性、稳固、坚定和幽默创造一切，每当我考虑到

⊖ Paul's letter to the Philippians, 4:8.

中得到解放，开始自由地选择接受或拒绝过去的价值观和方法时，这种探索才真正具有意义。只有个体改变了，社会才会随之改变。我们对未来的希望完全建立在这样的情况之上，即我们看到每个个体都发生了变化。他们的变化正是本书所期望的，我们相信，这是一本充满希望的书，也希望它能成为人类生存历史上非常重要的一个篇章。